रीतिकाल
सेक्सुअलिटी का समारोह
(रीतिकाल में फूको विचरण)

सुधीश पचौरी

वाणी प्रकाशन

वाणी प्रकाशन

4695, 21-ए, दरियागंज, नयी दिल्ली 110 002

शाखा

अशोक राजपथ, पटना 800 004

फ़ोन : +91 11 23273167 फ़ैक्स : +91 11 23275710

www.vaniprakashan.in
vaniprakashan@gmail.com
sales@vaniprakashan.in

REETIKAAL : SEXUALITY KA SAMAROH
(Reetikaal Mein Foucault Vichran)
by Sudhish Pachauri

ISBN : 978-93-5229-644-6
Criticism

प्रथम संस्करण 2017
द्वितीय संस्करण 2018

मूल्य : ₹ 695

हर्ष प्रिंटर्स, दिल्ली-110 093 में मुद्रित

वाणी प्रकाशन का लोगो मक़बूल फ़िदा हुसेन की कूची से

भूमिका

इस पुस्तक में शामिल किये गये पहले तीन लेख 'रीतिकाल में फूको विचरण' शीर्षक से क्रमशः छपे हैं : पहले दो 'बहुवचन' में छपे हैं। तीसरा 'प्रतिमान' में छपा है। पहले दो लेखों और तीसरे लेख के बीच एक लम्बा अन्तराल है। चौथा लेख, जो शायद सबसे लम्बा है, पहली बार इस पुस्तक में ही दिया जा रहा है। पुस्तक का शीर्षक इसी से लिया गया है।

जब पहला लेख 'बहुवचन' में छपा तो हिन्दी के कई पंडित नाराज हुए। एक सज्जन ने 'फूको' का 'फूंको' समझा, दूसरा छपा तो भी यही हाल रहा। लेकिन फिर न जाने क्यों कई मित्र कहने लगे कि 'रीतिकाल' पर इस तरह का अध्ययन जारी रखो। बहुत दिन बाद जब 'प्रतिमान' के सम्पादक अभय कुमार दुबे ने रीतिकाल को लेकर एक लम्बी टिप्पणी 'प्रतिमान-2' लिखी और उसमें मेरे बहुवचन वाले लेखों को कुछ महत्त्व दिया तो मुझे अचानक लगा कि रीतिकाल के उद्धार की योजना पर फिर से जमना चाहिए। इसके फलस्वरूप तीसरा लेख लिखा गया जिसे अभय ने 'प्रतिमान' में छापा। इसके छपने की प्रतिक्रिया ने मुझे चौंका दिया। कई हिन्दी लेखकों ने इसे पुस्तकाकार देने के लिए कहा। इस बीच रीतिकाल की कविता को लेकर पुराने तमाम नोट्स निकाले जो 'बहुवचन' वाले लेखों के लिए तैयार किये थे लेकिन इस्तेमाल नहीं किये जा सके थे। इसके साथ ही रीतिकाल सम्बन्धी अध्ययनों को फिर से छानता रहा। जिन किताबों को छाना उनके सन्दर्भ यथास्थान टेक्स्ट के साथ ही दे दिये हैं।

पहले लेखों की कुकीर्ति कुछ ऐसी रही कि एक दिन इटली के यूनिवर्सिटी, डेग्ली स्टडी डी नेपोली ला ओरियंटेल के एशियाटिक विभाग की शोधार्थिनी स्तेफानिया मुझसे मिलने हिन्दी विभाग, दिल्ली विश्वविद्यालय के दफ्तर में आ पहुँचीं। वे केशव की 'जहाँगीर जसचंद्रिका' पर शोध कर रही थीं। पता नहीं किस ने उनको मेरे पास यह कहकर भेजा था कि मैं ब्रजभाषा का विद्वान हूँ।

जबकि ऐसा नहीं था। उनसे बात करने से पहले मैंने इसी गलतफहमी को दूर किया। मैंने कहा कि ब्रजभाषा मेरी घर की भाषा रही है। ब्रजभाषा कविता पढ़ने के लिए मुझे किसी कोश की आवश्यकता प्रायः नहीं होती, इतना ही है। उनके हाथ में 'जहाँगीर जसचंद्रिका' किताब थी जिसमें कविताओं के भावार्थ और शब्दों के अर्थ दिये हुए थे। उसे देखकर मैंने कहा कि केशव अलंकार प्रिय कवि हैं, शब्दों से क्रीड़ा करते हैं, श्लेष से उनका खास लगाव रहा है, 'जहाँगीर जसचंद्रिका' में भी कई जगह वे 'श्लेष' चलाते हैं जिसका सन्दर्भ इस कुंजी में नहीं है। इसलिए कविताओं के अर्थ अलग से ही करने होंगे। इस तरह मैंने 'चंद्रिका' के कुछ छन्दों के श्लेषार्थों को यथामति स्पष्ट किया। वे खुश हुईं और फिर कुछ नोट्स लेकर चली गयीं। कुछ दिन बाद उन्होंने अपने शोध की अंग्रेजी में प्रकाशित प्रति भेजी तो मेरे आश्चर्य का ठिकाना न रहा कि उन्होंने काफी जम के काम किया है। उसने मुझे फिर रीतिकाल को पढ़ने के लिए प्रेरित किया।

स्थितियाँ कुछ इस तरह बनती गयीं कि मैं रीतिकाल को फिर से पढ़ने लगा और होते-होते यह किताब बन गयी। लेकिन जिस तरह से यह बनी, उस तरह से न बनती अगर दिल्ली विश्वविद्यालय के मुख्य लाइब्रेरियन श्री डी.वी. सिंह की मदद न होती। उन्होंने यथासमय मुझे जरूरी पुस्तकें उपलब्ध कराईं। मैं उनका हमेशा ऋणी रहूँगा। साहित्य अकादेमी के लाइब्रेरियन का धन्यवाद जिनके पुस्तकालय से मुझे कई जरूरी पुस्तकें पढ़ने को मिलीं। मित्र अभय कुमार दुबे का धन्यवाद। इसे समय से प्रकाशित करने के लिए वाणी प्रकाशन के अरुण माहेश्वरी का भी धन्यवाद!

सुधीश पचौरी
1 जनवरी 2017

17-बी-1, हिन्दुस्तान टाइम्स अपार्टमेंट्स
मयूर विहार, फेज-1,
दिल्ली-110091

अनुक्रम

1

यौनता (सेक्सुअलिटी) के निर्माण और नियन्त्रण के विमर्श

मेडोना, जेके रोलिंग, केट मोस तथा मेरी बूथ में क्या समानता है? कास्मोपोलिटन पत्रिका के अनुसार पहली प्रख्यात गायिका अभिनेत्री है, दूसरी 'हैरी पॉटर, वाली सर्वाधिक बिकने वाली लेखिका है तीसरी प्रख्यात मॉडल है, चौथी बैरिस्टर है। ये विश्व की उन चार सर्वाधिक ताकतवर स्त्रियों में हैं। 'कास्मो' की सम्पादिका लोरन कैंडी का कहना है कि ये नई जमीन तोड़ने वाली वर्जनाओं को ध्वस्त करने वाली हैं जिन्होंने बहुत मेहनत की है और सफलता पाई है। कैंडी का कहना है कि ये औरतें आनन्दकारी हैं, निडर हैं। जिनकी हम तारीफ किया करते हैं और शायद अपनी बच्चियों को उन जैसा बनाने की कामना करते हैं। (1 सितम्बर 2002/हिन्दुस्तान टाइम्स में छपी एक खबर)।

रीतिकाल में हमारे यहाँ भी ऐसी ही नायिकाएँ रहीं लेकिन उन्हें क्रमिक तरीके से पराजित कर दिया गया।

इस लेख का बीज उस दिन अंकुराया जिस दिन पूर्व गृहमन्त्री स्वर्गीय इंद्रजीत गुप्ता ने सेक्स वर्कर्स के अधिकारों के सन्दर्भ में कलकत्ता की वेश्याओं की एक बड़ी रैली को सम्बोधित किया। यह इंद्र कुमार गुजराल सरकार के वक्त की बात है। इस खबर के बांद फूको की 'हिस्ट्री ऑफ सेक्सुअलिटी' अचानक ताजा हो उठी। एक किताब, एक बयान किस तरह दूसरी किताब या सन्दर्भ को ताजा कर देता है, यह लेखक का एक विरल आनन्द होता है। यही हुआ। वेश्याओं को यौनकर्मी कहने वाले और कोई नहीं थे, कम्युनिस्ट पार्टी के सम्मानित नेता थे। वेश्याओं का अचानक यौनकर्मी के रूप में चिह्नित किया जाना वेश्याओं से सम्बन्धित तमाम नैतिक बन्धनों

और नित्य व्यवहारों को एक प्रकार से तोड़ता था और वेश्याओं को एक नये सन्दर्भ में चिन्हित करता था।

इस लेख का हेतु रीतिकाल के यौनता-निर्माण की पुनर्रचना है। इसका निष्कर्ष है कि रीतिकाल को उन्नीसवीं सदी के आखिरी दिनों और बीसवीं सदी के शुरू के दिनों से लेकर आज तक श्रेष्ठता के क्रम में अगर नीचे रखा गया है तो उसके पीछे विक्टोरियाई ब्राह्मणीकल पुल्लिंगी नैतिक विमर्श रहे हैं, जिनका उद्देश्य स्त्री की यौनता को नियन्त्रण में रखने की कोशिश करना रहा है।

हिन्दी साहित्य के इतिहास लेखन में 'रीतिकाल' के निर्माण के बारे में इस टिप्पणी के केन्द्र में मिशेल फूको सम्बन्धी तीन किताबें खास काम करती रही हैं।

पहली 'द हिस्ट्री ऑफ सेक्सुअलिटी' और दूसरी 'द फूको रीडर' है जिसके संपादक रेबिनाम हैं तथा तीसरी में इतिहास सम्बन्धी अवधारणाओं को विकसित करने, बताने वाले फूको के कुछ साक्षात्कार और लेख हैं 'जो एस्थैटिक्स, मैथड एवं एपिस्टोमोलॉजी', नामक संकलन में छपे हैं जिन्हें जेम्स फॉबिन ने संपादित किया है जिनका अनुवाद राबर्ट हर्ली आदि ने किया है। इस क्रम में चौथी किताब चारु गुप्ता की 'सेक्सुअलिटी, ऑब्सीनिटी एंड कम्युनिटी' रही है जो संयोगवश ऑक्सफोर्ड से अभी-अभी आई है, जिसमें उन्नीसवीं सदी के आखिरी और बीसवीं सदी के ऐन आरम्भ में यौनता आदि के बारे में उपलब्ध सामग्री का अध्ययन किया गया है। इसके अलावा एक महत्वपूर्ण पुस्तक कुमकुम संगारी की रही जिसका नाम 'पॉलिटिक्स ऑफ पॉसिबिल' है। शेष पुस्तकें भी यथास्थान सन्दर्भ पाती रही हैं।

हिन्दी साहित्य के इतिहास में रीतिकाल के विमर्श के रूपों को पढ़ते हुए एक सवाल का उत्तर कभी नहीं मिलता। यह सवाल रीतिकाल में स्त्री देह और उसकी उत्कट यौनमूलता की विकट उपस्थिति से सम्बन्धित है। हिन्दी साहित्य में स्त्री रूप, उसके हाव-भाव, उसकी रतिमूलक, शृंगारपरक अवस्थाओं की और उससे सम्बन्धित नाना अभिव्यक्तियों की जिस कदर व्यापक एंट्री हुई, वैसी हिन्दी के लिखित साहित्य के इतिहास में शायद ही कभी हुई हो। इसे इतिहासकारों ने नायिका भेद या शृंगार या नखशिख वर्णन का नाम दिया। दरबारों में रानियों और वेश्याओं के साहित्यिक सांस्कृतिक शिक्षण-दीक्षण के हेतु बनाए इस पाठ्यक्रम-साहित्य को 'रीति साहित्य' का नाम दिया गया। नामकरण पर बाद में मतभेद भी नजर आए लेकिन इस समय की रचना में स्त्री की इस कदर उपस्थिति और दृश्यमानता ने इतिहास के सामने कुछ नये

और तंग करने वाले सवाल तब तक नहीं खड़े किए, जब तक कि स्त्रीत्ववादी विमर्श की धमक हिन्दी में नहीं आ गयी :

स्त्रीत्ववादी विमर्श के एकमात्र चरण के रूप में नहीं लेकिन एक खास चरण में स्त्री देह के 'खोने' या 'गायब किया जाने' और 'पाने' और फिर उसके अपने स्वत्व को पाने की नई और लम्बी लड़ाई से क्या स्त्री सम्बन्धी रीतिकालीन यौनमूलक निर्मितियों का कोई सम्बन्ध बनता है? बन सकता है? क्या नई यौनमूलकता के निर्माणों से किसी हिन्दुत्ववादी नैतिकता को कोई परेशानी होती है, जिसके उदाहरण पिछले दिनों वेलेंटाइन डे के दिन प्रेम करने वालों के खिलाफ एक्शनों में देखे गये हैं? क्या यौनता को लेकर नैतिकता के ऐसे आग्रह स्त्री देह की कोई ऐसी व्याख्या करना चाहते हैं, जिससे कि स्त्री पर नियन्त्रण रखने के तरीके मजबूत हो सकें? इन नये नियन्त्रणों का बीसवीं सदी के ऐन शुरू के दिनों में रीतिकाल के निर्माण और नियन्त्रण के नवजागरणवादी महावीर प्रसाद द्विवेदीय तरीकों से किस प्रकार का सम्बन्ध बनता है? लगभग सौ साल के इतिहासक्रम में लगभग सबसे निचले और हेय पायदान में डाल दिए गए रीतिकाल का दो सौ साल का साहित्य क्या इतिहास में किसी फूकोल्डीय 'असातत्य' (डिस्कंटीन्यूअटी) का प्रमाण है? रीतिकालीन साहित्य को साहित्यिक पाप की तरह क्यों देखा जाता है?

समकालीन राजनीति में जो तत्ववादी अक्सर सक्रिय रहते रहे हैं, वे स्त्री की आजादी, उसकी अधिक दृश्यमानता को पश्चिम का असर और ग्लोबलाइजेशन आदि का प्रभाव मानकर अपने 'स्वदेशी' से उसे कूटते रहते हैं। ऐसा ही रीतिकाल की निर्मितियों में दिखता है। इसी के चलते रीतिकाल को मुगल-इसलामी प्रभाव कहकर कूटा जाता है जबकि कारण इसके विपरीत हो सकते हैं। ऐसे में रीतिकाल का क्या किया जाए जिसके केन्द्र में अनिवार्यतया स्त्री देह है और उसका श्रृंगार है और उस श्रृंगार के प्रति उसकी 'सचेत एक्टिविटी' है।

रीतिकाल की स्त्री इस तरह क्या सेक्सुअली एक्टिव स्त्री नहीं कही जा सकती है जो कामसूत्र के पॉपूलर सांस्कृतिक रूपों से बनी होगी? रीतिकाल में यौन सक्रिय/एक्टिव/नायिका हिन्दी साहित्य के इतिहास लेखन के कथित नवजागरणवादी विमर्श के तहत 'निष्क्रिय' क्यों कर दी जाती है?

यदि हम इन सवालों के जवाब ढूँढ़ें तो क्या इस स्त्री के होने की खबर के बाद स्त्री के हित और लिंग-हितों की अवधारणा को कोई बल मिलता है, या कि इन सबके बावजूद इतना 'लिंग-सक्रिय क्षेत्र' हिन्दी साहित्य की

उपलब्ध नैतिकता और उसके बाद के आधुनिकतावादी विमर्श में कहीं दफन कर दिया गया है और इतना दफन कर दिया गया है कि हिन्दी का आम छात्र रीतिकाल को कुछ इस तरह पढ़ता है कि स्त्री की यौन सक्रियता और उसके होने को सच और उसकी दृश्यमानता को अनिवार्य मानने की जगह वह उसे या तो पतित काल मानकर चलता है या 'गायब' करके चलता है।

विद्वानों ने प्राय: नायिकाभेद को, दोयम दरजे के संस्कृत ग्रन्थों की, उनमें भी उत्तरवर्ती यानी अमौलिक ग्रन्थों की बुरी नकल की तरह बताया है। इससे यह सवाल पैदा होता है कि रीतिकाल की नायिका जो नायिका-भेद में सक्रिय है, क्या कभी सचमुच की जीती-जागती स्त्री नहीं रही? वह लक्षण लिखने वाले दरबारी कवियों की कल्पना भर है या कि वह हिन्दी की पूर्वनिश्चित फार्मूलों का अनुवाद मात्र है जिसमें सक्रिय रचनात्मक अनुभव प्रवेश नहीं कर पाता? यानी क्या रीतिकाल की कविताओं की नायिकाओं में रीतिकालीन कवियों के जीवनानुभव के एकदम से न होने को माना जा सकता है? कितना भयानक है यह देखना कि पूरे दो सौ साल तक रीतिकाल की कविता 'अश्लील' कहे जाने का दंड भोगती रही, नकली होने, बनावटी होने, फरमाइशी होने, की सजा पाती रही और इसी के साथ वे तमाम हजारों नायिकाएँ निर्जीव कर दी गयीं जो कि किसी समय जीती-जागती रही होंगी।

इतिहास के निर्माण के सत्तामूलक विमर्श ने यही किया। नवजागरणवादी विमर्श ने यही किया। महावीर प्रसाद से लेकर शुक्ल तक सबने ऐसा ही किया दो सौ साल की रचना 'हीन' कर दी गयी। इस तरह रीतिकाल को नियंत्रित किया गया। आधुनिक काल के इतिहास को लिखने वाली दृष्टि तक आधुनिकतावादी आलोचना की इस बात की अवहेलना करती नजर आती है कि रचना की प्रक्रिया में यहाँ तक कि अनुवाद की प्रक्रिया तक में अनुभव को बिल्कुल अनुपस्थिति नहीं माना जा सकता। इतिहास लेखन के इस नियन्त्रणवादी विमर्श को खोला जाना जरूरी है ताकि ये नायिकाएँ मुक्त हो सकें। उनके कवि मुक्त हो सकें। इसमें फूको का इतिहास और यौनता निर्माण सम्बन्धी विमर्श बड़े उपयोग का है।

फूको ने ही इतिहास में 'अ-सातज्य' की अवधारणा पर बल दिया (देखिए एस्थैटिक्स, मैथड एवं एपिस्टोमोलॉजी/पेज 81)। काल निर्धारण का हर इतिहासकार को एक-एक कर निश्चय करना होता है। अवधि का निश्चय करना होता है। इस काम के लिए इतिहासकार जिस काल को भी चुनता है अन्य कालों से उसे अलगाना ही होता है। इस तरह वह एक प्रकार के

'अ-सातत्य की पद्धति' तक पहुँचता है। 'अ-सातत्य' की तलाश सातत्य के उस क्रम को भंग करके ही की जा सकती है। इसे बनाना एक विमर्श को बनाना होता है।

हम देखते हैं कि शुक्ल के इतिहास में रीतिकाल, भक्तिकाल की महानता के क्रम में 'हीनतर' काल ही है। उसके एकदम बाद आधुनिक काल है। इस अनुक्रम में एक टूट, एक अ-सातत्य झलकता है। इसलिए जिस कार्यकरण की चर्चा-अनेक लोग करते रहे हैं, उस तर्क से यह उत्थान-पतन फिट नहीं बैठता।

रीतिकाल के निर्माण के सन्दर्भ में एक सवाल यह उठता है कि अनन्त नायिकाओं के निर्माण के पीछे क्या ऐसी सचमुच की जीवित स्त्रियाँ बिलकुल न रही होंगी जिनका चित्रण किया गया है? संस्कृत के 'मूल' से इसे 'नकल' का नाम देने से यह नतीजा निकालना आसान है कि वे औरतें शुद्ध कल्पनात्मक या फैंटेसी ही रही होगी-रीयल न रही होंगी। सत्रह सौ से उन्नीस सौ के बीच के लंबे काल में क्या ऐसा सम्भव माना जा सकता है? जब भक्तिकाल की गोपियाँ 'सोशल' हो सकती हैं, उनका देशकाल हो सकता है तो रीतिकालीन नायिकाओं का क्यों नहीं हो सकता?

इन स्त्रियों को, जो रीतिकाल में लगातार बनाई जाती हैं, बीसवीं सदी के आरम्भ में गायब किया जाने लगता है। इसके लिए आलोचना के मानक लागू किए जाते हैं : वही 'मौलिक-अमौलिक' के मानक। यह बात तब और भी दिलचस्प बन उठती है जब हम पाते हैं कि उन्नीसवीं सदी के आसपास अँग्रेजों के आने के बाद विक्टोरियाई नैतिकता से संचालित ब्रिटिश इंडिया के एलीट मानक ऐसे ही रहे मसलन मैथ्यू आर्नोल्ड के 'मोरलिटी एंड अनार्की' वाले मानक और लिखित साहित्य के इतिहास उसके दबाव में बने। इनमें महावीर प्रसाद द्वारा रीतिकाल को नियंत्रित करने की कोशिश के साथ-साथ शुक्ल जी का इतिहास भी शामिल है।

रीतिकाल के कुछ अर्थ इतने रूढ़ कर दिए गये कि वे पापूलर अवधारणाओं की तरह पेश होने लगे। यदि हम हिन्दी साहित्य के इतिहास के परचों के सवालों को देखें तो उनसे पता नहीं चलता कि वे रीतिकाल के समाज के बारे में, स्त्री पुरुष के सम्बन्धों के बारे में किसी नये सवाल को नहीं पूछा करते हैं। वही बँधे-बँधाए सवाल होते हैं जो बाद में विश्वनाथ प्रसाद मिश्र ने भी अपने हिन्दी साहित्य का अतीत में रीति बद्ध-रीति सिद्ध-रीति मुक्त के नाम से पक्के कर दिए। कहने की जरूरत नहीं कि रीति नामक पद से वह जीती-जागती स्त्री एकदम गायब कर दी गई जो कि इस साहित्य की

जान है, जो कविता की हर लाइन में नाना रूपों में सक्रिय है और जो इन दिनों ज्यादा सार्थक ढंग से 'पढ़ी' जा सकती है।

'पाठ बदलता है। पाठ दर पाठ बदलता रहता है। 'डिकंस्ट्रक्शन' के जरिए क्या हम रीतिकाल के पाठ को इन दिनों बदला हुआ नहीं पाते? कम से कम यह लेखक उसे बदलता हुआ पाता है। आज के मॉडलों, रेंप शोज में, एम टीवी और फैशन टीवी पर आने वाली दृश्यमान औरत के उल्टे अनुक्रम में रीतिकाल की अनन्त नायिकाएँ कुछ कहती सी नजर आती हैं। वे यह तो कहती ही हैं कि वह पश्चिम से नहीं आई हैं, बल्कि ठेठ यहीं की हैं। वे यह भी कहती हैं कि उनका एक समाज है, उस समाज में वह बनी हैं, यानी उनके मानी बने हैं। आपको उसे नकल के रूप में नहीं अपने समय की 'प्रतिनिधि' के रूप में पढ़ना चाहिए।

उसके निर्माण में सक्रिय, उसके इतने दृश्यमान होने के बावजूद, अचानक उसे गायब कर देने के इतिहास के जादू को छिन्न-भिन्न करना जरूरी है। यह उसकी मुक्ति के लिए जरूरी है। ठीक यहीं एक बार फिर फूको हमारे काम आते हैं।

नवजागरण और रीतिकाल की यौनता के दमन के तर्क

चारु गुप्ता ने अपनी पुस्तक 'सेक्सुअलिटी ऑब्सीनिटी एंड कम्युनिटी' में एक पूरा अध्याय लिखा है जो बताता है कि किस तरह बीसवीं सदी के ऐन आरंभिक दिनों के आसपास और उसके आगे 'अश्लीलता' और सौन्दर्यशास्त्र की व्याख्या करने की कोशिश की गयी ताकि स्त्री समाज को नये सिरे से नियन्त्रण में लाया जा सके। कहने की जरूरत नहीं कि यह वह वक्त है, जब महावीर प्रसाद द्विवेदी, मिश्र बन्धुओं के रीतिकाल सम्बन्धी विमर्श को 'छि: थू:' कर रहे थे और शुक्ल जी अपने इतिहास के नोट्स बना रहे होंगे और उनके इतिहास में सक्रिय नैतिकता की अवधारणा अपने चयन और विमर्श जुटा रही होगी। हमें लगता है कि उत्तर-रीतिकाल के दिनों में रीतिकाल को जिस तरह से 'अनैतिक' और 'हीन' बताया गया, जिस तरह से उसे किनारे किया गया उसके बीज रीतिकाल के ठीक बाद वाले कथित नवजागरणवादी विमर्श में हैं। इसी के चलते बीसवीं सदी के आरम्भ में एक भयानक नैतिक दबाव साहित्य पर बनाया जाता है जो बन रहे हिन्दी एलीट में विक्टोरियन नैतिकता को सक्रिय कर देता है। शृंगार और उसमें स्त्री सम्बन्धी पदावली किस तरह

नैतिक दबाव में बदली जाती है, इसे चारु के अध्ययन के जरिए समझा जा सकता है। रीतिकाल के अवदान को किस तरह किनारे करने की कोशिशें की गयीं वह देखते ही बनता है और यह सब प्रिन्ट में हुआ। चारु का कहना है :

> श्रृंगार रस की कविता पर सबसे गम्भीर आरोप हिन्दी साहित्यकारों के द्वारा लगाया गया। यह आरोप अश्लीलता का आरोप था। यह अश्लीलता औरत की देह के केन्द्रण के कारण पैदा होती मानी जाती थी। यह भारतेन्दु हरिश्चन्द्र से शुरू हुआ। यद्यपि वे ऐसी ही कविता लिखने से खुद को बना न सके। यह बताता है कि श्रृंगार रस के केन्द्रण की परम्परा तब भी बड़ी ताकतवर रही (देखें, द नेशनलिज्म और हिन्दी कंडीशंस: भारतेन्दु हरिश्चन्द्र ऐट्टी नाइंटीन सेंचुरी बनारस/वसुधा डालमिया, से चारु गुप्ता द्वारा उद्धृत/पेज/43)।

धीरे-धीरे न केवल इस प्रकार की कविता को बल्कि उसकी भाषा ब्रज को उसकी आलंकारिकता और रीतिगतता के लिए तज दिया गया। वसुधा को उद्धृत करते हुए चारु ने फिर लिखा : कविता को फारसी अरबी तथा उर्दू शब्दों से रहित कर शुद्ध करने की कोशिश बढ़ी।

चारु महावीर प्रसाद द्विवेदी ग्रन्थावली से नोट करती हैं कि महावीर प्रसाद द्विवेदी जी के समय में रीतिकाल के खिलाफ हमला और तेज तथा व्यवस्थित ढंग से हुआ। महावीर प्रसाद द्विवेदी ने रीति काल के देव, बिहारी, मतिराम को न केवल तुलसी-सूर से नीचे रखा बल्कि उन्हें भारतेंदु से नीचे रखा (चारु पेज 44)। नायिका भेद के बारे में महावीर प्रसाद द्विवेदी ने लिखा जिसे रामविलास ने उद्धृत किया जिसे चारु ने अँग्रेजी में दिया। जिसका रूपांतर हम दे रहे हैं कि :

> 'हिन्दी की तरह बंगाली, मराठी, गुजराती भी संस्कृत से निकली हैं लेकिन जितना नायिका भेद हिन्दी में मिलता है, उतना किसी भाषा में नहीं मिलता। इन किताबों में क्या लिखा जाता है? परकीया और वेश्याओं के, कुँवारी कन्याओं के पाप कर्म होते हैं। उनके घिनौने कामों का वर्णन होता है। निर्लज्ज और विलासिनी औरतों के प्रलाप हैं जो आदमी को भ्रष्ट कर सकते हैं। कहीं कोई नायिका अँधेरे में अपने प्रियतम के लिए यमुना के किनारे दौड़ रही है। क्या इससे बढ़कर कोई और आदमी का नैतिकता को नष्ट करने का औजार हो सकती है? मैं ऐसी रचनाओं के लेखन को तुरन्त लिखने को रोक देने की माँग करता हूँ और जो उपलब्ध हैं उन्हें प्रतिबन्धित करने की माँग करता हूँ (चारु/पेज/44)।

चारु आगे नोट करती हैं कि मैथिलीशरण गुप्त जो राष्ट्र कवि भी थे, ने 'भारत भारती' में ऐसे श्रृंगारवाद के खिलाफ कविता में आह्वान किया। लेकिन चारु का शोध इस प्रसंग में लखनऊ विश्वविद्यालय के प्रोफेसर बद्रीनाथ भट्ट के एक नाटक को गजब ढंग से उद्धृत करके रीतिकाल के विरुद्ध चल रहे विमर्श को पॉपूलर बनाए जाने के प्रयत्नों के बारे में बताता है। भट्ट जी ने एक हास्य प्रधान नाटक लिखा :

मिस अमेरिकन (1921 में प्रकाशित) इस नाटक में एक चरित्र बनाया गया। नाम रखा गया बुहारी लाल। यह बुहारी लाल अश्लीलता और भदेस को पसन्द करने वाले हैं। ये बिहारी लाल की याद दिलाते है। जरा संवादों का नमूना देखिए। चारु ने संवादों का अँग्रेजों में अनुवाद दिया हम उसको हिन्दी में दे रहे हैं :

'बुहारी : आजकल हमारे देशवासी हर उस कविता का विरोध करते हैं जिसमें जरा सी भी अश्लीलता होती है...मैं समझता हूँ कि अश्लीलता तो कविता की जान है।

मिस : आप एकदम ठीक कह रहे हैं। हमें श्रृंगार रस का अवश्य ही पक्ष लेना चाहिए।

बुहारी: हालाँकि मैं खुद अश्लील कविता नहीं लिख पाता लेकिन पूर्वकवियों की ऐसी कविताएँ पढ़ने में मुझे बड़ा आनन्द मिलता है।

मिस : जब तक मैं पेरिस में छपे किसी नग्न चित्र को नहीं देख लेती, मेरा खाना नहीं पचता। हालाँकि अब सरकार ऐसी चीजों पर प्रतिबन्ध लगाने जा रही है...कितनी घटिया बात है...'

हम देख सकते है कि किस तरह से बीसवीं सदी के आरम्भिक दिनों में यौनता का निर्माण हो रहा था और किस तरह उसे नये हिन्दू नैतिकवाद से अनुशासित और व्याख्यायित किया जा रहा था।

फूको, यौनता विमर्श और इतिहास निर्माण

यहाँ फूको की 'द हिस्ट्री ऑफ सेक्सुअलिटी' से कुछ विचार दिए जाने जरूरी हैं। रीतिकाल को यौनता के निर्माण और उसकी देह राजनीति को समझने के लिए यह जरूरी है। फूको की सेक्सुअलिटी की अवधारणा को देखकर रीति काल में सेक्सुअलिटी की बनती अवधारणा और व्यवहार के बारे में सोचा जा सकता है। फूको के कुछ सूत्रों के जरिए एक बार रीतिकाल को खास

कर उसके शृंगार, रूप निर्माण, नखशिख, नायिका भेद और उससे ताल्लुक रखने वाले इरोटिक साहित्य का एक नया पाठ किया जा सकता है जो द्विवेदीय, शुक्लीय नैतिकता और उसके बाद की चली आती नैतिकता के दबाव में मुक्त हो।

फूको ने लिखा है :

हिस्ट्री ऑफ सेक्सुअलिटी को लिखते हुए/मेरा उद्देश्य रहा कि सेक्सुअलिटी/यौनता/को ऐतिहासिक तौर पर एकल अनुभवों के रूप में विश्लेषित किया जाए। इस ऐतिहासिक एकलता को ध्यान में रखने का अर्थ यह नहीं है कि सेक्सुअलिटी के इन दिनों बढ़ते चलन की अतिरिक्त व्याख्या-अतिव्याख्या की जाए ताकि जिस यथार्थ को यह शब्द अपने पीछे ले आया है उसको मानकर चला जाए। यौनता को उसके ऐतिहासिक एकल रूप में विश्लेषित करने का अर्थ ऐसी कोशिश है जो यौनता को ज्ञान के क्षेत्र के सहसम्बन्ध में देखे। एक प्रकार की मानसिकता प्राप्त करे और आत्म से सम्बन्ध के एक रूप में उसे जाना जाए...एक व्यक्ति और उसके आत्म के बीच सम्बन्ध के एक तरीके के रूप में देखा जाए जिसके जरिए अन्यों के बीच एक यौनकर्ता के रूप में वह अपने को जान पाता है/पाती है। (हिस्ट्री ऑफ सेक्सुअलिटी/भाग दो/पेज 333/द फूको रीडर/संपादक : पॉल रेबिनो)।

फूको आगे कहते हैं :

हिस्ट्री ऑफ सेक्सुअलिटी भाग दो में मैं यह दिखाना चाहता था कि प्रतिबन्धात्मक नियम ईसा पूर्व चौथी सदी तक थे। तब भी नैतिकवादी और डॉक्टर थे। इन नियमों का मुख्य उद्देश्य सौन्दर्यात्मक ही था, लेकिन ये नियम एलीट के लिए पर्सनल चॉयस थे। सबके लिए नहीं थे। इसका कारण था कि जीवन को किस तरह सुन्दर बनाए जाए। यह नहीं कह सकते कि सारी आबादी के लिए ऐसे नियम रहे। (यही पेज 340)...

सेक्सुअलिटी के विमर्श के विकास के बारे में फूको कहते हैं :

वह क्या चीज रही जिसने हमें सेक्स को एक ऐसी चीज के रूप में देखना सिखाया जो छिपाने योग्य है। हमें जानना चाहिए कि हम आज भी क्यों उस पापबोध के नीचे दबे रहते हैं कि हमने कभी माना था कि सेक्स एक पाप है। ('वी द विक्टोरियन्स' नामक लेख/फूको/सन्दर्भ/वही पेज 297)

शुरू में फूको ने सेक्स को एक दी गयी स्थिति की तरह देखा और

सेक्सुअलिटी को एक विमर्शात्मक सांस्थानिक रूप में देखा जो सेक्स को छिपाती है या अनुशासित करती है। इस थीसिस से निराश होकर फूको ने अपनी पदावली को बदला और कहा कि :

> सेक्स सेक्सुअलिटी के तन्त्र (एपेरेटस) से बनती है। इस तरह सेक्सुअलिटी का विमर्श सेक्स से सम्बन्धित विमर्श न होकर देह से, यौन अंगों से, आनन्द से और उससे सम्बन्धित वातावरण से सम्बन्धित है। (द लाइव्स ऑफ मिशेल फूको/डेविड मेसी/पेज 355)
>
> फूको का उद्देश्य 'सेक्सुअल व्यवहार' का इतिहास लिखना नहीं था बल्कि सेक्स के बारे में एक खास तरह के ज्ञान का विश्लेषण करना था। वे इसे किसी दमन के इतिहास की तरह भी नहीं देखना चाहते थे बल्कि इसे वे सत्ता के सन्दर्भ में देखना चाहते थे। (वही पेज 35)
>
> चीन, जापान, भारत, रोम और अरब में इरोटिक कला रही है जिसमें सत्य आनन्द में मिलता है। पश्चिम में इसके बरक्स सेक्स के बारे में सच बताने के लिए सत्ता/ज्ञान के बीच बढ़े जटिल विधान बनाए गये हैं.../ इस तरह सेक्सुअलिटी एक प्रकार सत्ता का अधिष्ठान हो जाती है जो स्वास्थ्य, प्रजनन, भविष्य की नस्लों और समाज की देह की ऊर्जस्विता के बारे में बताती है। इसी में आबादी की जैव राजनीति और मानवदेह की राजनीति आती है। (वही, उद्धृत/पेज 358)
>
> 'द हिस्ट्री ऑफ सेक्सुअलिटी' के पहले भाग में फूको कहते हैं कि : समलैंगिकता, इनवर्जन पेडोरास्टी, तथा ताकत की दवाओं के बारे में उन्नीसवीं सदी के मनोविज्ञान, न्यायशास्त्र तथा साहित्य के विमर्शों ने परवर्सिटी के इस क्षेत्र में खास भूमिका निभाई। लेकिन इस सबने एक रिवर्स डिसकोर्स या विलोमी विमर्श को भी सम्भव किया। समलैंगिकता अपने आप बोलने लगी, वह अपनी वैधता की माँग करने लगी और ऐसा करते हुए लगभग उन्हीं कोटियों का उपयोग करने लगी जिनसे इसे मेडिकली डिस्क्वालिफाई किया गया था। (द हिस्ट्री ऑफ सेक्सुअलिटी/ मिशेल फूको/पेज 101)

रीतिकाल के हित फूको के विमर्श

फूको का अंतिम सन्दर्भ 'दमन' के भीतर भी जिस विलोमी विमर्श के सक्रिय होने की बात करता है, वह हमारे इस विमर्श के लिए महत्वपूर्ण है। इस तर्क

से रीतिकालीन कविता की दृश्यमानता में रीतिकालीन नायिका रीतिकालीन कवि के घेरे से बाहर भी खड़ी हो सकती है। वह उन आलोचनाओं से बाहर भी आ सकती है जो उसे गायब करने पर तुली हैं। ऐसे जटिल विलोमी विमर्श की सम्भावनाओं को देखा जा सकता है। यह लेख ऐसे ही जटिल विलोमी विमर्श की सम्भावनाओं की तलाश है।

सेक्सुअलिटी के बारे में फूको के विमर्श को रीतिकाल के सन्दर्भ में सक्रिय करने का काम तब तक अधूरा होगा जब तक कि फूको के इतिहास-लेखन सम्बन्धी विमर्श को न देखा जाए। यह इसलिए भी जरूरी है कि हिंदी साहित्य के इतिहास लेखन में जो 'एक रैखिकता' चली जाती है उसमें 'अ-सातत्य' दबा दिए जाते हैं। इसका सबसे प्रबल उदाहरण नगेन्द्र की रीतिकाव्य की भूमिका है जो एक ओर रीतिकाव्य के आधार को रेखांकित करती है और दूसरी ओर उसे 'पतनशीलता' से भी आभूषित करती चलती है।

नगेन्द्र की दुविधा कितनी दयनीयता के साथ प्रकट होती है, उसे उनकी भूमिका और रीतिकाव्य सम्बन्धी उनकी अवधारणा से मिलाकर समझा जा सकता है। भूमिका में नगेन्द्र कहते हैं :

> हिन्दी में रीतिकाव्य प्राय: उपेक्षा का ही भागी रहा है। द्विवेदी युग ने इसे नीतिभ्रष्ट कहकर तिरस्कृत किया। छायावाद के प्रतिनिधि कवि लेखक इस कविता को अति ऐंद्रिय और स्थूल कहकर हेय समझते रहे और आज का प्रगतिशील समीक्षक इसको सामंतवादी अभिव्यक्ति मानकर प्रतिक्रियावादी कविता कहता है। (रीतिकाव्य की भूमिका/नगेन्द्र)।
>
> 1949 में प्रकाशित अपने इस ग्रन्थ में नगेन्द्र कहते हैं : रामचरितमानस के स्थान पर अब ब्रज विलास की ही रचना हो सकती थी। सूर और नन्ददास की प्रतिभा सर्वथा लुप्त हो चुकी थी। परंतु श्रृंगारिकता का निर्जीव अनुकरण अब भी बड़े उत्साह के साथ हो रहा था। कृष्ण काव्य की दिव्य प्रेरणा के स्थान पर अब स्थूल ऐंद्रियता का निष्प्राण अलंकरण रह गया था। (वही, पेज 21)
>
> इसका कारण था :
>
> हिन्दुओं की राजनीतिक पराजय ने उनके जातीय संगठन को सर्वथा छिन्न-भिन्न कर दिया था। किसी दृढ़ आधार से हिंदुओं में जाति भेद की भवना प्रबल हो उठी थी। वेद मन्त्रों के उच्चारण अथवा यज्ञोपवीत धारण करने के अधिकार को लेकर उनमें आपस में भयंकर संघर्ष चल रहे थे। धार्मिक दंश अबाध गति से बढ़ रहा था। शूद्र सर्वथा अस्पृश्य

समझे जाते थे। हिन्दू, मुसलमान की तीव्र चेतना अब भी बनी हुई थी परंतु औरंगजेब के बाद ज्यों-ज्यों मुगल शासन क्षीण होता गया और देश विपत्ति ग्रस्त होता गया। यह पार्थक्य कुछ कम अवश्य होने लगा... हिन्दू, मुसलमानों के उत्सव, संस्कार, रीति रिवाज, आमोद-प्रमोद आदि में साधारणतः भेद करना कठिन हो गया। गाँव के लोगों में वह अभेद और भी अधिक था... (वही, पेज 14)

औरंगजेब के शासन के पतन के साथ जनता में बढ़ती 'सांस्कृतिक एकता' के बावजूद नगेंद्र मानते हैं: राजनीतिक और सामाजिक अधोगति का स्वाभाविक परिणाम था नैतिक अधोगति। हिन्दू युग-युग से पदाक्रांत रहने के कारण और मुसलमान विलास तथा आन्तरिक एवं बाह्य द्वंद्वों से जर्जर होकर अपना नैतिक बल खो बैठे थे। दोनों की निर्बाध इंद्रिय लिप्सा की ओर संकेत ऊपर हो चुका है पर वह नैतिकता का एक पहलू है और उसके अतिरिक्त अन्य पहलू भी इस युग में सर्वथा दुर्बल हो गये थे। (वही, पेज 15)

नैतिकता के पतन के इस विमर्श में 'जनता की मनोवृत्ति में धार्मिकता नहीं थी, श्रृंगारिकता थी। राधाकृष्ण लौकिक प्रेमी-प्रेमिका अर्थात नायक-नायिका के प्रतीक मात्र थे...(वही, पेज 27)

नगेन्द्र रस सिद्धांत और रीतिकाल के समर्थक माने जाते रहे। उनके अध्यक्षताकाल में दिल्ली विश्वविद्यालय का हिन्दी विभाग एकदम रीतिकालीन हो गया था। रीतिकालीन कवियों पर सैकड़ों की संख्या में डाक्टरेट हुई थीं। नगेन्द्र प्रकटतः रीतिकाल के समर्थक कहे जाते थे। लेकिन ऐसा है नहीं। यदि उनके लिखित को पढ़ा जाए तो उनकी दुविधा देखते ही बनती है। कहा जा सकता है कि अन्यों की तरह रीतिकाल उनके लिए भी एक पतित काल ही है। पतन के कारण भी लगभग वही हैं जो और लोग गिनाते हैं। इससे प्रकट है कि आजादी के बाद रीतिकाल का अनुक्रमण एक पतित काल के रूप में ही होता रहा, भक्ति-काल उत्थान काल माना गया। यहीं नगेन्द्र की शब्दावली में आया 'इंद्रियलिप्सा' पद ध्यान देने योग्य है जो जब भी आता है, अपराध कथन की तरह आता है।

नगेन्द्र की पदावली में 'पतन' का अर्थ है 'दिल्ली सरकार' यानी औरंगजेब के शासन का 'पतन'। (वही, पेज 9/40) जबकि औरंगजेब के उत्थान में तो कला साहित्य का कत्लेआम ही हो सकता था। औरंगजेब के पतन की घटना से रीतिकाल के साहित्य के उत्थान को जोड़कर नगेन्द्र नहीं

देख पाते जबकि उन्हीं के विवरणों में ऐसा बहुत कुछ मिलता है जो बताता है कि औरंगजेब के केन्द्र के आकर्षण के बिखरने और उसके विकेन्द्रण में ही रीतिकाल का उत्कर्ष छिपा है।

नगेन्द्र कहते हैं : 'औरंगजेब के समय में कलावन्तों के लिए दिल्ली में कोई विशेष आकर्षण नहीं रह गया था। औरंगजेब की मृत्यु के उपरांत साम्राज्य की शक्ति का और उसके साथ दरबार का विकेन्द्रीकरण बड़े वेग में आरम्भ हो गया था और कवि-चित्रकार, गायक, शिल्पी सभी राजाओं और रईसों के यहाँ आय की खोज में भटकने लग गये थे। ये राजा, रईस लोग अधिकांशतः हिन्दू या हिन्दू रीति-रिवाजों से घुले मिले हिन्दी रसिक मुसलमान थे। शताब्दियों के दासत्व और उत्पीड़न के उपरांत अब वह समय आ गया था, जब इनमें आत्मगौरव की चेतना निःशेष हो चुकी थी–इसीलिए तो अव्यवस्था और उत्क्रांति के युग में ये लोग चैन की बंसी बजा सकते थे। जीवन के प्रति इनका दृष्टिकोण सर्वथा ऐहिक और सांमतीय रह गया था। परन्तु ऐहिकता और सामंतवाद की शक्ति भी उनमें नहीं थी। केवल भोग विलास ही शेष था'। (देखिए वही)...'अतएव ये लोग भोग के सभी उपकरणों को–विनोद के सभी 'रसालाओं' को एकत्र करने में प्रयत्नशील रहते थे। जिनमें सुबाला, सुराही और प्याला के साथ 'तानतुक ताला' और गुणी जनों का सरस काव्य भी सम्मिलित था।'

पतन यहाँ आकर विलास से और विलास शृंगार से और शृंगार रीति से जुड़ जाता है। यह निन्दा का एक क्रम है जो रीतिकाल के निर्माण में लगातार सक्रिय रहता है। यह तब भी सक्रिय रहता है जब नगेन्द्र अगले ही पैराग्राफ में कविता और कवियों के प्रति थोड़ी हमदर्दी से पेश आते हुए कहते हैं :

'रीतिकाल के कवि वे व्यक्ति थे जिनको प्रायः साहित्यिक अभिरुचि पैतृक परम्परा के रूप में प्राप्त थीं–काव्य का परिशीलन और सृजन इनका शगल नहीं था। स्थायी कर्तव्य-कर्म था। ये लोग यद्यपि निम्नवर्ग के ही सामाजिक होते थे, परन्तु अपनी काव्य के द्वारा ऐसे राजाओं अथवा रईसों का आश्रय खोज लेते थे जिनकी सहायता से इनकी काव्यसाधना निर्विघ्न चलती रहे। अतएव इनका सम्पूर्ण गौरव इनकी काव्य कला पर ही निर्भर रहता था–इसी कारण कविता इनके लिए मूलतः एक ललित कला थी जिसके बल पर ये अपनी प्रतिभा प्रदर्शन करते हुए गोष्ठी केशृंगार बन पाते थे। अपनी प्रतिभा और कला के प्रदर्शन के प्रति ये

> जागरूक थे, इसका तो निषेध नहीं किया जा सकता–परन्तु इसके आगे बढ़कर इनको काव्य व्यवसायी या फरमाइशी कहना अन्याय होगा। सारांश यह कि रीतिकाव्य में आत्मा की काँपती हुई आवाज आपको नहीं मिलेगी। वह अपने प्रतिनिधि रूप में वैयक्तिक गीत-कविता नहीं है। वह कलात्मक कविता है। स्वभावतः उसमें वस्तुतत्व/ऑब्जेक्टविटी असंदिग्ध है इसलिए उसकी मूलप्रेरणा सीधी आत्मभिव्यंजना को प्रवृत्ति में न खोजकर आत्मप्रदर्शन की प्रवृत्ति में खोजनी चाहिए। हिन्दी साहित्य के इतिहास में यही युग ऐसा था जब कला को शुद्ध कला के रूप में ग्रहण किया गया था। अपने शुद्ध रूप में रीति कविता न तो राजाओं और सैनिकों को उत्साहित करने का साधन थी, न धार्मिक प्रचार अथवा भक्ति का माध्यम थी, न सामाजिक अथवा राजनीतिक सुधार की परिचायिका ही। काव्यतत्व का अपना स्वतन्त्र महत्व था। उसकी साधना उसी के निमित्त की जाति थी। वह अपना साध्य आप थी। (वही, पेज 140–141)

'काव्यकला के स्वतन्त्र अस्तित्व' को आप किंचित क्षमायाचना के साथ ही पढ़ सकते हैं। रीतिकाव्य कलावादी है, सामंतीय है। ऐसे विमर्शों के तमाम दबाव कलावाद को एक हीन कोटि मानकर चलने की कहते हैं। अब रीतिकाल का अवदान देखिए: नगेन्द्र कहते हैं कि हिन्दी का नायिका भेद संस्कृत की अपेक्षा कहीं अधिक विस्तृत और व्यवस्थित है। (वही, पेज 156) लेकिन यह भी नगेंद्र को पसन्द नहीं आता। कहते हैं : आखिर पूरे दो सौ वर्ष तक, हिन्दी के कवियों ने किया ही क्या? (वही, पेज 156)

पुंश्चली बरअक्स पवित्र स्त्री का निर्माण

रीतिकाल और श्रृंगार के निर्माण को गढ़ने की समस्या इकहरी नहीं, दुहरी है। एक ओर उसे इतने बड़े समय की गतिविधि की तरह दिखाया–बताया जाता है, दूसरी ओर उसे हेय बनाकर नीचा दिखया जाता है। इस प्रेम और घृणा में अंतिम जीत घृणा की होती है। इस दोहरे विभक्त विमर्श की जड़ कहाँ हो सकती है? यह शायद उन विमर्शों में हो सकती है जो उन्नीसवीं सदी में अँग्रेजों के भारत या 'पूरब के निर्माण' और उसमें सम्मिलित हो रहे भारतवादी लोगों के बीच बनते हैं, इसलिए उन्नीसवीं सदी के दौरान उपलब्ध स्त्री के नियमन के लिए की जाती व्यवस्थाओं की प्रक्रिया को देखना उपयोगी है।

इस सिलसिले में कुमकुम संगारी का अध्ययन इस प्रसंग में बड़ी हद तक मदद करता है। उसे पढ़ते हुए हम जान पाते है कि क्यों अंग्रेजी विक्टोरियाई नैतिक मानक भारतीय एलीट के नैतिक मानक बन उठे और क्यों अपने ढंग की आधुनिकता ने स्त्री के यौन निर्माण को एक खास मोड़ दिया। इससे रेनेसां की योजना में निहित मर्दवाद सामने आ जाता है। जैसा यूरोप में रहा, वैसा उसने अपने लिए यहाँ बनाया।

कुमकुम संगारी का अध्ययन बताता है कि किस तरह प्राच्यवाद हेस्टिंग्स से लेकर बेंटिक तक के दौर का निर्माण है, कि किस तरह यूरोपीय रेनेंसां को यहाँ प्राच्यवाद को बनाने के लिए उपयोग में लाया जाता है और किस तरह भारतीय समाज को ब्रिटिश 'हस्तक्षेप से रहित' करने की नीति जरूरी बताई जाती है। इसी क्रम में हमें मालूम पड़ता है कि उन्नीसवीं सदी के आरम्भ से लेकर बाद तक स्त्री की स्थिति को एक खास विमर्श के जरिए नियंत्रित किया जाने लगा।

इसके लिए एक 'आदर्श हिन्दू स्त्री' बनाई गयी जो आदर्श हिन्दूवादी स्त्री के बहुत नजदीक भी। सदी के आरंभ के आसपास स्त्री रूपों की उपलब्ध ता के बारे में विलियम वार्ड ने लिखा :

> 'पढ़ी-लिखी और साक्षर औरतों के आसपास के मॉडल कुछ इस प्रकार के बने हैं: पढ़ी-लिखी हिन्दू शास्त्रों को जानने वाली स्त्रियाँ, राजपूत घरानों की राजघरानों की स्त्रियाँ, ब्राह्मण स्त्रियाँ, विधवाएँ, जोगिनियाँ, वैरागिनियाँ, सन्यासिनियाँ, जो संस्कृत जानती हैं, नाचने वालियाँ या वेश्याएँ निम्न जातियों से धर्मांतरित तथा गैर-यूरोपीय औरतें।' (कुमकुम द्वारा अपनी पुस्तक 'पॉलिटिक्स ऑफ पॉसीबिल' में पेज 149 पर उद्धृत)।

इसका अर्थ हुआ कि उन्नीसवीं सदी के आरम्भ और मध्यकाल में अँग्रेजों के आने के बाद अँग्रेजों के एजेंडे पर जो शिक्षादान की नीति आई, उसमें स्त्री के प्रश्न उभरे। इस स्त्री शिक्षा की नीति में हिन्दू औरतों को शिक्षा देने की जब बात आई तो उन्हें नियन्त्रण करने के तरीके सामने आने लगे। वे दोहरे रहे। एक ओर शिक्षा देना जरूरी लगता ताकि वे 'मन के मतवारे हाथी को वश में कर सकें' वही दूसरी ओर शिक्षा देने से बिगड़ जाने के डर बने रहे।

उन्नीसवीं सदी की तीसरे दशक यानी 1823 की किताब 'स्त्री शिक्षा विधायक' जो कलकता स्कूल बुक सोसाइटी के लिए छापी गयी थी, अपनी सूची में चित्रलेखा नामक 'कोर्टसन' वेश्या, गणिका का नाम देती है। (पेज वही) वह प्राचीन पढ़ी-लिखी औरत का मॉडल बताई जाती है लेकिन उसके

जीवन के बारे में कुछ पता नहीं चलता। किताब सूचना देती है कि परंपरागत तरीके से शिक्षा औरतों को नहीं थी, लेकिन नाचने वाली स्त्रियों को रही और अब उसे अनुकूलित करना था।

पाठ्यक्रम के नियोजन की समस्या और स्त्रियों को कितना आधुनिक बनाया जाए? इसकी समस्या बुनियादी है। कुमकुम लिखती हैं कि औरत की शिक्षा के इस केन्द्र सबसे बड़ी अन्तर्विरोधी अवधारणा यह है कि औरत एक ही वक्त में पवित्र है और उसी वक्त उसे कामुकता/लिबिडनेस का एजेंट मानकर चला जाता है। पवित्रता उसे मिली हुई है। कामुकता अर्जित है। हिन्दू स्त्री की पवित्रता प्राथमिक है। (पेज 147) वह उसका स्त्री-धर्म है (148) अनपढ़ किन्तु पवित्र स्त्री अपने आप में आदर्श है।

आरम्भिक मिशनरी जिस स्त्री को बराबर बनाते हैं, वह यही पवित्र स्त्री है। यह हिन्दू स्त्री का आदर्श निर्माण है जिससे बाद के दिनों के रूपक के लिए पवित्र बनाए रखा जाना है और अ-पवित्र स्त्री से यानी रीतिकाल की स्त्री से उसे बचाना है, इसलिए रीतिकाल की नायिका और नायिका भेद से उसे बचाना है।

इसे जरा उन आरोपों से मिलाकर देखिए जो रीतिकाल के आचार्यों की कविता और नायिका भेद पर साहित्य के इतिहास की पुस्तकों में लगाए गये हैं:

–रीतिकाल की नायिका कल्पना है

– वह पतुरिया है अपवित्र है

– वह दरबार की है आम जीवन की नहीं है

– इसलिए वह अपवाद है

– वह मुस्लिम सभ्यता का प्रभाव है, नकल है

इस तरह हिन्दू स्त्री अलग है। हिन्दी साहित्य के इतिहास लेखन में किसी समान्तर थीसिस की तरह यह बात आती रहती है कि हिन्दू स्त्री अलग है। वह पवित्र है। हमारे इतिहासों पर इसी विक्टोरियन एवं स्थानीय एलीट की संयुक्त पाठ्यक्रम योजना का प्रभाव नजर आता है। इस अलग स्त्री का निर्माण सबसे पहले मिशनरी करते हैं और इसी स्त्री का निर्माण बाद के इतिहासों में होता है जो रीतिकाल की स्त्री को उक्त श्रेणियों में रखकर किनारे कर देती है।

शुरू के मिशनरी लोगों ने उच्च जाति केन्द्रित हिन्दू स्त्री का निर्माण किया। यह हिन्दुओं के स्वर्णकाल की पुनर्खोज से जुड़ा था। यहाँ एक समस्या आती है। उन्नीसवीं सदी के ऐन आरम्भिक दिनों में भी यानी अठारह सौ के कुछ आगे के दिनों में भी एक ऐसी स्त्री की तस्वीर बनती है जो कि एक

प्रकार की स्वैराचारिणी है और हिन्दू स्वभाव के साथ दगा करती है। ऐसी स्त्री का घर में होना उसे पढ़ाने के काम में दुविधा उत्पन्न करता है। एक ओर लगता है कि स्थिति और खराब हो सकती है, दूसरी ओर लगता है कि शायद स्थिति बेहतर बने। (वही, पेज 148) कुमकुम नोट करती हैं कि स्त्री शिक्षा पर बहस इस तरह 'स्त्री दोषों की बहस' बन जाती है। स्त्री के दो लक्षण मान लिए जाते हैं इस बहस में : एक ओर पुंश्चली औरत की तस्वीर सामने उभरती है जो उस वक्त के प्रचलित नारी द्वेष को बताता है। जो उपलब्ध तस्वीर है वह बुरी औरत की ही है। वह उस वक्त के परिवार की स्थिति को भी बताती है। (वही/148) यह तस्वीर स्त्री शिक्षा की जरूरत को भी बनाती है और पुल्लिगी शासन की जरूरत को भी बताती है। और ये तमाम बहस स्त्री शिक्षा में, साहित्य की शिक्षा देने के सन्दर्भ में पैदा होती है। साहित्य की शिक्षा देना उपनिवेशवादियों की एक जरूरत है। इस तरह उन्नीसवीं सदी में जहाँ दरबारों में एक ओर रीतिकाल में साहित्य शिक्षण का पाठ्यक्रम जारी है, ब्रिटिश इंडिया और पूरबवादियों के लिए, बुरी औरतों–नाचनेवालियों के बरक्स–आदर्श हिन्दू औरत, जो कि स्वर्णकाल में कल्पित औरत है, के लिए साहित्य शिक्षण के पाठ्यक्रम के बनाने की बात भी है। यह एक बड़ा प्रस्थान बिन्दु है जो रीतिकाल के बारे में बाद की अवधारणाओं और इतिहास निर्माण को दोहरे ढंग से अनुकूलित और नियंत्रित करता है।

कुमकुम संगारी बताती है कि किस तरह अँग्रेज ओरियंटलिस्टों ने भाषा और साहित्य के शिक्षण को नियंत्रित किया और किस तरह भारतीय स्थानीय एलीट की जरूरतों से उसे मेल में रखा ताकि अनुकूलन में परेशानी न हो। इन ओरियंटलिस्टों के लिए ओरियंट का ज्ञान स्थानीय था लेकिन शामिल करने योग्य था। 'एशियाटिक सोसाइटी ऑफ बंगाल' के अपने पहले सम्बोधन में विलियम जोन्स ने एशिया की खोज को लेकर जो हिदायत तय कीं वे ज्ञान के क्षेत्र में सिर्फ भौगोलिक सीमाओं को मानने वाली थीं। 1804 में 'बांबे लिटररी सोसाइटी' में प्राच्य विद्या को साहित्यिक श्रेणी में रख दिया गया। (वही पेज 125) कलकत्ता जर्नल ने बांबे लिटररी सोसाइटी के काम को साहित्यिक श्रेणी के काम की संज्ञा ही दी। (125) मैकिंतोश ने इस प्रक्रिया में निहित सांस्कृतिक प्रक्रिया पर जोर दिया। मैकिंतोश ने ज्ञान को दो भागों में बाँटा : एक भौतिक वर्ग के दूसरे नैतिक वर्ग के। नैतिक वर्ग के ज्ञान को भारत के अतीत और वर्तमान की समक्ष पैदा करने में मददगार माना (वही 126)। बांबे लिटररी सोसाइटी के लिए साहित्य एक सुधारात्मक कार्यक्रम था।

(127) साहित्य की कोई तयशुदा भौगोलिक सीमा नहीं मानी गयी। (वही) साहित्य पद एक प्रकार का मिश्र पद था जिसमें एक साझापन पैदा कर दिया गया, जिसमें यूरोपीय साहित्य भी समा सकता था। उपनिवेशी उपयोग के लिए साहित्य एक सामाजिक इतिहास बन उठा। (वही, पेज 127) कुमकुम ने बहुत सटीक ढंग से इस नीति के धोखे को बताया है कि किस तरह मैकिंतोश साहित्य की अवधारणा और विषयवस्तु को बराबरी देता है, लेकिन किस तरह वह अपने अँग्रेज शासन ओर भारतीय साहित्य के बीच यथास्थिति, बात करता है। इस यथास्थिति को बनाए रखने के लिए ही यह साहित्य में बराबरी की बात करता है। वो किसी 'बाउंडरी' की बात नहीं करता। साहित्य 'युनिवर्सल' होता है। (वही 128)

साहित्य की उपनिवेशी ओरयंलिस्ट अवधारणा इस तरह बहुत कुछ शामिल करके चलती है। कलकत्ता जर्नल दुर्गा पूजा से लेकर बिहारी तक पर लेख छापती है। 'बनारस के संस्मरण' आदि लिटररी प्रोडक्शन के अंतर्गत आते हैं। इस तरह उस समय बहुत सा पाठ्यक्रम भारतीय (ओरियंटलिस्ट) और पश्चिमी साहित्य दोनों को लेकर बनाया जाने लगता है। कालेज आफ फोर्ट विलियम का पाठ्यक्रम बनाया गया तो उसमें जीवित भारतीय भाषाओं पर ध्यान केन्द्रित किया गया। (वही 129) उसमें व्याकरण शब्दकोश, कविताएँ, कहानियाँ, नीति कथाएँ, पत्र, संवादों के अनुवाद, कहावतें, भारतीय महाकाव्य, तुलसीदास, बारहमासा, तथा ईसाई उपदेश आदि शामिल किए गये। यह 1818 के आसपास हुआ (वही 128)। इस तरह अठारहवीं सदी के बाद के दिनों में साहित्य एक प्रकार की औपनिवेशिकता के हित में नियुक्त रहा। बाद के लेखन पर उसके निशान बने।

रीतिकाल के निर्माण को, उसके बाद के इतिहास बोध को इस प्रसंग के बिना नहीं खोला जा सकता। सुधारवादियों के संग्रहवाद को और उसमें नैतिक विमर्श के 'जबर्दस्त' किए जाने को इस प्रक्रिया में ही समझा जा सकता है। यही वक्त है जब मैथ्यू आर्नोल्ड अपनी नैतिकता को राष्ट्र निर्माण के लिए इंग्लैंड में नियुक्त करते हैं। यह नैतिकता एक प्रकार की ईसाई नैतिकता है जो राष्ट्रवाद के केन्द्र में है और जब यह छन कर यहाँ रोपित होती है तो साहित्य के हिन्दू केन्द्र में भी वह उसी तरह चली आती है। उसे आने दिया जाता है क्योंकि इसी तरह अँग्रेज यहाँ की स्थानिकता को परेशान किए बिना अपना शासन चला सकते हैं।

बाद के लिखे साहित्य और इतिहास में इस नीति के दोहरेपन के प्रति

घोर चुप्पी इसीलिए नजर आती है कि अपने साहित्य का विकास इसके 'मेल' में ही हुआ है। उससे 'लड़कर' नहीं हुआ है और साहित्य में जो राष्ट्रवाद नजर आता है, वह यूरोपीय राष्ट्रवाद की प्रतिच्छाया की तरह है, जिसमें नैतिकता राष्ट्र के निर्माण के लिए उसी तरह जरूरी है, जिस तरह आर्नोल्ड के लिए है और इस क्रम में रीतिकाल को अनुशासित किया जाने लगता है और नैतिकता के दूसरे आयाम जोरदार किए जाने लगते हैं। नैतिकता के प्रश्न पर ईसाई और हिन्दू लगभग एक नजर आते हैं। इसके विवरण संगारी के उक्त अध्ययन में लगातार मिलते हैं।

यहाँ हम रीतिकाल के 'काल' के बारे में सोच लें। यह समय संवत सत्रह सौ से उन्नीस सौ के बीच का काल माना गया है। अँग्रेजों के उक्त साहित्यिक प्रयत्न लगभग इसी काल के प्रयत्न हैं। यहाँ वे एक ऐसे साहित्य से दो चार हो रहे हैं जिसे अनुकूलित करना है। इसमें स्त्री शिक्षा की नीति एक बड़ी नीति है। इसमें स्त्री की छवि के निर्माण की नीति निहित है। इसलिए साहित्य की समूची बहसें स्त्री छवि के निर्माण की बहसें बन उठती हैं। ऐसे में यह सम्भव नहीं कि रीतिकालीन स्त्री छवि के साथ इनका तनाव भरा रिश्ता नहीं बना हो और उसे किनारे करने के लिए एक वातावरण नहीं बनाया गया हो।

इस तरह 'औरत' सबसे पहले एक खोज की और विवाद की जगह बनती है। उसकी छवि को अनुकूल कर लेने के बाद सब कुछ नियन्त्रण में आ सकता है। इसके लिए सबसे पहले हिन्दू उच्चवर्ग की स्त्री को उसकी पवित्रता में बनाया जाता है और अपवित्र को खत्म किया जाने लगता है।

एक बार हम फिर कुमकुम संगारी के अध्ययन का सहारा लेंगे। कुमकुम की नजर इस तथ्य पर लगातार है। वे बताती हैं कि ब्रिटिश और बंगाली मध्यवर्ग के बीच विचारधारात्मक नजदीकी बनी। इसने हिन्दू अतीत के निर्माण का लाभकारी तरीका सम्भव किया। इसने एक भेदीकरण को भी पैदा किया और उसे एक प्रकार की सांस्कृतिक वैधता का आधार दिया। (वही 108) यही ओरियंटलिज्म की ताकत रही जहाँ पश्चिम-पूरब सब एक साथ मिल गये। यही पश्चिम के साथ पूरब के सम्बन्ध को बनाने वाली प्रक्रिया रही।

यह 'ओरियंटलिज्म' एक तरीके से बना। 1804 में मार्केस वेलेजली ने कॉलेज ऑफ फोर्ट विलियम के वार्षिक भाषण में संस्कृत की जरूरत पर जोर देते हुए कहा कि :

> इससे भारतीय एलीट को साथ लाने में मदद मिलेगी। इससे संस्कृत परम्परा में जाया जा सकेगा। संस्कृत एक अक्षत जंगल की तरह है जिसमें

काँटे भी हैं। इस कॉलेज ने इस जंगल में रास्ता बनाया है। 1808 में मिंटो ने भी ऐसा ही कीर्तन किया। पश्चिमी लाइन पर आधुनिक बनाने और यहाँ के महान ज्ञान को आगे बढ़ाने के बीच इस तरह एक संतुलन बैठाया गया। (वही/110) संस्कृत के विकास पर ही स्थानिक भाषाओं में यूरोपीय ज्ञान और विज्ञान दिया जा सकता है। (वही/पेज 111)

उन्नीसवीं सदी के आरम्भ में ज्ञान का क्षेत्र मिशनरियों, प्रशासकों, पत्र-पत्रिकाओं और शिक्षालयों तक विस्तृत फैला हुआ था। यह सब उच्चस्तर के नीति निर्माण के समान्तर चलता था। प्रशासन की सिद्धांतिकियों के मेल में रहता था। ज्ञान का यही निर्माण उस समय ज्ञान के रखरखाव और सुधार का आधार बना। इसी क्रम में 'अ-हस्तक्षेपकारी' किस्म का सांस्कृतिक व्याख्यावाद विकसित हुआ। इसका सिरा भारतीय औरत और पितृसत्तात्मक व्यवहार के निर्माण से मिलता था। आंशिक सुधार के एक विषय के रूप में औरत का निर्माण करते हुए उच्चवर्ण, भूस्वामियों, कतिपय उपनिवेशकारियों के पितृसत्तात्मक व्यवहारों की व्याख्या करते हुए कुछ लोगों ने ब्रिटिश पितृसत्तात्मक व्यवहारों को अपने व्याख्याशास्त्र का अंग बनाया। (वही 116) कंपनी का एक अधिकारी जो हिन्दू धर्म आदि को लेकर ज्यादा परेशान रहता था, ने व्यवस्था दी कि हिन्दू समाज, हिन्दू औरत का अनपढ़ होना ठीक नहीं है क्योंकि हिन्दू शिक्षा न तो स्त्री को व्यक्तिगत सुख देती है, न चरित्र देती है, न घरेलू पूर्णता देती है। (वही 116) ब्राह्मण मानते हैं कि औरत के शास्त्र के अनुकूल चलने में ही उसका स्त्रीधर्म है। वे समझते हैं कि स्त्री के लिए साहित्य का ज्ञान उसे घरों की जिम्मेदारी से बाहर खींच लाएगा। अगर औरत पढ़ती लिखती नजर आई तो उसे सजा तक मिल सकती है। नाचने वाली औरतें जो जनता के आनन्द के लिए समर्पित हैं, उन्हें साहित्य की शिक्षा दी जाती है...। (वही, 116)

सुधार और संरक्षण के बीच, अपवित्रता और पवित्रता के बीच जो विभक्ति है उसका दर्शन करना हो और अठारहवीं सदी में औरतों की अवस्था का जायजा लेना हो तो कुमकुम संगारी द्वारा उल्लिखित ए बी जे ए दुबोई नामक फ्रांसीसी मिशनरी द्वारा लिखित 'हिन्दू मैनर्स कस्टम्स एंड सेरेमनीज' नामक विवरण देखें। यह किताब इस कदर महत्वपूर्ण रही कि लॉर्ड विलियम बेंटिक ने इसे ईस्ट इंडिया कंपनी के लिए 1807 में लिया। दुबोई 1792 से 1823 तक भारत में रहा। उसी दौर का वर्णन

इस किताब में है। यह किताब कंपनी वालों के लिए एक हैंडबुक की तरह रही। इस किताब के अँग्रेजी अनुवाद का बाद में जेम्स मिल तक ने उपयोग किया (वही/116)

दुबोई ने हिन्दू समाज का एक स्टीरियोटाइप बनाया। वह कंपनी के प्रशासकों के बड़े काम आया। दुबोई स्वयं रोमन कैथोलिक था और निराशावादी था। उसके यहाँ हिन्दू आदतन सहनशील और आजादी के चाहने वाले, औरत हिन्दू पितृसत्ता को मानने वाली थी। (वही 117) जितनी पितृसत्तात्मकता रही उसी के साथ-साथ औरत की कामुकता रही। दुबोई की नजर में हिन्दुओं में सबसे बड़ी बुराई उनका अविश्वस्त होना था। छली-प्रपंची होना था, दोगला होना था। वह इसलिए हुआ कि वे सदियों से गुलाम रहे आए थे। इस तरह हिन्दू कायर थे। (वही 117) दुबोई लिखता है कि स्थानिक लोगों की नजर में औरत पेस्सिव वस्तु हुआ करती थी जिसे अपने पति की इच्छाओं के आगे समर्पण करते रहना होता था। वह पति की मित्र नहीं हो सकती थी। न उसे प्रेम मिल पाता था (उद्धृत वही पेज 118)

लेकिन इस दस्तावेज में कुमकुम दुबोई की इस भूल में दूसरे किस्म की औरत का विवरण भी प्राप्त करती है कुमकुम उद्धृत करते हुए बताती हैं कि :

पेस्सिव औरत के अलावा एक कामुक/लिबिडनेस औरत भी वहाँ मौजूद हैं। अनुभव बताता है कि हिन्दू औरत में पर्याप्त दृढ़ता नहीं होती। उनमें अपने आत्मसम्मान के प्रति कोई खास परवाह नहीं होती जिससे कि वे किसी बहकावे वाले/सिड्यूसर के प्रस्तावों को रोक सकें। इसलिए ऐसे उपाय करना जल्दबाजी ही होगी जिनसे उन्हें उनके पतियों के हाथों में सुरक्षित किया जा सके। जो औरतें किसी वैध सम्बन्ध में नहीं आ पातीं, किसी भी समर्थ व्यक्ति की रखैल/ कांकूबाइन/बन जाती हैं (उद्धृत 118-119)

दुबोई के अनुसार यौनता का भाव भारत के सामाजिक जीवन में बहुत ताकतवर नजर आता है। यों वह मानता है कि हिन्दू औरतें प्रायः पवित्र होती हैं और ऐसा मानकर वह फिर ऐसे उदाहरण भी देता है। वह अशोभन व्यवहार के उदाहरण देता है जिन्हें वह मानव व्यवहार की कमजोरी की तरह गिनाता है (वही 119)

कुमकुम कहती हैं कि :

औरत को स्वाभाविक रूप से कामुक मानने का एक प्रकार का दोहरा

> पाठ है। यह स्थिति एक ओर बाल विवाह की ओर ले जाती है। दूसरी ओर इस विचार को बनाती है कि औरत स्वभावतया पवित्र होती है। यह पितृसत्तात्मक निर्माण हैं जो दुबोई के उक्त वर्णन से खुराक पाते हैं। पूर्व औपनिवेशिक परम्पराओं का यह जगत वह आधार है जिस पर उपनिवेश खड़ा हो सकता है। पश्चिम का औरत के पति अविश्वास का भाव और पूरब का स्वैराचारी आचरण पवित्रता का (प्रति) आदर्श बनाकर पेश किया जाता है। पवित्र स्त्री अधीनता का सबसे उचित विषय है। यही स्त्री की पैस्सिविटी है। यही उपनिवेशी सत्ता पौरुषेय बन जाती है। पितृसत्ता का विस्तार बन जाती है। यहीं औरत की यौनता के नियमन की जरूरत पड़ती है। (वही 120)

कहने की जरूरत नहीं कि जिस समय की औरत की दो तस्वीरें हमें उक्त विवरण में मिलती हैं, वह समय रीतिकाल के नाम से जाना जाता है। दुबोई जिस पवित्र औरत की बात करता है वह एलीट, रानी, उच्चवर्णी औरतों की हैं लेकिन शेष औरत समाज उसके लिए आजाद, स्वैराचारी, कामुक और आसानी से बहक में आ जाने वाला है। इससे यह भी मालूम पड़ता है कि रीतिकाल में जो औरत रही होगी वह ठीक शास्त्र विहित औरत तो न रही होगी बल्कि उसके बाहर जाती होगी जिसे अनुकूलित किया जाना जरूरी लगा। यह शासन की इच्छा से आए कंपनी वालों को जरूर लगा और मिशनरियों को लगा। कुमकुम ने बार बार इस बात की ओर इंगित किया है कि मिशनराज के यूरोपीय औरत के विचार और यहाँ के पवित्रतामूलक विचारों में साम्य रहा है और दोनों की मिलीभगत इसलिए होती है कि अँग्रेज यहाँ के जीवन में कोई हस्तक्षेप, कम से कम शुरुआत में, नहीं चाहते। यह कैथोलिक और उच्च वर्ण-हिंदू का मिलन है।

इस प्रसंग का महत्वपूर्ण बिन्दु है वह शिक्षा और पाठ्यक्रम योजना जिससे औरत की 'यौनता' को नियमित किया जा सके। यौनता को नियमित करना साहित्यिक विमर्श का प्रमुख काम रहा है। चूँकि रीतिकाल जारी है उसमें एक कामुक औरत का, रखैल या वेश्या का बनना लगातार जारी है, इसलिए उच्च वर्ग औरत की पवित्रता को एक विचार की तरह, नियमन को एक नैतिक विचार की तरह ज्यादा व्यवस्थित तरीके से पाठ्यक्रमों में, साहित्य के पाठ्यक्रमों में पेश किया जाता है। अजीब वक्त रहा होगा जब एक ओर रीतिकालीन कवि नायिका का निर्माण करते होंगे और दूसरी ओर पवित्र औरत के पाठ्यक्रम का निर्माण किया जाता होगा और पवित्र औरत का पाठ्यक्रम

औरतों को नियमित करने के लिए लागू किया जाता होगा!

दमनकारी विमर्श के सौ साल

रीतिकाल की नायिकाओं को 'अश्लील' के स्टीरियोटाइप में इसीलिए बाँधा गया ताकि पवित्रता को उसका 'अन्य' बनाकर 'नायिका भेद' को हीन किया जा सके, जबकि पवित्रता उस पौरुषकेंद्रित समाज में अपने आप में सामाजिक या लोकप्रिय मूल्य नहीं नजर आता। हिन्दी साहित्य के इतिहास लेखन का समय, बीसवीं सदी के पहले कुछ दशक है जब हिंदू सवर्णवादी पवित्रता के विचार और कैथोलिक विचार एकसाथ मिलकर स्त्री शिक्षा को अनुकूलित करते हैं। इतिहास लेखन इसका 'मानक', (कैनन) कोश और विस्तार ही बन जाता है। साहित्य के इतिहास में राष्ट्र, पौरुष-केन्द्रित नैतिकता सक्रिय कर दी जाती है और रीतिकाल कोश्रृंगार काल आदि, नायिका भेद काल, अलंकार काल, कृत्रिमता का काल, नकल का काल कह कर ऐसी काव्यप्रक्रिया सिद्ध कर दिया जाता है, जो भाषा और रचना के विकास की नजर में संदिग्धा बन उठी। उसमें भी संतुलन के लिए 'मुक्तप्रेममार्गी' कविता करने वालों को, जिन्हें बाद में विश्वनाथ प्रसाद मिश्र ने अपने 'हिन्दी साहित्य' का अतीत में रीतिमुक्त कहा, किसी तरह महत्व देकर, किंचित उच्चपद पर आसीन किया जाता है। इतिहास में रीतिकाल का अवमूल्यन और 'रीति मुक्त' का उच्चमूल्यन बताता है कि वहाँ भी वही मूल्य प्रक्रिया या मानक प्रक्रियाएं काम कर रही हैं जो हिंदू की पवित्रता का निर्माण करती हैं। उपलब्ध समाज में जो औरत चली आ रही है जिसे मर्दवादी समाज ने बनाया है, वह अपवित्र नजर आने लगती है।

कहने की जरूरत नहीं कि हिन्दी साहित्य के इतिहास में महावीर प्रसाद द्विवेदी की अनेक टिप्पणियों में तथा शुक्ल जी के इतिहास में वही कैथोलिक हिंदूवर्णवादी दृष्टि काम करती है। यह बाद तक छायावाद के पंत के 'पल्लव' तक में बराबर काम करती है। यह महावीर प्रसाद द्विवेदी की रीतिकाल को लेकर नैतिक विमर्श की कट्टरता की पराकाष्ठा है जो पवित्रवादी पौरुष को इतिहास के केन्द्र में रखती है। विगत पूरे सौ साल तक ऐसा होता आया है।

उन्नीसवीं सदी के ऐन उतरते ही बीसवीं सदी के शुरू के दिनों में मिश्र बन्धुओं के हिन्दी नवरत्न और महावीर प्रसाद द्विवेदी की उसकी समीक्षा को इसी 'पवित्र स्त्री' और 'पुंश्चली' के जरिए नैतिक अनुशासन में बदलते देखा जा सकता है। यह रीतिकाल की एक विमर्शकारी रद्दोबदल है जो बताती

है कि जिन दिनों रीतिकाल का समय 'खत्म' हो रहा था उसे उस समय 'खत्म' किस तरह किया जा रहा था? इस प्रसंग से बाद में रामविलास शर्मा के अनुशासन का भी पता चलता है जो महावीर प्रसाद द्विवेदी के नैतिक विमर्श को सौ फीसदी सही ठहराते हुए 'हिन्दी नवजागरण' में कहते हैं कि हिन्दी कवियों में द्विवेदी जी भक्त कवियों और नायिका भेदी रीतिवादी कवियों को एक दूसरे के अलग करके देखते थे। 1912 में उन्होंने मिश्र बन्धुओं की पुस्तक हिन्दी नवरत्न की आलोचना सरस्वती के जनवरी-फरवरी के दो अंकों से प्रकाशित की। इसमें उन्होंने तुलसीदास ही नहीं सूरदास को ही रीतिवादी बताया वरन् हिन्दी प्रदेश में नवजागरण के अग्रदूत भारतेंदु हरिश्चन्द्र को भी इनसे ऊँचा स्थान दिया। आधुनिक हिन्दी साहित्य, रीतिवादी परम्परा के विरोध में साहित्य में उसे निर्मूल करके ही विकसित हो सकता था। इस धारा के समांतर और उसके विरोध में शक्तिशाली भक्तिकाव्य का प्रसार हो चुका था। इसके बाद उन्नीसवीं शताब्दी के उत्तरार्द्ध में भारतेन्दु हरिश्चन्द्र ने आधुनिक काल का सूत्रपात किया। जो लोग बीसवीं सदी के रीतिवाद का विरोध कर रहे थे उनके लिए यह स्वाभाविक था कि वे संत कवियों और भारतेंदु से अपना सम्बन्ध जोड़ें। परम्परा का विवेकपूर्ण मूल्यांकन कैसे करना चाहिए? किन बातों को अपनाना चाहिए और किनका विरोध करना चाहिए इसकी बहुत अच्छी मिसाल द्विवेदी जी की लिखी हुई 'हिन्दी नवरत्न' की यह आलोचना है। (महावीर प्रसाद द्विवेदी और हिन्दी नव जागरण रामविलास शर्मा/275)। यहाँ महावीर प्रसाद द्विवेदी के अनुक्रम में सक्रिय उस पौरुषवादी नैतिक विमर्श के नियन्त्रण के तर्क देखे जा सकते हैं। यह हिन्दी साहित्य के इतिहास लेखन और दृष्टि की वह पृष्ठभूमि है जिससे होकर ही शुक्ल का इतिहास गुजरा है।

काल विभाजन इसलिए एक प्रकार से श्रेणियों का भी विभाजन है। मानकों का भी विभाजन है और कैनन (मानक) निर्माण भी है। कहने की जरूरत नहीं कि रामविलास की महावीर प्रसाद द्विवेदी की व्याख्या इस बात को इस तरह रखती है! 'महावीर प्रसाद द्विवेदी ने सबसे पहले मिश्र बन्ध ुओं के नवरत्न की समीक्षा के प्रसंग में अँग्रेजी विद्वानों द्वारा हिन्दी लिखने का स्वागत किया। फिर उनके द्वारा तुलसीदास के दोष दर्शन को जनतांत्रिक तुलसी की खातिर सह्य माना फिर कहा कि उनका श्रेणी विभाजन किसी वैज्ञानिक आधार पर नहीं है।' (देखिए वही पेज 275) नवरत्न में कोई छोटा बड़ा क्यों है इसके कारण को नहीं बताया गया है इसलिए कोई वैज्ञानिक श्रेणी विभाजन यहाँ नहीं मिलता है। मिश्र बन्धुओं का यह अपराध है। लेकिन

असल अपराध जैसा कि हम पहले देख आए हैं कि बिहारी-केशव आदि को मध्यम स्थान देने का है और हरिश्चन्द्र को निम्न कोटि में डालने का है। हरिश्चन्द्र को मतिराम, चन्द्र के बाद स्थान दिया गया है। रामविलास जी द्विवेदी जो उद्धृत कहते हैं कि :

'अब यदि कोई और विद्वान देव की पुस्तकों की विचारपूर्वक पढ़कर यह निश्चय करे कि उनका दरजा बाबू हरिश्चन्द्र से भी नीचे है तो उसके और प्रस्तुक लेखकों के निश्चय की जाँच किस तरह की जाये और दोनों पक्षों में से किसकी बात मानी जाए?' (वही/275-276)

महावीर प्रसाद के लिए घोर आपत्ति की बात यहाँ है : तुलसी-सूर अधार्मिकों को भी धार्मिक बनाने की सामर्थ्य रखते हैं जबकि मिश्र बन्धुओं की नजर में देव इन कवियों से रत्ती भर कम नहीं है। (276) मानक चलता है :

'जिस जिस ने उच्चभावों का उद्‌बोधन नहीं किया। जिस जिसने समाज देश या धर्म को अपनी कविता द्वारा विशेष लाभ नहीं पहुँचाया। जिसने मानव चरित्र को उन्नत करने योग्य सामग्री से अपने काव्यों को अलंकृत नहीं किया वह भी यदि महाकवि या कविरत्न माना जा सकेगा तो प्रत्येक देश क्या प्रत्येक प्रांत में भी सैकड़ों महाकवि और कविरत्न निकल आयेंगे।' (वही/276)

महावीर प्रसाद द्विवेदी के इतिहास की उस हाइरार्की को जरा सा भी बदला तो गये काम से : रामविलास जी रीतिवाद के विरोध का एक सूत्र इसी महावीर समर्थन क्रम में देते हैं :

'ब्रिटेन में फ्रांसीसी राज्य क्रांति के बाद और औद्योगिक क्रांति के दौरान रोमांटिक कवियों ने अठारहवीं सदी के रीतिवाद का विरोध किया। हिन्दी में तुलसीदास, सूरदास, जायसी और कबीर जैसे कवि रीतिवाद से भिन्न काव्य की एक समर्थ परम्परा स्थापित कर चुके थे। इंग्लैंड में शेक्सपियर और मिल्टन का जो महत्व कॉलरिज और कीट्स के लिए था हिन्दी के नवजागरण काल में यही महत्व आधुनिक कवियों के लिए इस भक्ति काव्य का था। अंतर यह था कि ब्रिटेन में कवियों को अपनी राष्ट्रीय स्वाधीनता के लिए संघर्ष न करना था। हिन्दी कवियों को अभी राष्ट्रीय स्वाधीनता प्राप्त करनी थी। उनके लिए राष्ट्रीय आत्म-सम्मान के प्रतीक तुलसी और सूर जैसे कवि थे दरबारी कवि नहीं।' (रामविलास शर्मा की टिप्पणी/276/वही)

एक ओर यूरोपीय काव्य वृत्ति से समांतरता दूसरी ओर अलग होना–

इतिहास लेखन की यह परिचित वृत्ति यहाँ काम करती है और फिसल जाती है। रामविलास कहते हैं कि यूरोप के रोमांटिकों में अनीश्वरवाद और नास्तिकता का जोर रहा। इधर की चेतना भक्तिकाल यानी ईश्वरवादी नवजागरण की ओर है तो भी हमारी चेतना पाश्चात्य विचारकों के समांतर आगे बढ़ रही है। (277) इस तरह इतिहास, समाजशास्त्र और दर्शन के क्षेत्र में ही नहीं साहित्य के क्षेत्र में भी 'वही चेतना' बढ़ रही है :

> 'वही चेतना' यानी रीतिवाद विरोधी नवजागरणवादी आधुनिकतावादी चेतना तो भक्तिकालीन कवियों को अपने केन्द्र में रखती है। यहाँ इस बात के प्रमाण कम से कमतर होते जाते हैं। खासकर उस काल में जिसमें नवजागरण की बात की जाती है। और यह नवजागरण यूरोप से ज्यादा उधार लेता है। लेकिन रामविलास जी यही मानते हैं कि मामला इसके उलट एकदम देसी मार्ग की खोज का है। रीतिवाद का विरोध भी इस तरह 'देसी विरोध' माना जा सकता है। लेकिन तब एक समस्या आती है कि रामविलास जी बराबर यूरोप में रीतिवाद के विरोध के लगभग समांतरता में हिन्दी में रीतिवाद के विरोध को सामने रखते हैं लेकिन रीतिवाद के विरोध की यह प्रक्रिया और रणनीति और राजनीति बीसवीं सदी के ऐन आरम्भ में किस तरह बनती है? रामविलास जी इस रहस्य को इस तरह खोलते हैं। 'जो वहाँ हुआ वह यहाँ हुआ' की तर्ज पर वे कहते हैं :
>
> अँग्रेजी के रोमांटिक कवियों ने शेक्सपियर और मिल्टन से नाता जोड़ा और यूनान के प्राचीन काव्य को अपने लिए आदर्श माना। ब्रिटेन का रीतिवाद भी अपने प्राचीन काव्य की चर्चा करता था किन्तु उसकी दृष्टि संकीर्ण और सीमित थी। उसके साथ ही रोमांटिक कवियों ने उस काव्यशास्त्र का टाट उलट दिया जिसे सबसे पहले अरस्तू ने प्रतिपादित किया था और जिसे लैटिन काव्यशास्त्रियों ने पुष्पित और पल्लवित किया था इसी तरह आधुनिक हिन्दी साहित्यकारों ने कालिदास, भवभूति आदि संस्कृत कवियों का पुनरुद्धार किया और रीतिवादी काव्यशास्त्र का टाट उलट दिया। यह कार्य आंशिक रूप से द्विवेदी युग में, छायावादी युग में और प्रगतिवादी युगों में सम्पन्न हुआ। इससे निष्कर्ष निकलता है कि साहित्य में जो रीतिवाद विरोधी क्रान्ति शुरू हुई उसका पहला चरण है द्विवेदी युग और उसी का विकास छायावाद और प्रगतिवाद में होता है। (वही 277)

रीतिवाद का विरोध महावीर प्रसाद के नवजागरण के एजेंडे के लिए एक रणनीति की तरह है और यह यूरोपीय रीतिवाद विरोध के एकदम समांतर रूप में अमल में लाई जाती है और उसे छायावाद से लेकर प्रगतिवाद तक लाया गया है। इतिहास के निर्माण में अगर बाद तक रीतिकाल और रीतिवादी काव्य निकृष्ट रहा तो उसमें नवजागरण और आधुनिकता के निर्माण की इसी प्रक्रिया को देखा जा सकता है। इस योजना की एक रणनीति रामविलास जी ने बताई है जो उक्त का ही विस्तार है। इस रणनीति में, रीतिकाव्य को भक्ति काव्य से टकरा दिया जाता है। इसे महावीर प्रसाद के हवाले से एक बार फिर रामविलास जी यों प्रकट करते हैं :

भक्तिकाव्य और रीतिकाव्य की परम्पराएँ कैसे एक दूसरे से टकराती हैं और सूर-तुलसी के साथ देव और मतिराम का नाम लिखना क्यों बहुत बड़ा साहित्यिक अपराध है इसका ज्ञान द्विवेदी जी के निम्नलिखित विवेचन से होता है। महावीर प्रसाद कहते हैं: हिन्दी में यदि कोई कविरत्न कहलाने योग्य कवि या महाकवि हुए हैं तो वे सूर और तुलसी ही हैं। रस, भाव, अलंकार, छंदशास्त्र और नायिका भेद के परिज्ञान से मनुष्य की जाति का बहुत कम ही उपकार हो सकता है। इन विषयों पर दो छोटी-मोटी पुस्तकें लिखने वाले मतिराम जैसे कवि भी यदि रत्न की श्रेणी में परिगणित हो सकेंगे तो यही कहना होगा कि रत्न शब्द अपने ठीक अर्थ में व्यवहृत नहीं हुआ है...। (वही 278)

रामविलास जी कहते हैं कि रस छंद आदि वाला जो वाक्य महावीर प्रसाद ने लिखा वह महत्वपूर्ण है। इन्हीं चीजों को रीतिवाद कहा जाता है। 'रस और अलंकार काव्य कौशल साहित्य के विकास के आड़े आ रहा था।' (278) इसके बाद के कथन रामचन्द्र शुक्ल के यहाँ मिलते हैं कि क्या छोड़ा जाए क्या लिया जाए।

रीतिकाल के 'ठीक' करने का एजेंडा कितना प्रबल है इसके उदाहरण रामविलास प्रचुर मात्रा में देते हैं। महावीर प्रसाद इसीलिए उनके प्रिय आचार्य हैं। रामविलास बताते हैं कि उर्दू कवि चकबस्त ने उर्दू कवियों की प्रशंसा करते हुए हिन्दुस्तानी रिव्यू में एक लेख लिखा। इसमें रीतिवाद कवियों की प्रशंसा की गयी थी। उसका खंडन करते हुए एचएलसी नामक किन्हीं सज्जन ने लेख प्रकाशित किया। इसका काफी अंश द्विवेदी जी ने हिन्दी नवरत्न की आलोचना में उद्धृत किया। इस उद्धरण में रीतिवादी संकीर्णता की तीव्र आलोचना करते

हुए पूछा गया था कि जवानी का नशा खत्म होने पर जब संसार की कठोर वास्तविकता से सामना होता है तब जीवन की समस्याओं से निपटने के लिए क्या ये कवि कोई समाधान प्रस्तुत करते हैं? इस तरह हिन्दी और उर्दू में दोनों की रीतिवादी परम्पराओं का विरोध साथ-साथ चल रहा था। (278) इसका तोड़ इसी टोन में होता है : 'ये दरबारी कवि हिन्दी नवजागरण के विधायक हरिश्चन्द्र का क्या मुकाबला करेंगे? छिः!' (279)

हम कुछ पहले बता चुके हैं कि रीतिकाल के नियमन में अँग्रेजी विक्टोरियाई तत्व और भारत के वर्णवादी तत्व किस तरह से स्त्री की छवि के निर्माण और नियमन में दत्तचित्त रहे और किस तरह से दूर तक दोनों के एजेंडे एक साथ मिलते रहे।

कोई आश्चर्य नहीं कि बहुत बाद में रामविलास जी के कुछ शिष्य अगर उनके 'लंगोट' की चर्चा पर अधिक ध्यान देते हैं तो अस्वाभाविक नहीं है! यह योजना इस क्रम से चलती है : ब्रह्मचर्य बराबर राष्ट्र निर्माण। स्त्री लिबिडो का नियन्त्रण हो तो राष्ट्र का निर्माण हो। राष्ट्रवाद और ब्रह्मचर्य का रिश्ता ऐसा ही बनता है। बाद में राष्ट्रीय स्वयं सेवक संघ का ब्रह्मचर्य विमर्श इसमें नये अर्थ भरता है। इसका अर्थ है स्त्री यौनता का विरोध। रीतिवाद का विरोध इसी यौनता के निर्माण का विरोध है जो कि बीसवीं सदी से पहले इस तरह से उपलब्ध नहीं होता और अगर हम दुबोई प्रसंग को याद करें तो उन्नीस सौ के आस-पास जबकि रीतिकाल को समाप्त प्राय: कहा जा रहा है, उसकी 'अंतिम क्रिया' भी की जा रही है। नवजागरण में विक्टोरियाई नैतिकता और उच्चवर्णी नैतिकता इस कदर मिल गयी कि लोग उसे ऐसे नवजागरण कहते हैं मानों वह कोई नितांत स्वदेशी मामला हो और उसमें अँग्रेजी समाज के दबाव नहीं छिपे हों।

इतिहास में भक्ति-काल और रीतिकाल के बीच पार्थक्य के कारकों को समझने से ज्यादा महत्वपूर्ण यहाँ रीतिवाद और भक्ति के बीच विरोध की एक मजबूत दीवार खड़ी करने की नीति है। यह इतिहास के सन्दर्भ में महत्वपूर्ण प्रकरण है। लेकिन इस विरोध का अपराध यह है कि यह इतिहास के एक 'ब्रेक' की बुरी तरह से ढँकने-भरने का यत्न करता है। एक समूचे समय को हीन करने, व्यर्थ करने की नीति इस बात का जवाब नहीं देती कि दो सौ साल तक जो लिखा गया वह अचानक इस कदर व्यर्थ/अश्लील क्यों हो उठा? और क्या इन दो सौ साल को 'अंधकार युग' कहा जाए? महावीर प्रसाद जी से पूछेंगे तो जवाब 'हाँ' में ही आना है। यही हाल रामविलास

जी का है। उनके यहाँ रीतिकाल एकदम अंधकार काल है इसीलिए उनके 'हिन्दी प्रदेश' में सब कुछ मिलता है बेचारा रीतिकाल नहीं मिलता। उनसे पहले रामचन्द्र शुक्ल तब भी काफी उदार नजर आते हैं लेकिन बाद में तो रीतिकाल की धुलाई ही होती रहती है। कारण छायावाद में प्रेम को 'अलौकिक' बनाकर रखा जाता है या उसकी 'अलौकिक' व्याख्या भी कर दी जाती है। लौकिक प्रेम को जगह नहीं होती। रीतिवाद को किनारे करने के लिए कविता में प्रेम की 'अलौकिकता' का मानक नवजागरण की वह व्याधि है जिसने रीतिकाल के 'लोक' का ही 'लोप' कर दिया। यही भक्ति की व्याख्या का खेल है। भक्ति का मामला नितांत लोक का है लेकिन नाम अलोक का है, अध्यात्म का है, यह प्रगतिशीलता है। बाद में आकर जब संघ और हिन्दुत्ववाद अपने अध्यात्म और अलौकिकता की दुकान खोलता है तो ऐसी व्याख्याओं के सारे विशेषण उधर सज जाते हैं। विमर्श की यह परिणति तो होनी ही थी और हो रही है। रामविलास जी अगर अपनी अंतिम परिणतियों में परम्परा के चक्कर में तत्ववाद के आसपास पहुँचते हैं, अगर इतिहास की पदावली में नवजागरण के तत्व हिन्दुत्व के संघवादी नवजागरण में मिलते हैं तो इसीलिए कि वे लोक या लौकिकता की जगह अलौकिकता में ज्यादा रमते हैं। हिन्दी साहित्य की एक शताब्दी तक चली इतिहास के नियोजन नीति में भक्तिकाल को ऊपर करने की तमाम कोशिशें जिस मूलवाद की ओर ले जाने लगती हैं उसमें उन्नीसवीं सदी के ऐन आरम्भ में चले इस रीति-नियोजन का हाथ रहा लगता है। उत्तर-औपनिवेशिक निर्माण, उपनिवेश को किस तरह नियुक्त करते हैं यह देखना हो तो हम इस पिछले सौ साल के इतिहास बोध को देख सकते हैं जिसमें रीतिवाद जिन कारणों से किनारे किया जाता है उसमें सबसे बड़ा कारण 'लिबिडो' कंट्रोल का विमर्श है। यह उस 'लिबिडनस स्त्री' का दबाया जाना है जो रीतिकाल के समय में सक्रिय है। इसे पौरुषवादी नैतिकता को हावी किए बिना सम्भव नहीं किया जा सकता था।

रीतिकाल और रीतिवादी काव्य को नियंत्रित करके किनारे करने के समूचे विमर्श में दो तरह की समस्याएँ अपना हल पाए बिना छूट जाती हैं। एक तो यह कि उन्नीसवीं सदी में एक राजनीतिक विमर्श जो उसे नियमित करने की कोशिश करता है उसमें उपनिवेश की उच्चवर्गीय राज्य सत्ता में स्थानीय हिस्सेदार शामिल रहते हैं और नवजागरण के एजेंडे को तय करते हैं। दूसरी ओर इतिहास के इस समय को यदि साहित्य के इतिहास में एक अपराध

की तरह रखा जाता है तो इस बड़े समय की शून्यता अपना जवाब माँगती रह जाती है। लोग पूछ सकते हैं कि इन दो सौ सालों में क्या लिखा-पढ़ा गया? रीतिकाल को गायब कर देने से इतिहास में एक शून्य बनता है। इससे इतिहास का पाँच हजार साल पुराना 'सातत्य' खंडित हो जाता है। मज़ा यह कि उसकी जवाबदेही नहीं की जाती। रीतिवाद को किनारे कर देने की नीति ने इस तरह एक बुनियादी सवाल बार-बार पैदा किया है: पाँच हजार साल लम्बी अक्षुण्ण परम्परा में ऐसा क्या है कि आप अपने बीच से दो सौ साल को गायब कर देना चाहते हैं?

रीतिकाल की 'पतनोन्मुखता' के 'कारण'

इस प्रश्न के उत्तर में रीतिकालीन काव्य के सन्दर्भ में चले कुछ और विमर्शों की ओर जाना होगा जिनमें एक विमर्श है जो रीतिकाल के पतन को मुगल प्रभाव का हिस्सा मानता है और इस तरह उसे हिन्दू परम्परा में नहीं रखता है। स्त्रीत्व की व्याख्या का संघी विचार भी ऐसा ही है। यहीं लिबिडो के नियन्त्रण को राष्ट्र के निर्माण से जोड़ा जाता है।

इस सन्दर्भ में हिन्दी साहित्य कोश में भगीरथ मिश्र की कुछ टिप्पणियाँ दिलचस्प लगती हैं जो बताती हैं कि रीतिपादी काव्य को किनारे करने की रणनीति उस वक्त भी नजरंदाज नहीं की जा सकी जब उसे किनारे करने के बलवान प्रयत्न जारी थे। इस अर्थ में रीतिकाल लगातार एक क्रिटीकल समस्या बना रहा और आज भी है। दो हजार पन्द्रह विक्रम यानी 1958 में प्रकाशित 'हिन्दी साहित्य कोश' में भगीरथ मिश्र रीतिकाल को लेकर दोनों तरह के मत देते हैं। फिर वे एक मध्यमार्ग की बात कहते हैं। यह आजादी के बाद का संकलनवादी समन्वयवाद है। 'रीतिकालीन काव्य के सम्बन्ध में सामान्यत: दो प्रकार के मत है—एक उसे नितांत हेय और पतनोन्मुख काव्य कह कर उसके प्रति घृणा और द्वेष का भाव जगाता है दूसरा उस पर अत्यधिक रीझकर केवल उसे ही काव्य मानता है...वस्तुत: ये दोनों ही दृष्टिकोण पक्षपात पूर्ण हैं...' (564) लेकिन भगीरथ मिश्र इस टिप्पणी से वे सूत्र खुल जाते है जो रीतिकाल को एक गोपनीय काल की तरह नहीं रहने देते और उसकी राजनीति की ओर संकेत कर देते हैं।

भगीरथ मिश्र कहते हैं : 'रीतिकाल के काव्य पर जो दोष लगाए जाते हैं वे ये हैं: (अश्लीलता, समाज को प्रगति प्रदान करने की अक्षमता, आश्रयदाता

की प्रशंसा, विलासप्रियता, और रूढ़िवाद'। (वही 564) मिश्र डरते-डरते दोष परिगणन का मार्जन भी करते हैं: 'ये समस्त दोष उस युग के समस्त काव्य पर लागू नहीं होंगे और कि इन दोषों में से अधिकांश प्रत्येक युग के काव्य में किसी न किसी अंश में पाए जाते हैं'। (वही) दोष मान लिए गये लेकिन कहा कि अन्य कालों में भी ये दोष पाए जाते हैं। बस रीतिकाल में कुछ ज्यादा पाए जाते हैं!

स्पष्ट है रीतिकाल विरोधी मानक आजादी के बाद भी बड़े सक्रिय हैं जो यौनता को नियंत्रित करने में अग्रणी भूमिका निभाते हैं। बस एक तर्क आगे आता है कि हर युग में अश्लीलता की परिभाषा बदलती है : कालिदास में तथा संस्कृत के अन्य कवियों में शरीर के कुछ अवयवों का काव्य में वर्णन और उल्लेख उन दिनों अश्लील नहीं माना जाता था। आज वह अश्लील समझा जाता है...जिन शब्दों जैसे नीबी, नितम्ब, उरोज आदि...और जिन वर्णनों को हम आज अश्लील कहते हैं उन सबकी परम्परा संस्कृत काव्य में गहराई से रही है और बहुत कुछ वहीं से उस शब्दावली का प्रवेश हिन्दी में हुआ है (वही पेज 564) इस तरह यौनता का दोष अगर है तो परम्परागत है।

दूसरा दोष 'प्रगति की प्रेरणा न देने' वाला है। भगीरथ कहते हैं कि रीतिकाव्य में व्यापक जीवन दर्शन का अभाव है ही उसमें सन्देह नहीं। रीतिकाव्य यौवन का मादक विलासपूर्ण काव्य है। फिर भी उसमें ऐसी उक्तियाँ मिलती हैं जो जीवन अनुभव और आदर्श बताती हैं...अत: आधुनिक दृष्टि से प्रगति की प्रेरणा न देते हुए भी इसमें जीवनोपयोगी तत्वों के अभाव नहीं हैं। (वही) फिर आश्रयदाताओं ने कला संरक्षण के लिए महत्वपूर्ण काम किया।

तो भी अश्लीलता एक जानलेवा आरोप है। हम देख सकते हैं जिन अंगों को अश्लील कहा जा रहा है वे स्त्री अंग है। उनका कथन तक वर्जित किया जा रहा है। इस तरह स्त्री को गायब करने के काम को अश्लीलता के अमोघ आरोप के जरिए किया जाता है। भगीरथ काफी हद तक रीतिकाल को माफी के साथ कुछ जगह देने की बात करते हैं।

रीतिकाल में कवयित्रियाँ

भागीरथ मिश्र से पहले शायद 1931 में साहित्य के इतिहास में रामशंकर शुक्ल 'रसाल' ने रीतिकाल को 'कलाकाल' नाम दिया जो बहुत दूर तक एक सही नाम है। यहाँ क्षमापार्थी भाव कम है लेकिन दोष दर्शन की मान्यता लगभग

वही है जिससे कि स्त्री यौनता नियंत्रित की जाती है। रसाल ने रीतिकाल की कवयित्रियों का काव्य साहित्य अलग से निरूपित किया। और रीतिकाल को 'कलाकाल' की संज्ञा दी। यद्यपि उनकी दृष्टि में युद्ध के समय स्त्री के कर्तव्य बड़े संकटाकीर्ण नजर आते है। 'हिन्दी में स्त्रियों का काव्य साहित्य : ऐतिहासिक विकास' में रसाल मानते हैं कि युद्ध के समय में भले ही स्त्रियाँ साहित्य रचना न कर पाएँ अन्यथा वे करती रही हैं। यह एक बड़ी बात है। उनके ग्रन्थ में कम से कम दो दर्जन कवयित्रियों के नाम आते हैं इनमें से ज्यादातर रीतिकाल में हुई बताई जाती हैं। वे मानते हैं कि साहित्य में भक्ति एवं प्रेम के काव्य में स्त्रियों की रुचि ज्यादा रहती है (5)। 'हमारी देवियों ने कृष्णकाव्य की ही रुचिर रचना की'। कृष्णकाव्य का संगीत तत्व भी स्त्रियों के लिए विशेष आकर्षण का कारण ठहरता है। कृष्णकाव्य में कृष्ण की बाल लीलाओं जिनमें वात्सल्य भाव की प्रधानता रहती है तथा उनके यौवन काल की प्रेम लीलाओं का (जिनमें श्रृंगारात्मक रतिभाव के माधुर्य सरस स्नेह के सौरभ और मंजुल भावों का मार्दव का प्राचुर्य रहता है) का ही वर्णन किया जाता है और इसके अलावा यह दोनों ही स्त्री हृदय के मुख्य तत्व हैं (वही 6)। रसाल स्त्रियों के लिए कविता में कुछ रिजर्वेशन सा मानकर चलते हैं। लेकिन यह बीसवीं सदी के तीसरे चौथे दशक के विमर्श की खबर देता है। वह यह भी बताता है कि रीतिकाल में स्त्री शिक्षा की समस्या वैसी नहीं थी जैसी कि बाद में फ्रांसीसी पादरी और कालेज ऑफ फोर्ट विलियम आदि के कोर्स तय करने के दौरान बनाई गयी जिसका असर हिन्दी साहित्य के इतिहास लेखन पर भी हुआ।

रसाल ने रीतिकाल में यौनता के निर्माण के लिए एक सूत्र सा दिया है। वे बताते हैं कि 'सूरदास के पदों को घरों की औरतें गाया करती थीं।' वह कृष्णभक्ति के जरिए उस समय की स्त्री की यौनता की अभिव्यक्ति के माध्यम का भी प्रमाण हैं। अठारवीं सदी तक स्त्री शिक्षा का यथोचित प्रबन्ध नहीं था (7) लेकिन धनी-मानी राव राजाओं तथा कुछ धनी-मानी शिष्टजनों के यहाँ स्त्री शिक्षा का कुछ संचार या प्रचार रहा (7)। ऐसी दशा में स्त्रियाँ काव्यशास्त्र या छंदशास्त्र का पर्याप्त ज्ञान प्राप्त करके साहित्यिक परम्परा से परिपूर्ण होते हुए काव्य की रचना करने में क्षमता और सफलता प्राप्त कर सकती हैं, ऐसी आशा कदापि नहीं की जा सकती (7-8)। लेकिन अपवाद तब भी थे और महत्वपूर्ण थे। रसाल बताते हैं कि : हाँ वे स्त्रियाँ अवश्य अपवाद रूप में आ सकती हैं जिन्हें या तो यथोचित शिक्षा दी गयी थी या जो साहित्य

अथवा सुयोग्य कवियों के संपर्क का सौभाग्य प्राप्त कर सकती थीं। वस्तुतः प्रायः जितनी कवयित्रियों ने इस काल में काव्य रचना की है वे बड़े घरों की ऐसी ही स्त्रियाँ थीं जिन्हें शिक्षा और सत्संग या दोनों में से किसी एक की प्राप्ति का सौभाग्य मिला था। उनमें से बहुत ही कम ऐसी स्त्रियाँ है जिन्होंने छंदशास्त्र नियम नियंत्रित छंदों में रचनाएँ की हों, प्रायः स्त्रियों ने पदशैली में अपना काव्य लिखा है (8)। रसाल का मानना है कि जब कलाकाल का उदय हुआ यानी रीतिकाल का उदय हुआ और लक्षण ग्रन्थों की रचना होने लगी तो स्त्रियाँ पुरुषों के साथ न चल सकीं और अपने रचनाकार्य को स्थगित करने को बाध्य हुईं। (8) शिक्षा के अभाव से वे लक्षण ग्रन्थों की रचना करने में असमर्थ रहीं। यत्र-तत्र पुरानी कृष्णकाव्य परम्परा के अनुसार थोड़ी बहुत भक्ति रचना अवश्य करती रहीं। कलाकाल के अवसान में कुछ स्त्रियों का ध्यान स्त्रियोचित स्वतन्त्र साहित्य विशेष की ओर गया..(9)।

इसके बावजूद वे मानते हैं कि मुगलकालीन परदा के कारण स्त्री शिक्षा को धक्का पहुँचा। साधारण जनता में आलम शेख के किस्सों को देख यह बात घर कर गयी कि कविता करने वाली स्त्रियाँ तथा कवि भी समाज के नियमों की अवहेलना करते हुए अपनी आशिक मिजाजी के कारण औचित्य की सीमा का उल्लंघन करने में रंच मात्र नहीं हिचकिचाते (11)। जिसका परिणाम हो सकता है कि दूसरी स्त्रियाँ और दूसरे मनुष्य उनका अनुकरण करने में रंच मात्र नहीं हिचकिचाते (11)।

रसाल की समस्या सामने आ ही गयी। एक ओर स्त्रियों के साहित्य की खोज, दूसरी ओर उनके शिक्षा और काव्य क्षेत्र में न आ पाने के लिए लगभग वही तर्क देना जो पौरुषवादी है। रसाल के हवाले से कह सकते हैं कि बीसवीं सदी के तीसरे-चौथे दशक तक आते-आते स्त्री का काव्य क्षेत्र में प्रवेश एक अवांछनीय कार्य माना जाने लगा। रसाल अनजाने उन बाधाओं पर उँगली रख देते है जो एक पुरुषवादी समाज ने स्त्रियों की साहित्य में एंट्री पर लगा रखी हैं। वे कहते हैं कि चूँकि औचित्य की सीमा के उल्लंघन का खतरा रहा इसलिए स्त्री को काव्य क्षेत्र में नहीं आने दिया गया। इन बातों पर विचार करके अथवा ऐसी आशंकाएँ रखते हुए समाज ने स्त्रियों के लिए यह एक अनिवार्य नियम सा बना दिया कि वे काव्यक्षेत्र से परे ही रहें लेकिन राजघराने की स्त्रियों पर यह नियम चरितार्थ न हो सका... (11)

रीतिकाल के दो सौ साल में स्त्री रचनाकारों को गिनाते हुए रसाल ने शेख, साई छत्रकुंवरि, कंकावती, सुन्दर कुँवरि, प्रताप कुँवर, रत्न कुँवरि, विष्णु

प्रसाद, चन्द्रकला बाई, मुगल प्रिया, रानी रसप्रिया देवी आदि का नामोल्लेख किया है। इनमें केशवकालीन रायप्रवीन का नाम रह गया है। इक कवयित्रियों में से कुछ बड़े नाम मिश्र बन्धु विनोद में आते हैं। रसाल कहते हैं कि कुछ नामों की खोज मुंशी देवी प्रसाद मुंसिफ ने भी की है (56) रसाल जी के मित्रवर निर्मल जी ने स्त्री साहित्य को अलग श्रेणी बनाकर मार्ग को खोला (57)।

उक्त विवरण से हम ये निष्कर्ष निकाल सकते हैं :

– पहला कि इनकी उपलब्ध संख्या लगभग एक दर्जन है।

– दूसरा कि इन रीतिकालीन कवयित्रियों ने रानियों की संख्या ज्यादा है।

– तीसरे, प्रचुर मात्रा में कवयित्रियाँ हुई जिन्होंने भक्ति और प्रेम विषयक रचनाएँ की हैं।

यदि हम इनसे से कुछ चर्चित और किंवदंती की तरह दर्ज किए गये उदाहरणों को खोलें तो हम पाते हैं कि रसाल जी का यह कहना कि सिर्फ रानियों और कुलीनों को ही काव्य शिक्षा का अवसर था पूरा सच नहीं है। इतना ही नहीं है कि कुलीन स्त्रियाँ काव्य शिक्षा से वंचित नहीं कही जा सकतीं, वे उस वक्त की उच्चवर्गीय कुछ 'बलीकृत' इकाइयाँ जरूर कही जा सकती हैं:

रीतिकाल में उपलब्ध 'नायिकाएँ' इनके अलावा भी रही हैं। उनका 'उपलब्ध' रहना बताता है कि दमनकारी विमर्श कितना जबर्दस्त रहा है। तो भी स्त्रीत्ववादी विमर्श के उभार के इन दिनों में अनन्त 'बलीकृत' रूपों में पाठों में जीती-जागती नजर आती हैं।

2

स्त्री-यौनता का निर्माण, इतिहास और केशव का 'अपराध'

रीतिकाल : 'यौनता-निर्माण' का काल

इस खंड में 'यौनता के निर्माण काल' के साथ रीतिकाल को 'यौनता के शिक्षण काल' के रूप में भी देखा जाएगा। इस क्रम में रीतिकाल के निर्माण में अपनाई जाने वाली इतिहास दृष्टि की चर्चा एक बार फिर लेकिन संक्षेप में आएगी और केशव के संग हुए अन्याय की चर्चा भी आएगी। केशव के संग हुआ अन्याय रीतिकाल के संग किए गये अन्याय का एक बड़ा निशान है। यह इतिहास का अन्याय है। इसे इतिहास के विद्यार्थी को गम्भीरता से लेना चाहिए। यह आसानी से स्वीकार कर लेने योग्य बात नहीं।

लेकिन सबसे पहले रीतिकाल के निर्माण को समझना चाहिए। साहित्य के इतिहासों में रीति काल के नामकरण से लेकर 'रीतिकाल' नाम से जो कुछ लिखा गया वह सब शामिल माना जा सकता है। इसका एक अर्थ यह भी है कि जिस समय में रीतिकाल के कवि कविता करते बताए जाते हैं वे उस समय में उस रीति बोध के तहत कविता नहीं करते होंगे जिस रीति-बोध के तहत बाद में इतिहास लिखे गये हैं। यह बात इस तथ्य से स्पष्ट है कि उन कवियों का रीतिबोध 'यौनता का स्वाभाविकीकरण' (नेचुराइलजेशन ऑफ सेक्सुअलिटी) करके चलता है ज़बकि रीतिकाल के इतिहासकारों के लिए रीति के कवियों के यौनता निर्माण का 'नियन्त्रण' एक राजनीतिक एजेन्डा है। इस विमर्श ने जो रीतिकाल 'बनाया गया', उस काल के कवियों की कविता उसके प्रतिकूल दिखती है। वह एक प्रकार की प्रतिरोधात्मक कविता है इसीलिए उसे नियंत्रित करने की तरकीबें इतिहासात्मक छलों से भरी हैं और तर्क तोड़कर

अलग से बनाई गयी हैं। इस खेल में आदरणीय महावीर प्रसाद द्विवेदी जी के बाद शुक्ल जी का स्थान सबसे ऊँचा ठहरता है।

'रीतिकाल' नामकरण शृंगार को जितना समेटता है उतना ही काव्यरीति आदि यानी काव्य-शिक्षा को समेटता है। रीतिकाल में साहित्यकार के यही दो कार्य हैं–शृंगार की सकल शिक्षा और काव्य करने की शिक्षा। रीतिकाव्य का काम शृंगार में सक्रिय नायक-नायिका भेद की शिक्षा और काव्यालंकार आदि की शिक्षा देना प्रमुख माना जाता है। नायिका भेद पर ज्यादा जोर नजर आता है। नायिका भेद के इतने विस्तृत विमर्श का समाजशास्त्र और उसकी ऐतिहासिकता उसके विखंडन की माँग करती है। रीति के केन्द्र में शृंगार का होना सिर्फ रस सिद्धान्त के शृंगार का अध्ययन नहीं कहा जा सकता बल्कि 'यौनता का अध्ययन' भी कहा जा सकता है।

शृंगार के भेदों में सम्भोग शृंगार को 'संयोग शृंगार' कहना वियोग की तुक में उतना नहीं जितना सम्भोग से निकलने वाली यौनता को बचाने में निहित है। सम्भोग शृंगार को हल्का मानना, शृंगार की बहुत सी चेष्टाओं को अश्लील कह डालना और विरह को महान बताना भी यौनता को दबाने का तरीका है जो कविता में रस सिद्धान्त के बाद के विमर्शों में और इतिहास में एक साथ मिलता है। यदि शृंगार में हम यौनता का प्रवेश करें तो हम शायद बेहतर नतीजे पर पहुँच सकते हैं, तभी शृंगार पर आया बलाघात नये अर्थ से मंडित हो सकता है। शृंगार की शिक्षा को यौनता की शिक्षा कहा जा सकता है। कई मानी में रीतिकाल ने यह काम किया। इस तरह यौनता की शिक्षा के लिए वह एक पृष्ठभूमि का पाठ्यक्रम जैसा नजर आता है।

बहुत से अध्ययनों में रीति में काव्य शिक्षा पर ही जोर माना जाता है जबकि इस काल के कवियों का एक बड़ा काम यौनता की शिक्षा दीक्षा देना लगता है। यह महत्वपूर्ण और निर्णायक बात है जिसके बारे में जरा ठहर कर सोचना चाहिए और यौनता की शिक्षा के नये समाजशास्त्र के आलोक में इसे देखना चाहिए।

यौनता मूलकता और उसके निर्माण के विमर्शों की नई बनती जगह ने रीतिकाल को नये सिरे से आकलित करने, उसकी कहानी (नेरेटिव) को नये सिरे से बनाने का अवसर दिया है। यौनता के निर्माणकारी विमर्श इस बात को पुष्ट करते हैं। यौनतामूलक विमर्श के आलोक में उसे देखा जाना चाहिए। यही रीतिकाल की पुनर्व्याख्या का अवसर हो सकता है। उसके बोध को बदलने का अवसर हो सकता है। उसे बदलना चाहिए।

इस सन्दर्भ में सबसे पहले हमें रीतिकाल नाम को रद्द करके उसे 'स्त्री यौनता के निर्माण का काल' कहना चाहिए। यह धनात्मक यौनता के निर्माण का काल हैं जहाँ यौनता पर चर्चा करना, यौनता के निर्माण की प्रक्रिया को स्वीकार करके अकुंठ भाव से उसे विमर्श बनाना, इतिहास की प्रक्रिया में उतना ही महत्वपूर्ण कार्य है जितना कि किसी कालखंड की राजनीति की संरचना करना या उसकी आर्थिक स्थिति की संरचना करना। यौनता की शिक्षा के इस प्रकार्य में वे तमाम विमर्श सम्मिलित हो सकते हैं जिन्हें हम दरबारी विमर्शों के नाम से जानते हैं। यौनता के निर्माण की जरूरत उस समाज में कहीं ज्यादा मुखर है और यह काम बेहद सहज भाव से होता मिलता है। विचित्र बात है कि तब कहीं भी मर्दवादी नैतिक वर्जनाएँ प्रकट होती दिखाई नहीं देतीं।

यौनता की शिक्षा को लेकर नये यौनतामूलक विमर्शों में यह बात कही जाती है कि यौनता की अभिव्यक्तियाँ राजनीतिक-आर्थिक-धाार्मिक-नैतिक स्थितियों और दबावों से प्रभावित होती हैं। यदि यौनता को सर्वसम्मत और सम्मानजनक सम्बन्ध की तरह व्यक्त किया जाए तो यौनता की अभिव्यक्ति जीवन को स्वस्थ बनाती है। यौनता की शिक्षा का मतलब सिर्फ यौन शिक्षा भर नहीं है। न यह सिर्फ देहात्मक 'फिजिकल' भर है। इन दिनों यौनता की शिक्षा का मतलब ऐसी सूचना से है जो जीवन के कार्यों यथा निर्णय लेने की क्षमता, और संचारात्मक क्षमता को प्रदान करती है। यौनता की शिक्षा जीवन कौशल की शिक्षा मानी जाती है। (देखिए सुनील मेहरा का टाइम्स ऑफ इंडिया में 20 जनवरी 2003 को प्रकाशित लेखः सेक्सुअलिटी एजुकेशन/लेट अस टॉक अबाउट इट इन इंडिया)

रीतिकाल के कवियों की कविता का बहुलांश यही करता है और आज-से नहीं बहुत पहले से करता है। वे यौनता पर लगातार बात करते हैं, यद्यपि उनकी सीमा उनकी अपनी मर्दवादी नजर है। वे 'स्त्री यौनता का निर्माण' पुरुषवादी मानसिकता से ही करते हैं लेकिन इस प्रक्रिया में यौनता का, स्त्री यौनता और स्त्री देह का जो जबर्दस्त निर्माण होता है जिसे 'अश्लील' कह कर हीन बना दिया जाता है, जबकि वह जीवन के अन्य कलाकौशलों की दीक्षा की तरह ही है। यह सच है कि वह खुद राजाओं, रानियों के लिए रहा लेकिन इतिहास और जनक्षेत्र में आने के बाद वह व्यापक हो गया और आज वह ज्यादा व्यापक नजर आता है। यौनता का निर्माण और शिक्षा उस समय की 'पॉपूलर कल्चर' है।

सुनील मेहरा अपने लेख में स्वीडन आदि देशों का हवाला देकर बताते

हैं कि 'यौनतामूलक स्वास्थ्य' की शिक्षा सबसे पहले 1897 में एक लेडी डॉक्टर केरोलाइना विडस्टार्म ने स्वीडन में शुरू की। उसके बाद 1955 में स्कूलों में यौनता की शिक्षा अनिवार्य कर दी गयी। सुनील नोट करते हैं कि यौन शिक्षा यदि सही चैनलों से दी जाए तो यौन स्वास्थ्य का विकास आसान होता है। अध्ययन बताते हैं कि अगर यौनता की शिक्षा दी जाती है तो यौन संयम बढ़ता है और यौवन की शिक्षा युवाओं में यौन क्रिया को संयमित करती है। वह उसे बढ़ाती है, यह एक मिथ भर है!

इसे जरा रीतिकाल की यौनता की शिक्षा के सन्दर्भ में पढ़ा जाए तो यौनता के निर्माणकारी काल का महत्व अचानक बढ़ जाता है। इस अर्थ में रीतिकाल का कवि उत्तर मध्यकाल में एकदम गैर पश्चिमी और नितांत देसी, उत्तर भारतीय किस्म की आधुनिकता के पुरस्कर्ता कहे जा सकते हैं जो यौनता और साहित्य की स्वायत्तता को भी अपनी परम्परा और अपने तरीके से 'सिद्ध' करते हैं। यौनता के निर्माण का महत्त्व समझे बिना हम इस समय के कवियों द्वारा साहित्य को स्वायत्त और रूपवादी बना देने की सहज धनात्मक क्रिया के ऐतिहासिक योगदान को नहीं समझ सकते, न उसके सामाजिक महत्व को समझ सकते हैं।

'दरबारी' विशेषण को हमें 'आश्रय' के अर्थ में देखना चाहिए, नौकरी के अर्थ में देखना चाहिए! भक्त ईश्वर का दरबारी है तो रीति कवि राजा का है। जिस तरह ईश्वर के दरबार की कविता एक हद के बाद ईश्वर से आज़ाद हो जाती है, उसी तरह से दरबारी कविता दरबार में ठहर कर भी उससे आज़ाद हो जाती है। दरबार की यौनता की शिक्षा की जरूरत पूरी करके भी कविता रिक्त नहीं होती। इसलिए यौनता को स्वायत्तता का पूरक कहा जाना चाहिए। उसकी यौनमूलकता ही उसका आधुनिक और सेकूलर विमर्श है। यौन मूलकता ही सेकूलर का निर्माण करती है। हमारे सेकूलर विमर्श को इसे समझना चाहिए।

स्पष्ट है कि रीतिकाल के मानी सिर्फ इतिहासकार शुक्ल या उनके प्रभावों में लिखे इतिहास के अनुसार क्यों चलें? उसका नामकरण कुछ और भी हो सकता है। वह 'यौनता के निर्माण का काल' भी हो सकता है। यौन शिक्षा का काल भी हो सकता है। इसे इसी तरह पर पढ़ाया भी जाना चाहिए।

स्पष्ट ही समस्या रीतिकाल के नये 'पाठ' की है। यहाँ हम रीतिकाल का एक उत्तर-संरचनावादी पाठ बनाने की कोशिश करेंगे। इसके साथ फूको की

इतिहास दृष्टि और सत्तामूलक विमर्श का प्रवेश भी रीतिकाल के पाठ में होता चलेगा। दोनों को एक साथ चलाया जा सके इसके लिए पाठकों को थोड़ा 'पाठाभ्यास' करना होगा।

रीतिकाल को पढ़ने के लिए एक न्यूनतम अभ्यास की दरकार रहती ही है क्योंकि वह स्वायत्तता का एक ऐसा निराला दौर है जहाँ कविता में भारतीय किस्म के रूपवाद की स्थापना होती है। साहित्य में संरचनावाद का प्रवेश होता है। भाषा पर जोर आता है और उसका सहज स्वीकार होता है। रीतिकाल का कोई भी कवि अपने ऐसे 'कवि' होने पर न लज्जित है न दरबारी होने के लिए माफी माँगता है। वह उसकी जीवन-स्थिति है। फिर भी वह हर वक्त चाटुकारिता भी नहीं करता और दरबारों में रहकर भी कविता की 'स्वायत्त' जगह बनाता है। रीतिकाल के कवियों को लगातार आश्रयदाता बदलने पड़ते थे। ऐसे प्रमाण मिलते हैं कि एकाध कवि को छोड़ कर किसी का भी एक परमानेंट दरबार नहीं था। हम आज के निजीकरण के दौर की नौकरियों से इसकी तुलना कर सकते हैं जहाँ नौकरी में कोई स्थायी नहीं होता। रीतिकाल में भी आश्रय स्थायी नहीं था। तब स्पर्धा भी नजर आती है और यह स्पर्धा ही स्वायत्तता देती है।

दरबारी कहने से यह 'अस्थायित्व' छिप जाता है जबकि अस्थायित्व एक बड़ा सच रहा। आश्रय की ढूँढ़-खखोर में कवि का स्तर, स्थान और अभिमत या कहें स्वत्व छीजता जरूर होगा। वह हर बार अधिक दयनीय और हर बार अधिक परेशान होता होगा। अपने आश्रयदाता की माँग पर लिखना इसीलिए एक प्रकार का द्वन्द्वहीन काम न रह गया होगा। रीतिकाल की कविता के इस तनाव को, उसके तुलनात्मक पाठ से समझा जा सकता है जहाँ हर कवि अपनी नायिकाओं, अपने अलंकारों की फेहरिस्त और परिभाषा यथाशक्ति अपने ढंग से बनाता चलता है। अगर द्वन्द्व न होता तो इतने भेदोपभेद न होते जिन्हें विद्वानों ने अकसर फालतू और नकल आदि कहा है। उसी में कवियों की परेशानियाँ भी छिपी हैं।

रीतिकाल के कवि भी मनुष्य थे, वे संत नहीं थे। वे इसी मानी में ज्यादा बड़े थे क्योंकि उनके पास अपने भगवान या मंदिर का कोई सहारा नहीं था न किसी के पास मुक्ति का कोई महावृत्तान्त! वे 'शब्द श्रमिक' थे। वे तमाम 'मिनीमलिज्म' में रहते थे।

यहाँ हमें ठहर कर सोचना ही चाहिए कि क्या रीतिकाल के कवि की कुछ काव्य व्यथाएँ, कुछ तकलीफें, कुछ उलझनें या 'आंग्स्ट' नहीं होंगे? क्या

उनके आस पास का वह जगत सच न होगा? जिन नायिकाओं की रचना वे करते रहे क्या वे जीवन में न रही होंगी और क्या उन्हें वैसा दिखाने बताने वाली कविता रीतिकाल की नहीं हो सकती? यानी क्या रीतिकाल की कविता का कोई सत्य या कहें 'यथार्थ' नहीं हो सकता?

यदि हम रीतिकाल की संरचनाओं को समझें, रीति को एक प्रकार की रूपवादी-संरचनावादी वृत्ति मानें तो हम कह सकेंगे कि हाँ रीतिकाल में निर्मित नायिकाओं का कोई सामाजिक जीवन जरूर रहा होगा अन्यथा हर कवि की अलग-अलग नायिकाएँ नहीं होतीं। उनके इतने भेद प्रभेद नहीं होते। जरा-जरा सी बात पर, रंग, आयु, कद, काठी आदि के आधार पर भेद स्थापित नहीं होते (देखिए/हिन्दी साहित्य कोश में नायक-नायिकाभेद पर प्रविष्टियाँ, पेज, 338-343) इन भेद और उपभेदों पर गौर कीजिए। इनकी संख्या सैकड़ों में बैठती है। यहाँ उस विस्तृत चर्चा को उद्धृत करना टिप्पणी को और लम्बा करना होगा। आयुभेद, प्रकार्य भेद, भूमिकाभेद, सम्बन्धभेद और न जाने किन-किन आधारों पर भेद किया जाता है। यहाँ स्वकीया के भी भेद हैं और परकीया के तो अनेक हैं ही। इतना परकीयावाद समाज के 'एक पत्नीव्रतों' पर अपने आप टिप्पणी है।

रीतिकाल के निंदक कहते हैं कि इन कवियों के पास और कोई काम नहीं था? सचमुच उनके पास और काम नहीं था लेकिन जो काम था वह कोई मामूली और सरल काम तो नहीं था। इसलिए यदि हम रीतिकाल को 'सांस्कृतिक और भौतिकवाद' नजर से देखेंगे तो मालूम पडेगा कि रीतिकाल की नायिकाएँ कहीं न कहीं जीवित जरूर रही होंगी। कविता में उनकी संरचनाएँ उतनी ही जीवित मानी जानी चाहिए जितनी कि वे अनाम अघोषित स्वयं रहीं। वे उस समाज की संरचनाएँ ही रही होंगी। इन कवियों ने उन्हें जाना देखा जरूर होगा। वे हाड़ माँस की जरूर रही होंगी।

निलज बनिता

इस प्रसंग में पहले 'निलज बनिता' के उपमान की बात की जाए। इसे पढ़ना दिलचस्प है। शुक्ल जी ने एक छंद भिखारीदास का उद्धृत किया है जिसमें 'निलज बनिता' उपमान पद की तरह आया है। निलज बनिता नंगी तलवार की तरह एक्टिव है। वह नंगी तलवार है जो होली खेलती है। यह रीति कविता का बड़ा रूढ़ प्रसंग है। इस अद्‌भुत 'उन्मुक्त' बनिता से यहाँ मुलाकात जरूर कर लेनी चाहिए जो कि उन्मुक्त 'खुली तलवार' की तरह है :

कढिके निसंक पैठि जाति झुंड झुंडन में
लोगनि को देखि दास आनन्द पगति है
दौरि-दौरि जहीं तहीं लाल करि डारति है
अंक लगी कंठ लगिबे को उमगत है
चमक चमक बारी ठमक ठमक बारी
रमक तमक वारी जाहिर जगति है
राम! असि रावरे की रन में नरन में
निलज बनिता सी होरी खेलनि लगति है (शुक्ल/इतिहास, 154)

'रन में नरन' के साथ रावरे की 'असि' निलज बनिता की तरह गले लग कर होली खेलती यानी 'रन लेती' है। निलज बनिता/असि दोनों के अर्थ संग संग चल रहे हैं। यहाँ वर्णित स्त्री (बनिता) नंगी तलवार की तरह है। आचार्य विश्वनाथ की 'बिम्बप्रतिबिम्बोपमा' की तरह। (साहित्य कोश पेज/134)। यह छंद बिम्बप्रतिबिम्बोपमा से बेहतर समझा जा सकता है। यहाँ उपमेय उपमान का साधारण धर्म सर्वथा स्पष्ट है।

सामान्यत: उपमान उपमेय से सवाया होता है। इस तर्क से मानकर चलना चाहिए कि उपमान में आई 'निलज बनिता' उस वक्त समाज में रही जरूर होंगी वरन ऐसी बिम्बप्रतिबिम्बोपमा नहीं सम्भव थी। ऐसी 'निलज बनिताओं' की रीतिकाल में कमी नहीं। लेकिन हैं ये तलवार की तरह। नंगी तलवार की तरह! निलज नंगी, बनिता तलवार। निलज बनिताएँ यौनता के मार्ग से बलीकृत औरतें हैं। नंगी हैं। तलवार हैं।

प्रश्न होना चाहिए कि ये 'निलज बनिताएँ' कहाँ से आती थीं? शुक्ल जी ने बताया है कि भिन्न देशों और जातियों के स्त्रियों के वर्णन के लिए देव ने 'जाति विलास' लिखा जिसमें नाइन, धोबिन सब आ गईं, पर दास ने रसाभास के डर से या मर्यादा के ध्यान से इनको आलम्बन के रूप में न रखकर दूती के रूप में रखा है। इनके यानी भिखारी के 'रस सारांश' में नाइन, नटिन, धोबिन, कुम्हारिन, बरइन सब प्रकार की दूतियाँ मौजूद हैं। भिखारी की 'निलज बनिता' का उपमान रसाभास के दोष के कारण आलम्बन नहीं हो पाया और उपमान भर रह गया। निलज बनिताएँ हीरोइन नहीं बन सकी थीं क्योंकि रस सिद्धान्त का ढाँचा उच्चवर्णी रहा जहाँ निम्न जाति की नटिनी, बेड़िनी 'निलज बनिता' निलज होने के बाद रस कैसे बने?

लेकिन उक्त छंद यह बताने के लिए काफी है कि 'निलज बनिता' किसी बैले डांसर की तरह या कि आज की 'बनी गर्ल' की तरह या कहें

कैबरे डांस करने वाली हेलेन की तरह होती होंगी। वही पुरुष-समाज का मनोरंजन करती निलज बनिता! 'सलज बनिता' तो रानी महारानी रही होंगी, घर गृहस्थिनें होंगी। उन्हें नायिका बनाना खतरे से खाली नहीं था। इसलिए बहुत-सी नायिकाएँ उपजातियों की स्त्रियाँ रही होंगी। शुक्ल जी जिन जातियों के नाम गिनाते हैं वे आज के हिसाब से मध्यवर्ती जातियाँ कही जा सकती हैं जिन्हें पिछड़ी भी कहा जा सकता है। अकुलीनाएँ ही यहाँ निलज बनिताएँ हैं। ये बहुत सारी हैं। हर कवि के पास एक लम्बी लिस्ट है। जाहिर है कि ऐसी औरतें सचमुच जरूर रही होंगी। जब घनानन्द की सुजान हो सकती है तो इन कवियों की भी सुजानें होंगी। यानी रीतिकाल की दूतियाँ और नायिकाएँ रीयल नायिकाएँ रही होंगी।

बिहारी में ऐसी पत्नियों के, बहुओं के कई चित्र हैं जो अपनी यौनता का बखान और दावा करती हैं।

बहुधन लै अहसान कै, पारो देत सराहि।
बैद वधू हंसि भेद सो ही नाह मुख चाहि!

(कविता कौमुदी/सम्पादक/रामनरेश त्रिपाठी/पेज 343)

बैद जी जिसे अपनी 'ताकत' बढ़ाने के लिए पारे की दवाई दे रहे हैं वही उनकी वधू यानी पत्नी का 'यार' है और वधू उस 'नाह' का 'मुख चाह' रही है। एक ही घर में पर-पुरुष से नैन मटक्का चल रहा हैं। व्यंजना प्रकट है कि बैद जी नपुंसक हैं। यह गृहस्थिन कुलीना ही रही होगी।

एक और दोहे में स्त्री-यौनता की व्यंजना देखिए :

गुरुजन दूजे ब्याह कों, नित उठ रहत रिसाय
पति की पत राखन वधू आपुन बाँझ कहाय!

(वही/पेज वही)

पति नपुंसक है लेकिन पत्नी स्वयं को बाँझ कहकर अपने पति की मर्दानगी की रक्षा करती है। ये घरों की बातें हैं। रीतिकाल के कुछ घरों की बातें हैं, जहाँ रति बेहद सक्रिय है, यौनता बेहद सक्रिय तत्व है। घरों में यौनता की व्यंजनाएँ दमित नहीं है। वे बेहद मुखर हैं।

और अधिक उद्धरण जुटा कर स्पष्ट किया जा सकता है कि रीतिकालीन कवियों की नायिकाओं का जीवन कविताओं से बाहर शायद ज्यादा उन्मुक्त रहा होगा। नायिकाभेद के शास्त्रीय आधार के चक्कर में इन नायिकाओं को रीयल हुआ नहीं माना जाता है। लगता है वे कल्पित हैं, लेकिन अनेक छंद बताते हैं कि वे यथार्थ हैं। ठोस यथार्थ।

हम फिर अपने मूल प्रसंग पर आते हैं। उक्त दो दोहों में दो पुरुषों का ज़िक्र है और दोनों ही नपुंसक हैं और दोनों ही दूतियों के कथन हैं। लगता है कि उस युग की यौनता के निर्माण में स्त्री यौनता और पुरुष यौनता–के निर्माण में इस नपुंसकता का विमर्श बहुत महत्वपूर्ण है। स्त्रियाँ बाँझ नहीं हैं लेकिन वे बाँझत्व की तरकीब को उपयोग में लाती हैं। एक ओर पति को ताकत की दवा की तलाश है दूसरी ओर उसकी नपंसुकता है तीसरी ओर अपने पतियों के, गुरुजनों के आगे ही पत्नियाँ अपने प्रेमियों से नैन मटक्का करती रहती हैं। निलज बनिता! यह निलज बनिता एक जबर्दस्त विशेषण है 'निलज बनिता' यानी 'बेशर्म औरत'। 'निर्लज्ज' होना ही स्त्री का 'ऐपावरमेंट' है!

और जो निम्न जाति की निलज बनिताएँ हैं जिनका जिक्र हमने कुछ पहले किया है। वे 'सेक्स वर्कर' यानी नाच दिखाने वाली, गाना सुनाने वाली रही होंगी। वे कविता के हर छंद में नाचती हैं लेकिन हाय! इतिहास उन्हें कहता है कि वे बनावटी हैं, कल्पित हैं, कवियों ने चाटुकारिता करने के लिए मनोरंजन करने के लिए उन्हें बढ़ा-चढ़ाकर गढ़ा है। वे सच नहीं। अर्थ यही दिया जाता है कि उनका कविता में 'होना' सच है लेकिन वे हुईं, यह सच नहीं हैं। हम कहेंगे कि यह कहना नितान्त छल है कि वे हुई ही नहीं। वे दूतियों के रूप में, सखी के रूप में, कुटनी के रूप में लगातार हुईं तो वे नायिका के रूप में भी रही होंगी। जाति का जो वितरण इस समय में दिखता है, उसमें उच्चवर्ण की कोई स्त्री रखैल बनेगी या नायिका बनेगी इसमें जरा सन्देह ही नजर आता है। यदि ऐसा हुआ भी तो उसे अकुलीन श्रेणी में ही रखा जा सकता है, इसलिए ऐसी औरतों का होना सच है, जो इस समूचे श्रृंगार व्यापार को सम्भव करती हैं। संरचनावाद का सहारा लें तो जो सिर्फ भाषा में ही बनीं हैं, वे भी संरचनाएँ है, रीयल हैं!

भिखारीदास के उक्तोद्धृत छंद की ओर एक बार फिर दृष्टिपात करें तो हम पाएँगे कि रीतिकाल की मर्दवादी नैतिकता में ही बनती है 'निलज बनिता'। इसीलिए उपमान बनकर आती है। नंगी तलवार की तरह हरेक के गले मिलती चिपकती है। कंठ से लगना चाहती है। निलज कह कर उसे नीचा किया गया लेकिन नंगा कहकर उसे तलवार बनाया गया, और नंगा बनाकर ही उसे एँपावर भी किया गया। यही रीतिकाल की नायिका के एँपावरमेंट की जटिलता है। वह नंगी है, लेकिन तलवार है।

रीतिकाल के ऐसे छंदों को हमें विखंडनात्मक ढंग से पढ़ना चाहिए। उनके व्यंजकों को यौनता के पक्ष से चलाना चाहिए। ऐसा करके हम पाएँगे कि हम उस युग की सेक्सवर्करों और उनकी सेक्सुअलिटी के गहन पाठ में

आ गये हैं किसी नैतिक ऊँच-नीच में नहीं। लेकिन ऐसा पाठ तभी सम्भव है जब हम रीति को संरचना की तरह देखें और उसमें सक्रिय रूपवाद को हिकारत से न देखें। रीतिकाल हिन्दी का पहला सक्रिय रूपवाद है। जिसमें साहित्य की महिमा तब भी रक्षित है जब कवि सर्वाधिक असुरक्षित है और आश्रित है। उसकी कविता उसको स्वायत्तता बनाती है।

सेक्सुअलिटी की बात को आज की सेक्स शिक्षा या कहें सेक्सुअलिटी की शिक्षा की माँग से मिलाकर भी देखना चाहिए। इसे एक सांस्कृतिक कार्यभार की तरह भी लिया जाना चाहिए ताकि सेक्सुअलिटी की सामाजिकी बनाई जा सके। सेक्सुअलिटी की शिक्षा का इस काम में मददगार होती है। सेक्सुअलिटी को समाज के एजेंडे से विलुप्त करके हम उसे वस्तुत: विलुप्त नहीं करते, वह रहती ही है। उसे नजर से हटाकर हम किसी 'नैतिक' समाज की नींव नहीं रखते बल्कि जैसा कि अध्ययनों से स्पष्ट है, उसके अभाव में हम घोर अनैतिक समाज की ओर जा सकते हैं। आज के समय में यौनता की शिक्षा को इसलिए जरूरी माना जाता है ताकि यौन शिक्षा से यौन सम्बन्धी रोगों और यौन के दुरुपयोगों से सावधान हुआ जा सके!

एक बार फिर दुहरा दें : रीतिकाल को यौनता की नैतिकता को भी स्थापित करने का काल कहा जा सकता है। यौनता की शिक्षा रीतिकाल का एक बड़ा प्रकार्य है। साहित्य और यौनता आपस में बड़े मौलिक तरीके से जोड़ दिया गया है। लगता है, मध्यकाल में यह समाज की जरूरत रही होगी तभी रामाश्रयी शाखा के कुछ परवर्ती कवियों द्वारा राम को भी रसिक की तरह ही नहीं रस लम्पट की तरह दिखाया गया। इतिहास के उच्चवर्णी नैतिकतावाद ने इस वृत्ति को कृष्णभक्ति के नाम कर दिया और राम भक्ति में तुलसी को स्थापित कर इस वृत्ति को अपवाद की तरह बताया गया और रामकथा कहने वाले केशवदास को भी इसीलिए नीचे लुढ़काया गया।

रामचन्द्र शुक्ल के इतिहास में रीतिकाल को, शृंगार को, यौनता को अनुशासित करने की वृत्ति यहां तक है कि रामभक्ति के नाम पर शृंगार को देखते ही उन्हें खेद के साथ कहना पड़ा कि इधर कुछ दिनों से एक दल इस रामभक्ति को भी शृंगारी भावनाओं में लपेटकर विकृत करने में जुट गया है। (इतिहास/वही पेज 82)

रामभक्ति परम्परा में शृंगार को लेकर शुक्ल जी के इतिहास में एक विमर्शात्मक प्रसंग आता है: शुक्ल जी बताते हैं कि सूरदास की शृंगारी भावनाओं का अंकुरण गोस्वामी तुलसी दास की गीतावली के उत्तरकांड में दिखलाई

पड़ता है। (वही 83) लेकिन शुक्ल जी को तसल्ली है कि वह वर्णन सिर्फ आनंदोत्सव तक ही सीमित रह गया।

शुक्ल जी के अनुसार रामभक्ति को विकृत करने का काम रामचरितमानस के प्रसिद्ध टीकाकार जानकी घाट (अयोध्या) के रामचरण दास जी ने किया। शुक्ल जी कहते हैं :

> इधर आकर कृष्णभक्ति शाखा का प्रभाव बहुत बढ़ा। विषय वासना की ओर मनुष्य की स्वाभाविक प्रवृत्ति होने के कारण कुछ दिनों से रामभक्ति मार्ग के भीतर भी श्रृंगारी भावना का अनर्गल प्रवेश हो रहा है। इस श्रृंगारी भावना के प्रवर्तक रहे रामचरितमानस के प्रसिद्ध टीकाकार जानकी घाट (अयोध्या) के रामचरणदास जी जिन्होंने पति पत्नी भाव की उपासना चलाई। जिन्होंने अपनी शाखा का नाम स्वसुखी शाखा रखा। स्त्री वेश धारण करके पति लाल साहब (यह खिताब राम को दिया गया) से मिलने के लिए सोलह श्रृंगार करना सीता की भावना सपत्नी के रूप में करना आदि इस शाखा के लक्षण हुए। (वही/पेज/83)

रामचरणदास ने अपने पक्ष में बहुत से कल्पित ग्रन्थ बनाए। यह संवत 1904 के आसपास का प्रकाशन हैं। इनमें ऐसे एक ग्रन्थ का नाम है : 'कोशल खंड', इसे शुक्ल जी नवीन कल्पित ग्रन्थ मानते हैं जबकि रामचरणदासजी इसे प्राचीन बताकर चलते हैं। कमाल की प्रतिभा के धनी रहे होंगे रामचरणदास जी जिन्होंने राम परम्परा में श्रृंगार की कलम रोप दी! जिसने शुक्ल जी को खास तंग किया। बस वे उन्हें 'ब्लास्फेमस' श्रेणी में लाने में जरा से हिचक जाते हैं। आज का वक्त होता तो 'नये रामभक्त' इस बात पर रामचरणदास जी का सिर ही तोड़ देते। शुक्ल जी इस नैतिक विमर्श को आगे चलाते हुए कहते हैं :

> कोशलखंड में राम की रसलीला बिहार आदि के अश्लील वृत्त कल्पित किए गये हैं और कहा गया है कि रासलीला तो वास्तव में राम ने की थी। रामावतार में वे 99 रास तो कर चुके थे। एक ही शेष था। जिसके लिए फिर कृष्ण के रूप में अवतार लेना पड़ा। इस प्रकार विलासक्रीड़ा में कृष्ण से कहीं अधिक राम को बढ़ाने की होड़ लगी। गोलोक में जो नित्यरासलीला होती रहती है उससे कहीं बढ़कर साकेत में हुआ करती है। वहाँ की नर्तकियों की नामावली रम्भा, उर्वशी आदि के साथ राधा और चन्द्रावली भी गिना दी गयी। (हिन्दी साहित्य का इतिहास) रामचन्द्र शुक्ल/पेज 83

रामचरणदास की इस सखी परम्परा को बताते हुए शुक्ल जी बड़े दुख के साथ कहते हैं :

इस रसिक पंथ का आजकल अयोध्या में बहुत जोर है और वहाँ के बहुत से मन्दिरों में अब राम की 'तिरछी चितवन' और 'बांकी अदा' के गीत गाए जाने लगे हैं...ये लोग सीताराम को 'युगल सरकार' कहा करते हैं और अपना आचार्य 'कृपानिवास' नामक एक कल्पित व्यक्ति को बतलाते हैं जिसके नाम पर एक 'कृपानिवास पदावली' संवत 1901 में छपी। (प्रिंटिग प्रेस लखनऊ) इसमें अनेक अश्लील पद हैं जैसे :

नीबी करषत बरजत प्यारी
रस लंपट संपुट कर जोरत पद परसत पुनि लै बलिहारी
पिय हंसि रस रस कंचुकि खोलें
चमकि निवारति पानि लाड़ली मुरक मुरक मुख बोलें...(वही/पेज 84)

ऐसे ही रसिक लोगों की ओर से निकली एक और पुस्तक 'श्री रामावतार भजन तरंगिणी' के एक छंद को उद्धृत करते हुए शुक्ल जी बेहद क्षुब्ध होते हैं:

भगवान राम के पुनीत चरित्र के कितने घोर पतन की कल्पना इन लोगों द्वारा हुई है यह दिखाने के लिए इतना बहुत है। लोकपावन आदर्श का ऐसा वीभत्स विपर्यय देखकर चित्त क्षुब्ध हो जाता है। शुक्ल जी ने जो पद उद्धृत किया है वह गजब का है :

हमरे पिय ठाड़े सरजू तीर
छाड़ि लाज मैं जाय मिली जंह खड़े लखन के बीर
[illegible] मेरो खैंचि लियो तब चार
झाड़ वृक्ष की झाड़ी भीतर करन लगे रति धीर (वही पेज 84)

शुक्ल जी के यहाँ महावीर द्विवेदी के यौनता विरोधी तर्क और भी ताकतवर बन गये हैं।

रीतिकाल को रूपवादी रास्ते से पढ़ना बताता है कि रीतिकाल में अपने ढंग के संरचनावाद की सृष्टि हो रही थी। अब तक जिसे रीतिकाल कहा जाता है, उसमें रीति का मतलब काव्यरीति या कहें रचनारीति ही है, इसलिए इस दौर को यदि हम 'काव्यत्व का काल' कहें, रचनाकाल कहें तो गलत न होगा। यही इस कविता की संरचना का दावा है। इसीलिए दरबारी होते हुए भी कविता बेहद स्वायत्त है। वह जो चिन्ह बनाती है जिन चिन्हों का उपयोग करती है वे एक क्रम में अर्थवान होते हैं। भाषा के भीतर ही सब कुछ उपलब्ध रहता है। यहाँ टैक्स्ट से बाहर ज्यादा कुछ नहीं है।

हिन्दी के प्रगतिशील विमर्श में प्रच्छन्न पुरुषवादी विमर्श और पुरुषवादी

यौनता के हावी रहने के कारण और उसके 'आत्मवादी' यानी भाववादी हो जाने के कारण या कहें तत्ववादी हो जाने के कारण रूपवाद का एक नकारात्मक अर्थ ही लिया गया। संसार के किसी भी साहित्य में रूप का निदर्शन, रूप विधान और रूप शास्त्र इतना हेय नहीं माना गया बल्कि रूप के तत्व को हमेशा ही प्राथमिक माना गया है। यह हिन्दी की अपनी नवजागरणकारी मेधा का कमाल है कि वह पता नहीं किस जादू से, रूप को भेदकर सीधे अंतर्वस्तु की बात करने लगती है। यह हिन्दी आलोचना की अपनी अंतरंग समस्या है और प्रगतिशील आलोचना की खास समस्या है कि वह यह नहीं बताती कि अंतर्वस्तु नामक वस्तु तक 'भाषाभेदन' बिना ही किस चमत्कार से जा पहुँची? रूप के अविवेक से पहुँची या कि रूप की संरचना के विवेक के बिना पहुँची?

रीतिकाल के पुन:पाठ की एक बड़ी बाधा हिन्दी आलोचना का यही तत्ववाद है जो अंतर्वस्तु को रूप के पार जाकर पता नहीं किस विधान से ढूँढ़ निकालता है और रूप की चर्चा आते ही उसे बुरा भला कहने लगता है। इससे स्पष्ट है कि वह रूप के बारे में स्पष्ट नहीं है न भाषा के अवधानों के बारे में है। हिन्दी में तो कुछ बदनाम 'रूपवादी' तक अपने पाठ में अंतर्वस्तु पर सीधे पहुँचने के आदी हैं, पहुँचा करते हैं और लगभग वहीं पहुँचा करते हैं। इसका अर्थ यही है कि पाठ या टैक्स्ट को लेकर जिस प्रकार की लापरवाही हिन्दी में आलोचना के नाम पर उपलब्ध है, वह पाठ के अवधान और खेल की समस्या को नहीं पहचानती। इसी कारण आप ऐसी आलोचना से किसी जिम्मेदारी की उम्मीद नहीं करते। वह रुचि को ही मानक की जगह थोपती है। हिन्दी आलोचना, टैक्स्ट की जगह आलोचक की अपनी मानसिक टैक्स्ट का ही परिचय ज्यादा देती है।

शुक्ल जी की एक समस्या हैं केशव!

केशव द्वारा आश्रयदाता इन्द्रजीत की वेश्याओं को साहित्य पढ़ाने का काम करना एक महत्वपूर्ण तथ्य है जो यह बताता है कि रीतिकाल ऐसा काल है, जब साहित्य एवं यौनता के शिक्षण का काम एक महत्वपूर्ण काम माना जाता है। वह एक एलीट पेशा था। केशव के सन्दर्भ में वेश्याओं को शिक्षा देने का मतलब है कि एक बड़ा वर्ग समाज ऐसा रहा जिसे शिक्षित करना राजाओं के लिए जरूरी रहा।

यह लेखक पहले कह चुका है कि उन्नीसवीं सदी को देखने की नजर का

निर्माण ब्रिटिश केथोलिक और ब्राह्मणवादी दृष्टिकोण के संयुक्त प्रयत्नों ने किया जिसमें कुलीन पवित्र स्त्री को अपवित्र पुंश्चली से अलग रखना जरूरी हुआ।

और यौनता की मार कहिए कि अपवित्र अकुलीना को दरबार में रखना भी जरूरी रहा। इस तरह साहित्य शिक्षा का एक पूरा स्कूल ही पनप गया। यह हिन्दी साहित्य के शिक्षण का पेशेवर स्कूल था। रीतिकाल के दरबार और कवि इस प्रक्रिया के पुरस्कर्ता ही कहे जा सकते हैं। साहित्य शिक्षण की प्रक्रिया रीतिकाल से सीधे आज तक चली आती है।

साहित्य शिक्षा के पाठ्यक्रमों में रीतिकाल की सामग्री एक बड़ी जगह लेती रही है लेकिन रीतिकाल को यौनता के विमर्श की तरह नहीं देखा पढ़ा गया। उसमें मर्दवादी यौनता ने ज्यादा आनन्द लिया है। उसे पलटने की जरूरत है। इसीलिए केशव के मूल्यांकन को भी पलटने की जरूरत है।

सोचने की बात है कि क्या सिर्फ वेश्याओं के लिए ही ऐसे साहित्य शिक्षण कार्यक्रम होते थे या कि वे अन्यों के लिए भी रहे होंगे। इस विशाल साहित्य शिक्षण के द्वारा बनाए जाते साहित्यिक क्षेत्र का परास कितना बड़ा रहा होगा और उसका क्या प्रभाव क्षेत्र रहा होगा?

हमारे अध्ययन के अनुसार इसका 'प्रभाव' बहुत व्यापक था, जिसे कवियों ने बनाया था। रीतिकाल के कवियों को इस साहित्यिक क्षेत्र और यौनता की भाषा के क्षेत्र का मौलिक निर्माता कहा जाना चाहिए और केशव को इसी सन्दर्भ में पढ़ा जाना चाहिए। केशव साहित्य और यौनता के शिक्षण का काम 'भाषा' (ब्रजभाषा) में करते हैं। केशव के सन्दर्भ में कई किस्से उपलब्ध हैं जिनसे उनके इस कार्य में दक्ष होने का पता चलता है।

रीतिकालीन आचार्यों का एक काम रीति की यानि काव्य-रीति की शिक्षा देना रहा तो इसी कारण कि साहित्य एक ज्ञान-प्रकार्य रहा जिसे 'दिया' जा सकता था। राजा लोग दरबार में इन कवियों को रखकर सिर्फ अपने लिए ही काव्य लक्षण आदि नहीं लिखाते थे, बल्कि उस समय की 'जनता' के लिए भी लिखाते थे। यकीनन तब कहीं कोई पब्लिक स्पेस जरूर रहा होगा जो कि अब अनुपलब्ध है जिसे इतिहास से मिटा दिया गया है लेकिन जिसके होने के निशान रीतिकाल की कविता में अनेक जगहों पर मौजूद हैं। वह सिर्फ दरबार में न रहा होगा बल्कि घरों और समाज के भीतर, बृहत्तर क्षेत्र में, खुले में जरूर रहा होगा।

इनमें सबसे महत्वपूर्ण स्त्री का वह स्पेस है जिसमें दरबार में नाचने गाने वाली वेश्याएँ शायद सर्वाधिक दृश्यमान हैं। इसका अर्थ यह भी है कि

ये जितने दरबारी हैं, उतने ही वेश्या समाज के लिए शिक्षक हैं। दरबारी होने के बावजूद यही वह जगह है जहाँ ये कवि अपने स्वतन्त्र स्पेस बनाते हैं जिसका नतीजा यह होता है कि हर कवि के अपने अलंकार भेद और नायिका भेद बनते हैं। इस अनेकता से सिद्ध होता है कि कवि अपने अनुभवों के जरिए भेदोपभेदों को बनाया करते हैं। इससे यह बात साफ होती है कि जिसे लक्षणकाव्य कहा जाता है, उसमें काव्य का तत्व है क्योंकि उसमें कल्पना की स्वतन्त्र सक्रियता मौजूद है।

दरबारी पद न केवल इतना 'निकृष्ट' अर्थ देने वाला बना दिया गया है बल्कि उसे ऐसा सर्वाश्लेषी पद बना दिया गया है, जिसके नीचे आने वाले सारे कवि एक जैसे नजर आने लगते हैं। हिंदी आलोचना के सामंतवाद विरोधी विमर्श में दरबार मात्र त्यज्य होने लगता है, हीन होने लगता है और इस तरह सारे के सारे कवि बिके हुए, अस्वतन्त्र नजर आते हैं और इस तरह 'रीतिमुक्त' कवि ज्यादा बड़े नजर आने लगते हैं, जबकि हम जानते हैं कि वे तक राजाओं के आश्रित रहे। जब सब आश्रित रहे तो कैसे कहा जा सकता है कि वे गैर दरबारी कवि रहे। इसका इतना ही अर्थ है कि दरबार आश्रय देते थे लेकिन वे एक हद तक ही अंकुश रख पाते थे और यह काम हर कवि अपनी प्रतिभा से करता था कि वह कितना आज़ाद रहे।

इसका यह अर्थ भी है कि लक्षण लिखकर भी कोई कवि अपेक्षाकृत आज़ाद हो सकता था और अपने हिसाब से कविता करके भी कोई कवि जरूरी नहीं कि आजाद रहता हो। रीतिकाल में दरबार और आश्रय कविता की एक 'दशा' है। एक परिस्थिति है। वह मानक नहीं है। हम जानते हैं कि भक्त कवि भी एक प्रकार के दरबारी ही रहे क्योंकि वे मन्दिरों के लिए कविताएँ करते थे जिनको राज्याश्रय मिला हुआ था और ऐसा भी नहीं कि भक्त कवि शुद्ध कवि ही थे। वे धर्म पंथों के गायक भी हुआ करते थे।

इस सन्दर्भ में केशव के 'निर्माण' की चर्चा की जाए : केशव को रीति काल के सन्दर्भ में किस तरह निर्मित किया गया है? और केशव को लेकर इतिहास में किस प्रकार बहस रही है? ये प्रश्न केशव के सन्दर्भ में सहज में ही उठते हैं।

> विश्वनाथ प्रसाद मिश्र ने लिखा है कि केशव का काम ओरछा नरेश के दरबार में पुराण बाँचना, कविता करना और उसकी वेश्याओं को साहित्य पढ़ाना भी था। विश्वनाथ कहते हैं कि केशव ने कविप्रिया का निर्माण इन्द्रजीत की सर्वप्रधान वेश्या प्रवीणराय को कवि शिक्षा का

उपदेश देने के लिए किया था। (हिन्दी साहित्य का अतीत भाग–दो पेज, 378) ओरछा के दरबार में छह प्रमुख वेश्याएँ थीं जिनका उल्लेख केशव ने स्वयं किया है। प्रवीणराय की उनमें विशेष प्रशंसा की है। विश्वनाथ कहते हैं :

'कविवर की इस चेली ने उनकी रामचन्द्रिका में आग्रह पूर्वक अपनी कुछ रचनाएँ रखवाई हैं। जनकपुर में ज्योनार के अवसर पर जो गालियाँ गवाई गयी हैं, वे प्रवीणराय की रचनाएँ हैं। प्रवीणराय कितनी काव्यप्रगल्भा हो गयी थीं, इसका पता इस किंवदंती से कुछ–कुछ चल जाता है कि अकबर के दरबार में जब वह पेश की गयी और उससे बादशाह के यहाँ रहने की बात की गयी तो उस ने अकबर को कविता में उत्तर दिया :

बिनती राय प्रवीन की सुनिये शाह सुजान।
जूठी पतरी खात हैं बारी बायस श्वान।

कहते हैं कि ओरछे की यह मंडली जिस ऐहिक सुख विलास का आस्वाद ले रही थी, मरणोपरांत उसके खंडित हो जाने की सम्भावना के कारण उसने प्रेतयोनि में रहना स्वीकार कर पेतयज्ञ का अनुष्ठान करवाया था। और उसके फलस्वरूप प्रेतयोनि में पहुँचकर जब स्वयं केशवदास कुष्ठ का अनुभव करने लगे तो तुलसीदास से उनका साक्षात्कार हुआ और उनके परामर्श से रामचन्द्रिका का पाठ कर उस योनि से उन्होंने मुक्ति लाभ किया। (हिन्दी साहित्य का अतीत/2/पेज 379)

विश्वनाथ ने सही पकड़ा। कहा कि इस किंवदंती में कोई और सार हो चाहे न हो पर यह स्पष्ट हो जाता है कि केशव कठिन काव्य का प्रेत क्यों कहे जाने लगे? (वही) विश्वनाथ केशव की विलासिता को एक नकारात्मक तत्व मानते हैं, इसीलिए इस किंवदंती को उन्होंने इस तरह दिया है। इस उपक्रम में रायप्रवीण द्वारा दिए गये जवाब की मीमांसा नहीं हैं। उसकी भाषा के तेवर को यहाँ टच नहीं किया गया है, जहाँ वह बादशाह को श्वान आदि कह रही है। तुलसीदास के साक्षात्कार का विशेष आयोजन है जिनके लाभ से मुक्ति हुई है लेकिन किंवदंती में यह बात निकल आई है कि रामचन्द्रिका उतनी हल्की कृति नहीं है जितनी कि बताई जाती है क्योंकि उसके जरिए भी केशव मुक्ति लाभ करते हैं यानी रामचन्द्रिका को किंवदंती भक्ति की ओर ठेलती है।

केशव के 'अपराध' बड़े थे। एक कि वे विलासी थे। 'केशव केशन अस करी' वाला दोहा तक उनकी विलासी वृत्ति का परिचायक बताया जा सकता है। (वही/379) दूसरा अपराध पहले से बड़ा है। यह एक किंवदंती

की राजनीति है जो रीतिकाव्य के लक्षणग्रंथ लिखने वाले कवियों को एक खास वर्ग में रखती है और बाद के विमर्श के लिए एक आसान रास्ता बनाती है। नवजागरण के विमर्शों में इन कवियों को सिर्फ इस अपराध के लिए नीचेवाले खाते में डाला जाता है कि वे या तो विलासी हैं या कि कला कला के लिए की बात करते हैं। वे कला को धर्म के लिए उपयोग में नहीं लाते। हर सुमिरन को बहाना मात्र बनाते हैं : आगे के सुकवि रीझि हैं तो कविताई नतु राधिका कन्हाई सुमिरन कौ बहानो है...धर्म और पंथ निरपेक्ष कविता का यह दावा बाद के विमर्शों को इसलिए उपयोगी नहीं लगा क्योंकि हिंदी के कथित नवजागरण का हर विमर्श अंततः मूलतत्ववादी यानी मूलधर्मवादी है।

'भक्त' और 'कवि' का फर्क

जरा केशव सम्बन्धी इस दूसरी किंवदंती को देखिए: विश्वनाथ कहते हैं : जब वे अकबर के दरबार में उपस्थित हुए और उनसे पूछा गया कि इस समय का श्रेष्ठ कवि कौन है तो उन्होंने छूटते ही उत्तर दिया 'मैं'। यह कहने पर कि लोग सूरदास और तुलसीदास को इस समय का श्रेष्ठ कवि फिर क्यों मानते हैं? उन्होंने उत्तर दिया कि 'वे भक्त हैं'। (वही 379)

केशव का यह जवाब महत्वपूर्ण है। यह बताता है कि केशव और उनके परवर्ती काल में, रीतिकाल के इतिहास के निर्माण में केशव सबसे बड़ी और प्रथम बाधा हैं जिसे रामचन्द्र शुक्ल बड़े छल से हल करते हैं और बाद के इतिहासकारों को यह छल इसलिए दिखाई नहीं देता क्योंकि साहित्य के रीतिकाल का सेकुलर पाठ करना उनके बस की बात नहीं थी।

केशव शुक्ल जी के लिए एक बड़ी समस्या हैं। वे भक्त कवियों के लिए एक चुनौती भी हैं। वे अपने समय में 'भक्त' और 'कवि' में फर्क करते हैं और नितांत आधुनिक किस्म का विमर्श करते हैं। केशव धार्मिक कविता और कविता में फर्क करने वाले मध्यकाल के पहले व्यक्ति हैं। उनका दावा गजब का है। सुनकर एक बार तो आज का आलोचक भी झटका खा सकता है। वे कवि के 'सेल्फ' (स्वत्व) को भक्त के 'सेल्फ' से अलग करते हैं। वे रीतिकाल में कवि की बदल गयी परिभाषा पर जोर देते हैं। वे कविता का हिन्दी में पहला रूपवाद रचते हैं। वे कविता की संरचना को नितांत स्वायत्त और भाषा में ही सम्भव मानते हैं। वे कवि कर्म को विशेष कर्म मानकर चलते हैं इसीलिए वे कहते हैं कि सूर तुलसी भक्त हैं, कवि नहीं। कवि अगर कोई

है तो वे ही हैं। यह अगर आश्रयदाता पर निर्भर गुलाम हुए कवि की वाणी है तो फिर स्वतन्त्र कवि की वाणी क्या होगी?

यह जवाब बताता है कि रीतिकाल जिस किस्म के रूपवाद का विकास कर रहा था, उसमें सक्रिय शब्दार्थवाद धार्मिक कविता से अलग रास्ता चुनता था। इस अर्थ में केशव का कथन ऐसी पंथ निरपेक्ष ही नहीं धर्म निरपेक्ष कविता की ओर इशारा करता है, जो कि रीतिकाल में इस तरह के कवियों ने प्रभूत मात्रा में की और इस तरह उनका कथन साहित्येतिहास के उस क्रम को उलटता है, जिसमें भक्त कवियों की कविता को श्रेष्ठ सिद्ध किया गया है और रीतिकालीन कविता को निम्नतर मानकर कंडम किया गया है।

इतिहास काल निर्धारण और श्रेणी भेद स्थापित करने के पीछे कुछ राजनीतिक मूल्य कम दिखते हैं जो कि इतिहास लेखन काल के आग्रहों का विस्तार लगते हैं, जिनमें नैतिक-अनैतिक विमर्श की प्रधानता है, जिनमें धार्मिकता की प्रधानता है। इतिहास लेखन की प्रक्रिया में यह काम रीतिकाल को नीचे करता है जबकि देखा जाए तो रीतिकाल अकेला ऐसा काल है, जिसे सहज ही हिन्दी का रूपवादी-संरचनावादी काल कहा जा सकता है, जिसमें कविता एक संरचना की तरह उपस्थित होती है जिसमें शब्दार्थ के खेल शुरू होते हैं, जिसमें कविता जन्मजात प्रतिभा के बल पर नहीं, अभ्यास से आ सकती है और सिखाई और सीखी जा सकती है।

कहने की जरूरत नहीं कि रीतिकाल कविता का एकमात्र सेक्यूलर काल है, जिसे सिर्फ इसीलिए नीचे किया गया कि आगे के नवजागरण में सक्रिय गैरसेकूलर विमर्श को उससे परेशानी हो सकती थी। वह पहला काव्योद्योग काल है: कविकर्म यहाँ एक उद्यम है, उद्योग है।

इतिहास के कालक्रम की राजनीति

यद्यपि विश्वनाथ के पास उत्तर नहीं हैं, लेकिन सवाल वे सही करते हैं :

> हिन्दी में रीतिकाव्य की उपेक्षा क्यों हुई? इस प्रश्न का उत्तर सामने न होने से शृंगार काल के इस काव्य का समुचित विचार नहीं हो सका है। लोगों ने प्राय: यही अनुमान लगाया है कि हिन्दी में काव्य की सरणि का व्यवस्थित विधान करने के लिए शास्त्रीय ग्रन्थों के निर्माण की आवश्यकता हुई और हिन्दी कवियों ने अपना कर्तव्य दिखाया। (वही पेज 377) यानी कि अपनी 'कवित्व शक्ति का प्रदर्शन करने के लिए

रीतिग्रन्थों को लिखने का अवलम्ब लिया।' (वही 377)।

इतना कहने के बाद अचानक विश्वनाथ जी पलटी खाते हैं। वे भी इन 'रीतिबद्धों' को ज्यादा श्रेय नहीं देना चाहते। अचानक कहते हैं कि यदि इन सबका प्रयोजन साहित्य विमर्श होता तो जितने ग्रन्थ इस युग में एकत्र हुए, उतने की आवश्यकता नहीं होती। (वही 378)। अर्थ यह कि लक्षण ग्रन्थ प्रस्तुत करने का इनका इरादा नहीं था, वरना इतने पिष्टपेषण की जरूरत नहीं होती। शास्त्र चरचा इनके पास नहीं है। शास्त्र चरचा का सर्वविचार कण खोज निकालने के लिए रीतिकाव्यों के ढेर फटकने पर भी विफल होना पड़ेगा। (37) विश्वनाथ कहते हैं :

> अतः यह निश्चित है कि काव्य कौशल प्रदर्शन यदि सबके लिए नहीं तो बहुत या अधिकांश के लिए साध्य था। रीतिबद्ध काव्य कला के प्रदर्शनार्थ ही अधिकतर बना। यह सर्वथा संगत है किन्तु इस प्रदर्शन की प्रेरणा, आवश्यकता हेतु क्या था इस पर किसी ने जमकर विचार करने का कष्ट नहीं उठाया। (वही पेज 378)

इसके आगे हेतु गिनाने के काम में विश्वनाथ अपनी ही राय पर वापस नहीं लौट पाते कि ये कवि काव्य प्रदर्शन करने के लिए रचना करते थे। उनके विमर्श में उनका दरबारी होना बड़ी बात है और दरबारी एक नकारात्मक पदावली है। विश्वनाथ जी के रीतिकाल के निर्माण में इस तरह एक फाँक का काम करती है : एक ओर इन कवियों को काव्य शक्ति प्रदर्शित करने वाला बताया जाता है, दूसरी और दरबारी कहकर खारिज कर दिया जाता है जबकि यह भी बताया जाता है कि वे दरबार में नाचने गाने वाली वेश्या आदि के लिए रचनाएँ करते रहे।

इस तरह रीतिकाल के निर्माण में एक ओर मूल संस्कृत काव्यशास्त्र से तुलना रहती है, दूसरी ओर दरबारी होना अपराध रहता है, तीसरे इनकी काव्य साधना को भी लक्षण ग्रन्थों का उदाहरण वाला हिस्सा कहकर, काव्य की कोटि में नहीं आने दिया जाता। इतिहास में निहित काव्य बोध इसी तरह की झाड़ू लगाता है और एक विराट कविता काव्य क्षेत्र से बाहर कर दी जाती है या हीन बना दी जाती है।

किस प्रकार ऐसे इतिहास सम्भव हुए? उनके विमर्श जैसे हैं, वैसे क्यों बने? और 'राष्ट्र' के कथित निर्माण ने साहित्य के इतिहास का किस प्रकार निर्माण किया?

इतिहास के निर्माण में किस तरह नेशन बिल्डिंग और उसमें किस तरह

हिन्दू भाव का निर्माण सक्रिय रहा, इसे बताने के लिए हाल में आई 'हिन्दी पब्लिक स्फीयर' का एक हिस्सा देखा जा सकता है जिसमें लेखिका फ्रांचेस्का ओरसेनी बताती है कि किस तरह इतिहास लेखन की प्रक्रिया में हिन्दू नेशन का तत्व सक्रिय रहा है।

जो इतिहास उपलब्ध हैं, उनमें काल क्रमवारता में राजपूताने के इतिहास एवं वीरगाथाओं के उल्लेख के बाद का भक्तिकाल किस तरह का 'पराजय' का काल बनता है? किस तरह रामराज्य की कल्पना नवजागरणकालीन हिन्दुत्व की कल्पना का केन्द्र बनती है? किस तरह रामचरितमानस का पाठ बनता है? इन बातों को जाने बिना रीतिकाल की पिटाई के उद्देश्य को नहीं समझा जा सकता।

फ्रांचेस्का ओरसेनी ने लिखा है कि :

> हिन्दी साहित्य ही नहीं इतिहास मात्र के लेखन में कर्नल टाड के 'एनाल्स एंड एंटीक्विटीज आफ राजस्थान (1829)' एक प्रभावकारी किताब रही है। इसने हिन्दी इतिहास लेखन पर उसको रूप देने के काम में बेहद प्रभावकारी भूमिका निभाई। इसका हिन्दी अनुवाद 1880 में हो गया था। (वही पेज 178)।
>
> हिन्दी साहित्य के आदिकाल को शुक्ल जी द्वारा वीरगाथाकाल कहना या कि वीरगाथाओं को महत्वपूर्ण कहना, इसी क्रम का नतीजा है। उन्नीसवीं सदी में भारत के अतीत का निर्माण दरअसल आर्य श्रेष्ठता और राजपूताने की वीरता को लगभग एक साथ रखकर चलता है। इतिहास लेखन की उस वक्त की प्रचलित प्रक्रिया में आर्य संस्कृति की उच्चता को सतत प्रवाह मानने की बात स्थापित हुई और मुसलमानों के शासन या अँग्रेज़ों के शासन को एक बाधा की तरह माना गया। (वही पेज/279)।

फ्रांचेस्का बताती हैं कि 1924 के हिन्दी साहित्य सम्मेलन में जो देहरादून में हुआ एक राष्ट्रवादी करोड़पति शिव प्रसाद गुप्त ने भारतीय इतिहास को लेकर एक प्रस्ताव प्रस्तुत किया जो इस प्रकार रहा :

> जिस राष्ट्र का अपना प्रामाणिक इतिहास न हो, वह राष्ट्र जीवित नहीं रह सकता। जो इतिहास की किताबें स्कूलों कालेजों में पढ़ाई जाती हैं, वे गलत दिशा की ओर ले जाती हैं और अविश्वसनीय हैं। हमारे नायक शिवाजी को लुटेरा बताया जाता है। हमारे वेदों को चरवाहों किसानों की कविता कहा जाता है। क्या ऐसी किताबों को इतिहास कहा जा सकता है। (द हिन्दी पब्लिक स्फीयर/उद्धृत/वही पेज 182)

फुटनोट में फ्रांचेस्का ने लिखा है :

शिवप्रसाद गुप्त ने एक लाख रुपए के जनकोश की घोषणा की। उन्होंने एक कमेटी बनाई जिसमें उनके अलावा नरेन्द्र देव, जी. एच. ओझा, पी. डी. टंडन, जोधपुर के रामकरन सिंह असोपा थे। इस कमेटी का काम इतिहास सम्बन्धी योजना को फाइनल करना रहा। (वही पेज 182)

हिन्दी साहित्य के इतिहास में 'पतन' की अवधारणा महत्वपूर्ण है। हिन्दी साहित्य का इतिहास आरम्भ होता है, जिसमें वीरगाथाओं का बोलबाला होता है, जो इस्लाम के प्रतिरोध की उज्ज्वल गाथाओं की तरह आती हैं। फिर भक्तिकाल भगवान से ताकत लेने के काल की तरह आता है फिर रीतिकाल एक पराभवकाल की तरह आता है। भोग-विलास, श्रृंगार सब इस्लाम के मत्थे मढ़ दिया जाता है। यह संयोग भर नहीं कहा जा सकता कि हिन्दी के जिन तमाम बड़े आलोचकों ने इतिहास लिखे हैं, उनके इतिहास के विमर्श का आरम्भ बिन्दु ही इस्लाम को जिम्मेदार ठहराना है। इस प्रकार हिन्दी साहित्य का सकल नेरेटिव एक प्रकार के पतन और पराभव के इतिवृत्त की तरह आता है। खास कर शुक्ल जी के इतिहास में इस पराभवता के सकल आशय मिलते हैं। इस क्रम में रीतिकाल नीचा तो होना ही था। इतिहासबोध के सारे मानक इसी क्रम को 'एक मात्र क्रम' बनाकर पेश करने में सहायक रहते हैं।

फ्रांचेस्का बताती हैं कि किन्हीं प्रोफेसर इन्द्र का इतिहास ('प्राचीन भारत में राजनीतिक स्वाधीनता', जो माधुरी के फरवरी 1926 में छपा है,) बताता है कि पृथ्वीराज के हारने के बाद पतन आरम्भ हुआ। (वही पेज 185)

इससे पहले मैथिलीशरण गुप्त ने अपनी 'भारत भारती' में इतिहास लेखन की दृष्टि को इसी दिशा में ठेलने का काम किया। यहाँ एक स्वर्ण युग हुआ। फिर पतन के दो कारण हुए। एक भीतरी पतन, दूसरा बाहरी आक्रमणकारियों के प्रभाव से पतन। आर्यकाल को महान और स्वर्णिम कहने के विचार को हिन्दी के तमाम इतिहासकारों ने टाड जैसे ओरयंटलिस्टों की व्याख्या के साथ ही अपना लिया। इसी दृष्टि ने इतिहास दृष्टि का निर्माण किया। कहने की जरूरत नहीं कि साहित्य के इतिहास लेखन की दृष्टि इसी तरह चली। इस्लाम इसीलिए साहित्य के इतिहास तक में एक 'अन्य' हुआ जो बर्बरता का प्रतीक रहा। शिवप्रसाद सिंह की 'इतिहास तिमिरनाशक' (1873) नामक किताब के बारे में फ्रांचेस्का कहती हैं कि ब्रिटिश तथा ऐसी किताबों को पढ़ने के बाद हिन्दी के लेखक अफगान हमलावरों के वक्त को अंधकार काल मान सकते थे, जिसमें धार्मिक युद्ध हुए। वे इस समय को पराधीनता का काल मान

सकते थे। इस तरह यह एक पतन काल ही था। (वही पेज 186)। कहने की जरूरत नहीं कि शिवप्रसाद का 'इतिहास तिमिर नाशक' का राष्ट्रवाद, भारतेन्दु हरिश्चन्द की समीक्षा के बावजूद ज्यादा स्वीकृत रहा।

इतिहास लेखन की दूसरी विशेषता यह रही कि पतन के काल को मानने के बावजूद यह भी बराबर माना जाता रहा कि किसी भी समय हिन्दू समाज पूरी तरह पराजित कभी नहीं हुआ। (वही पेज 187) यह वीरगाथाओं के महत्व का आधार बना। प्रोफेसर इन्द्र नामक सज्जन ने 'प्राचीन भारत में राजनीतिक स्वाधीनता' (माधुरी, 3 अक्टूबर 1926) में लिखा :

किसी भी मुसलमान बादशाह का ऐसा राज्य नहीं गुजरा जिसमें हिन्दुओं के साथ न लड़ना पड़ा हो। भारतवासी सामाजिक तथा धार्मिक दृष्टि से पूरी तरह स्वाधीन रहे। विदेशियों और भारतवासियों के सदियों तक चलते युद्ध में अंतिम विजय भारतवासियों की हो चुकी, जब एक और विदेशी शक्ति बीच में कूद पड़ी। (फ्रांन्सेस्का द्वारा उद्धृत पेज 187)

कहने की जरूरत नहीं कि जिन दिनों में यह इतिहास लेखन हो रहा था, उन दिनों वीरता और वीरनायकों का इतिहास लिखा जा रहा था। उनके पराक्रम के आगे शृंगार का आना पतन का आना था। राष्ट्रवादी उभार में वीर रस का साहित्य महत्वपूर्ण माना जाता था। फ्रांचेस्का नोट करती हैं :

मुसलमानों के शताब्दियों के शासन में हिन्दी साहित्य के शृंगार काल के साहित्य के बारे में यह विचार बन चला कि यह स्त्रैण है जो युद्ध की बात सोच भी नहीं सकता। शासक लोग भोगवाद में प्रवृत्त हो गये। (वही। पेज 209) इस तरह वीर बनाए जाने लगे। किन्हीं भगीरथ प्रसाद दीक्षित ने अपनी 'वीर शताब्दी' में, माधुरी के अप्रैल 1930 में प्रकाशित, में तो आर्य वीरों की वंशावली वेदों से शुरू की और बताया कि किस तरह आर्यो ने अमरीका, जावा, बाली, मिस्र, बुखारा यहाँ तक कि मेक्सिको तक को विजित किया लेकिन ज्यों ही शृंगार आया पतन शुरू हो गया। संस्कृत से प्राकृत और अपभ्रंश का आना ऐसा ही पतन रहा। (वही पेज 209). हाँ, अठारहवीं और उन्नीसवीं सदी में समर्थ गुरु रामदास और शिवाजी ने महाराष्ट्र में सदियों के अन्धकार के बाद एक बार फिर स्वर्णकाल लौटाया। (फ्रांचेस्का/वही पेज 209)

शुक्ल जी का फुटकलवाद और केशव

हम देख सकते हैं कि उस समय के इतिहास लेखन, खासकर साहित्य के इतिहास लेखन पर इस इतिहासबोध के प्रभाव नजर आते हैं, जिससे एक सकलतामूलक विमर्श रामचन्द्र शुक्ल बनाते हैं। रीतिकाल को निम्नतर करने का विमर्श, इस तरह रीतिकालीन कविता की हीनता का नहीं, उसे समझने की राजनीति का, रणनीति का विमर्श है, इसलिए कुल इतिहास लेखन का विमर्श है। यह इतिहास एक क्रम रखता है। महानता के बाद पतन का विमर्श इस प्रकार आता है : आर्य युग महान है। आर्य जाति को पूर्वप्राप्त महानता हासिल है। विश्वविजयी आक्रांता होने की महानता हासिल है, जिस के पराभव के बाद शेष पतन ही पतन है। इस तरह हिन्दी साहित्य का इतिहास लेखन ऐसे विजयी का विमर्श है, जो फिर से विश्वविजयी होने की कामना से इतिहास लिखता है। इस तरह इस इतिहास लेखन में उत्थानवादी एवं पुनरुत्थानवादी प्रवृत्तियाँ सक्रिय हैं– जो राष्ट्रवादी विमर्श के साथ ऊर्जावान बनती हैं। राष्ट्रवाद और पुनरुत्थानवाद एक साथ चलते हैं। रीतिकाल का शृंगार इस काम में वीरता (वीर्य) का ह्रास करता है। इसे रामचन्द्र शुक्ल द्वारा रीतिकाल और केशव के प्रति किए गये आलोचनात्मक व्यवहार के जरिए भी देखा जा सकता है।

रीतिकाल में केशव का केन्द्रण करने पर पता चलता है कि शुक्ल जी के लिए रीतिकाल और केशव एक बेहद घमासान का क्षेत्र है, जिस पर यद्यपि द्विवेदी काल में जीत हासिल कर ली गयी, तो भी इस घमासान के निशान यत्र-तत्र आ ही जाते हैं।

शुक्ल जी के इतिहास में केशव का ज़िक्र दो बार आता है। पहले वे केशव को भक्तिकाल में रखते हैं: उन्हें भक्तिकाल की फुटकर रचनाओं में रखा गया है, फिर उन्हें रीतिकाल के सामान्य परिचय में रखा गया है, लेकिन जोर इसी पर है कि उन्हें भक्तिकाल के फुटकल खाते में ही देखा जाए। रीतिकाल के सामान्य परिचय के इस प्रसंग में इस हेतु लाया गया है, ताकि चिन्तामणि को ही आरम्भ कर्त्ता माना जा सके।

संवत 1598 में 'कृपाराम थोड़ा बहुत रस निरूपण कर चुके थे।' (हि.सा.इ./शुक्ल/129)। यह भक्ति का काल है और रीतिकाल की हिततरंगिणी लिखी जा चुकी है। शुक्ल जी के लिए कृपाराम रीतिकाल के हैं और रीतिकाल संवत 1700 से शुरू होता है जबकि कृपाराम का पहला बड़ा ग्रन्थ 1598 में लिखा जा चुका है। मामला भक्तिकाल की रक्षा का है। स्वर्ण

युग की रक्षा का है। उसमें अगर कोई 'अपवाद' हुआ भी है तो समझो कि नहीं हुआ। आचार्य जो कह रहे हैं!

'मुख्य प्रवृत्ति' वाले इतिहास लेखन में हाशिये इसी तरह बनाए और छिपाए जाते हैं। इस तरह कृपाराम के क्रम में ही केशवदास किनारे कर दिए जाते हैं। शुक्ल जी ही बताते हैं कि केशव से पूर्व कृपाराम रस निरूपण कर चुके थे। इसी समय में चरखारी के मोहन लाल मिश्र ने शृंगार रस सम्बन्धी शृंगार सागर' नामक ग्रन्थ लिखा था। नरहरि कवि के रूप में अकबर के दरबार में जाने वाले करनेस ने कर्णाभरण, श्रुतिभूषण और भूपभूषण नामक तीन ग्रन्थ अलंकार सम्बन्धी लिखे थे, लेकिन अब तक किसी कवि ने संस्कृत साहित्य शास्त्र में निरूपित काव्यांगों का परिचय नहीं कराया था। यह काम केशवदास ने किया। (हिन्दी साहित्य का इतिहास रामचन्द्र शुक्ल/ पेज 114-115) केशव का परिचय देने के बाद शुक्ल जी बताते हैं कि केशव के 50-60 वर्ष पीछे हिन्दी के लक्षण ग्रन्थों की जो परम्परा चली वह केशव के मार्ग पर नहीं चली (115) केशव को कवि हृदय नहीं मिला था। उनमें वह सहृदयता और भावुकता न थी जो एक कवि में होनी चाहिए। (वही) केशव रामचन्द्रिका में मार्मिक स्थलों को नहीं देखते। भगवान राम के 'अलौकिक सौन्दर्य और सौम्य अनुकृति' (116) जिसे सामने पाकर शुद्ध सात्विक भावों का उदय होता है, केशव में नहीं होता, इसका कारण है: 'इसका अनुभव शायद एक दूसरे को सन्देह की दृष्टि से देखने वाले रीतिकुशल दरबारियों के बीच रहकर केशव के लिए कठिन था।' (वही 116) तर्क देखें केशव राम को नहीं देख पाते। कारण वे दरबारी हैं भक्त नहीं हैं। तो फिर केशव को भक्तिकाल के सगुणभक्ति धारा में फुटकल कवियों में क्यों रख रहे हैं महाराज? इसका कारण यह है कि केशव को बट्टाखाते में डालकर किनारे कर देना है। बस शुक्ल जी को एक ही वाक्य मिला तारीफ का कि केशव की रचना में सूर, तुलसी आदि की सरसता और तन्मयता चाहे न हो, पर काव्यांगों का विस्तृत परिचय कराकर उन्होंने आगे के लिए मार्ग खोला। (117)

रीतिकाल के पुरस्कर्ता कवि केशव हैं, ऐसा वे मान रहे हैं क्योंकि उन्होंने मार्ग खोला है लेकिन रीतिकाल के पहले कवि चिन्तामणि ही रखे जाते हैं! जबकि मुख्य प्रवृत्ति के तर्क से भी केशव रीतिकाल में रखे जा सकते थे।

यह केशव के संग रामचन्द्र शुक्ल की राजनीति है। पहले उन्हें भक्ति काल में रखा। फिर फुटकल में रखा। एक वाक्य में श्रेय दिया। रीतिकाल में उन्हें रखा। 'सामान्य परिचय' में रखा तो इसलिए कि चिन्तामणि को ही

रीतिकालीन प्रवृत्ति का अगुआ माना जाए जबकि चिन्तामणि से जो धारा शुरू होती है। उसमें 'नये सिद्धान्तों का प्रतिपादन' नहीं है। केशव ने तब भी कविप्रिया में अपने को मूल भामह आदि से जोड़ा था (129) केशव को अनिवार्य न मानने का एक बड़ा कारण यह है कि केशव ने भामह आदि को आधार बनाया, भामह आदि के समय में अंलकार्य और अलंकार के बीच भेद स्थापित नहीं हुआ था। जबकि परवर्ती संस्कृत आचार्यों में हो गया था और इसलिए चिन्तामणि ज्यादा उपयोगी रहे। अलंकार्य और अलंकार में अभेद मानने वाले भामह और उनके प्रभाव में आए केशव, दरअसल अलंकार सम्प्रदाय में संरचनावादी और उत्तर संरचनावादी अवधारणाओं जैसे सूत्र दे रहे हैं कि 'अलंकार से बाहर कुछ नहीं है'। (यह देरिदा के 'टैक्स्ट से बाहर कुछ नहीं' वाली उत्तर-संरचनावादी जैसी बात है।) केशव एक जटिलता की ओर गये। वे भाषा के अंतिम छोर तक गये, जहाँ जाकर अलंकार्य और अलंकार का भेद खत्म हो जाता है। यह उत्तर संरचनावादी चिन्ह हैं, जो केशव में मिलते हैं लेकिन यही उनका अपराध है। वे भाषा और कला को, उसके रूप को स्वायत्त मानते थे। यही उनका अपराध बना। वे अलंकार्य और अलंकार में भेद नहीं करते थे। इस तरह वे रीतिकाल के जनक नहीं कहे जा सकते। इसलिए शुक्ल जी ने उन्हें पहले भक्तिकाल में डाला, फिर रीतिकाल में थोड़ा डाल कर किनारे कर दिया। कहने की जरूरत नहीं कि केशव को किनारे करने की यह रणनीति गजब की है क्योंकि रामचन्द्र शुक्ल के आदर्श तुलसी हैं।

शुक्ल जी मानते हैं कि 'केशव की रामचन्द्रिका में अंगद रावण संवाद तुलसी से अच्छा है' (117) मगर सात्विकयुक्त वे नहीं हैं। शुक्ल जी का मानक है : सात्विक! रीतिकाल से तो इस पद का शाश्वत बैर ही समझिए। शुक्ल जी की इस तरह रीतिकाल के प्रथम कवि और आचार्य को 'नियंत्रित' करके रीतिकाल को नियमित करते हैं कि वह दोयम ग्रन्थों, लक्षण ग्रन्थों वाला नकल वाला काल है। जिसने अधिक मूलगामी होकर नकल की, उसे इसका उन्नायक नहीं माना जा सकता। माना तो कमजोर उत्तरवर्ती आचार्यो की नकलों को माना जा सकता है ताकि रीतिकाल को ठिकाने लगाया जा सके, हीनतर किया जा सके। इतिहास लेखन में ये वही मानक हैं जो वीरता को अपने केन्द्र में रखते हैं। राम कथा को केन्द्र में रखते हैं। राष्ट्र निर्माण का एजेंडा पुनरुत्थान का एजेंडा जहाँ 'एकार्थवादी 'क्रम' बनाता तोड़ता है।' केशव उसमें काम के नहीं है।

शुक्ल जी से पूछिए कि रीतिकाल का अवदान क्या है? तो उनका कहना है कि हिन्दी काव्य अब पूर्ण प्रौढ़ता को पहुँचा गया था। (129) लेकिन

पूर्णप्रौढ़ता को पहुँचा काव्य हीनतर है! क्योंकि सात्विक नहीं है।

शुक्ल जी के रीतिकाल की कविता में मुगलकालीन, इसलामी, फारसी प्रभाव नकारात्मक मूल्य के ही हैं। रीतिकाल के कवियों का एक अपराध यह भी है कि उनकी भाषा में फारसी के शब्द ज्यादा आने लगे थे। कारण कि मुसलमानी राज्य दृढ़तर हो चला था।

शुक्ल जी को यह देखकर हर्ष होता है कि अनेक कवियों ने अपनी भाषा की सरसता का ध्यान रखते हुए ऐसे शब्दों को कम ही अपनाया। (वही 133)। शुक्ल जी कहते हैं कि इस काल में प्रधानता श्रृंगार की ही रही, इससे इस काल को रस के विचार से कोई श्रृंगार काल कहे तो कह सकता है।श्रृंगार के वर्णन को बहुतेरे कवितों ने अश्लीलता की सीमा तक पहुँचा दिया था। इसका कारण जनता की रुचि थी जिनके लिए कर्मण्यता और वीरता का जीवन बहुत कम रह गया था। (133)।

जनता! लेकिन शुक्ल जी का लोक यह नहीं है। यह तो 'जनता' है अकर्मण्य और वीरता विहीन! आप देखें कि श्रृंगार का विलोमी 'अन्य' वीर है और अकर्मण्यता का 'अन्य' कर्मण्यता!

यह वही मानक हैं जो आर्य संस्कृति की महानता को प्राप्त करने के लिए गढ़े गये हैं। इतिहास का क्रम उसी से प्रतिश्रुत है। श्रृंगार काल नीचा है, क्योंकि जनता में वीरता नहीं रह गयी है। कर्मण्यता नहीं रह गयी है।

लेकिन केशव को अपदस्थ करने की राजनीति का एक 'राजनीतिक' सन्दर्भ विश्वनाथ प्रसाद मिश्र ने और दिया है। उनके उल्लेख से लगता है कि केशव को किनारे करने की राजनीति काफी पुरानी है और इतिहास लेखन से जुड़ी है। साथ ही उसमें कुछ राजनीतिक, साम्प्रदायिक जटिलताएँ भी हैं। केशवदास इस जटिल इतिहास के शिकार लगते हैं। सारा मामला 'कोर्स' की राजनीति का लगता है। कोर्स जिनमें साहित्य के मानक काम करते हैं, साहित्य के केनन काम करते हैं! इसे बाद में हम समझ पाते हैं कि जायसी शुक्ल जी के लिए एक 'तरकीब' थे इतिहास की अनिवार्यता नहीं। अपवाद स्वरूप यह एक मानीख़ेज प्रसंग है जो इतिहास, कोर्स, मानक और छापेखाने की राजनीति को एक साथ खोलता है।

विश्वनाथ लिखते हैं :

> केशवदास का प्राचीन काल में काव्य जगत में जितना महात्म्य था इसकी कल्पना आज नहीं की जा सकती। इस युग में भी उनका जैसा मान पहले था अब वैसा नहीं रहा। केशव को अपदस्थ करने के लिए मलिक

मुहम्मद जायसी हेतु हुए। पहले केशव हर कोर्स में पढ़ाए जाते थे। स्वयं शुक्ल जी उन्हें संस्कृत काव्य परम्परा के कवि मानकर कोर्स में उनकी रामचन्द्रिका लगाते रहे। विश्वनाथ के अनुसार भारतेन्दु तक जायसी का कोई नाम लेवा तक न था लेकिन बाद में स्थिति बदली। (वही। पेज 386–387) विश्वनाथ सारी समस्या को जायसी के उद्धार पर डालते हैं कि जायसी की ग्रन्थावली पहले आ गयी। केशव ग्रन्थावली बाद में आई। इसलिए वे पिछड़ गये (देखिए पेज 386–387)

हो सकता है कि विश्वनाथ जी के लिए ग्रन्थावली का आना न आना कारण रहा हो, लेकिन हम कहेंगे कि असल कारण साहित्य के वे मानक रहे जिन मानकों में आर्य श्रेष्ठता रही। उनमें जायसी आए तो वे 'अच्छे मुस्लिम' की तरह भर लिए गये। (देखिए ओरसेनी का कथन/पेज 191) वे कहती हैं :

> यह सब खिलाफत आन्दोलन और गाँधी के दबाव का परिणाम रहा...(यह उन) एलीट हिन्दी विद्वानों के बीच आसान रहा जो भारतीय फारसी संस्कृति दोनों को जानते थे। लेकिन ज्यादातर हिन्दी पत्र-पत्रिकाएँ इस मित्रता पर सन्देह करती थीं। अच्छे मुसलमान अपवाद की तरह कहे जाते या स्वीकार किए जाते थे। (वही पेज 191)

यानी कि अगर आर्य श्रेष्ठता का विमर्श सामने रखें तो जायसी केन्द्र में नहीं आ रहे थे। वे आते हैं तो गाँधी के दबाव में खिलाफत के प्रभाव में आते हैं। खिलाफत का प्रभाव एक अच्छे मुसलमान की खोज करने को विवश करता है। जायसी अच्छे मुसलमान हैं क्योंकि हिन्दू-लोक की कहानी ही कहते हैं!

लेकिन विश्वनाथ जी केशव को लेकर एक सेकूलर विमर्श की मौजूदगी की ओर इशारा करते हैं :

> जिस भाग में यानी बुंदेलखंड ब्रज में केशव हुए उसमें उस भाग में साम्प्रदायिकता का आग्रह कभी नहीं रहा। साहित्य ही उन्हें यानी केशव को साम्प्रदायिकता से नहीं पृथक करता रहा। इनमें ऐसी उदारता, हृदय की विशालता जन्मभूमि या साहित्य भूमि लाती रही। रीति का आग्रह करने वाले भी यहाँ थे। उससे स्वच्छंद रहने वाले भी यहाँ थे। केशव निम्बार्क सम्प्रदाय में दीक्षित थे। उन्हें रसिकप्रिया में प्रियजू और प्रियाजू की प्रशस्ति लिखी है पर रामचन्द्रिका भी लिखी है। (हिन्दी साहित्य का अतीत-2 विश्वनाथ प्रसाद मिश्र/389)

रामचन्द्र शुक्ल अगर केशव की रामचन्द्रिका पर बरसते हैं तो इस प्रसंग के बाद समझ में आता है कि क्यों?

3

काव्य की रीति सिखी सुकबीन सों

'नव्य-इतिहासवादियों की दिलचस्पी अर्थ (मीनिंग) और उसकी संरचना के सामाजिक और विचाधारात्मक के प्रभावों में होती है। वे उन साहित्यिक कृतियों की 'रीडिंग्स' (पठन) को प्रथमतः प्रस्तुत करते हैं, जो परम्परागत आलोचना के गैर-ऐतिहासिक एवं टेक्स्ट-आधारित नजरिए के विपरीत होते हैं और वे कृतियों की ऐतिहासिक पद्धति से, उनके सांस्कृतिक निर्माण के संदर्भ में व्याख्या करते हैं तथापि वे ज्ञान या इतिहास के महावृत्तान्त के विकास को खारिज करते हैं।' (की कन्सेप्ट्स इन कल्चरल थियरी/सम्पादकः एंड्र्यू एडगर व पीटर सेजविक/1999/ लेखक : पीटर सेजविक/168/

...

'इतिहास साहित्य की पृष्ठभूमि नहीं होता बल्कि वह उसी कार्यव्यापार का विस्तार होता है जिसमें साहित्य अपनी सार्थकता सिद्ध करता है' (न्यू हिस्ट्रीसिज्म/पाल हैमिल्टन/2007/141)

...

इस उत्तर-आधुनिक दौर में रीतिकालीन कविता को पढ़ते हुए तत्कालीन कवि, कविता की रचना प्रक्रिया एवं कविता के फंक्शन सम्बन्धी कई सवाल कौंधते हैं, जिनकी उपेक्षा नहीं की जा सकती।

अगर हम भक्तिकालीन साहित्य का केन्द्रीय भाव (सेंट्रल थीम) 'ईश्वर भक्ति' मानें तो यह सवाल उठता है कि चले आते भक्ति आन्दोलन और भक्तिकाव्य के बाद नितान्त ऐहिक कामनाओं से प्रेरित, सौंदर्यवादी

और शृंगारवादी, नितान्त भौतिक (फिजीकल) कविता से युक्त रीतिकाल कैसे पैदा हो गया, जिसमें भक्ति सिर्फ एक 'आइडिया' भर रह गया?

हिन्दी साहित्य के किसी भी इतिहास में इस बडी साहित्यिक शिफ्ट और उससे पैदा हुई 'टूट' (ब्रेक) आवश्यक संज्ञान नहीं लिया गया है। 'काव्यनिर्णय' में भिखारीदास ने इस 'शिफ्ट' को अपने एक छन्द की आखिरी दो पंक्तियों में इस तरह कहा है :

'आगे के सुकवि रीझिहैं तौ कविताई
नतु राधिका कन्हाई सुमिरन को बहानौ है।'

अर्थात् समकालीन और भविष्य के कवि उनकी कविता को सुनकर मुग्ध हों तो कविता, नहीं तो वह राधिका-कन्हाई के नाम स्मरण का बहाना है! रीतिकालीन कविता पर रीतिकाल के ही एक महत्त्वपूर्ण कवि की यह काव्यात्मक टिप्पणी बताती है कि इस दौर में कवियों का लक्ष्य कविता का 'कवित्व' था, ईश्वर भक्ति नहीं!

हमारा मानना है कि रीतिकालीन कवियों के यहाँ 'भक्ति' और 'कवित्व' के बीच लगभग उसी तरह की रचनात्मक दुविधाएँ रहीं, जैसी आज के कवियों में कवित्व और विचारधारा के बीच दिखती हैं।

उपरोक्त प्रकरण से यह भी सिद्ध होता है कि इस दौर के कवियों की प्राथमिकता कवि होने और कविता करने के थी। इस मानी में वे बेहद सजग कवि थे। कविता करना उनकी प्राथमिकता थी और अगर कविता 'राज दरबार में बड़प्पन' दिलाने वाली कविता नहीं बनी, उसे सुनकर अन्य सुकवि नहीं रीझे तो वह 'राधिका कन्हाई' के नामस्मरण का बहाना मान ली गई। कविता न हुई तो नामस्मरण भी चलेगा! कहा जा सकता है कि इस दौर का कवि अपनी भूमिका के बारे में एकदम सजग था। वह जानता था उसे क्या करना है और अगर उसका लक्ष्य पूरा नहीं हुआ तो उसे भगवान के लिए 'भेंट' बना देगा!

हिन्दी साहित्य के इतिहास में यह सवाल अनुत्तरित ही रह गया है कि इतने जबर्दस्त भक्ति आन्दोलन के बाद आखिर क्यों रीतिकाल या शृंगार काल ने उसकी जगह हथिया ली? कवि का रोल बदल गया। कविता का रूप और रीति बदल गयी। उसकी स्टाइल बदल गयी। कवि किसी ईश्वर की आराधना करने की जगह कविता का होलटाइमर बन गया। कविता कर्म एक 'कुलवक्ती पेशे' या 'प्रोफेशन' की तरह स्वीकृत हो गया...कविता करने के लिए कवियों नियुक्त किया जाने लगा। उनको एक प्रकार की नौकरी दी

जाने लगी। यह आज के अर्थ में नौकरी करना न था। यह एक प्रकार की 'चाकरी' (घाघ) थी। इसे 'आश्रय' कहा गया। आज के प्रोफेशनल्स की तरह वे 'पेड-प्रोफेशनल' न थे। वे किसी न किसी राज दरबार या रईस के 'आश्रय' में रहकर कविता करने का काम करते थे।

इससे कवियों का व्यक्तित्त्व और उनके कविकर्म का रूप आमूलचूल गया! वे ऐसे 'फ्रीलांसर' कवि हो गये जो अपने कविता कौशल के लिए जाने जाते थे। वे अपने वक्त के पहले कुशल (स्किल्ड) शब्द शिल्पी थे। उनके शिल्प की कीमत थी। कवि की भूमिका में यह एक गुणात्मक परिवर्तन था। वे पूरी तरह से पेशेवर कवि थे, जो अपने पेशे को गम्भीरता से लेते थे। यह प्रक्रिया कविता की स्वायत्तता' की दिशा में एक शुरूआत थी! यह अपने ढंग की 'आधुनिकता' भी थी!

भक्तिकाल की कविता के बरअक्स रीतिकालीन कवि और कविता इसी मायने में धार्मिक भावना या विचार से मुक्त 'सेकूलर' और आधुनिक नजर आती है। इतिहास की यह वो 'टूट' है जिसकी अब तक अनदेखी की जाती रही है, लेकिन जिसे अब अनदेखा नहीं छोड़ा जा सकता। रीतिकाल, भक्तिकाल से ऐसा ही 'पार्थक्य' स्थापित करता है और उसे इसी तरह से देखा जाना चाहिए।

नव्य इतिहासवादी दृष्टि से देखें तो हिन्दी साहित्य के इतिहास में घटित यह एक बडी 'टूट' (ब्रेक) है जो हिन्दी साहित्येतिहास के 'कथित सातत्य' पर सवाल उठाती है। हमारा मानना है कि फूको की इतिहास दृष्टि के दावे के बाद कोई भी इतिहास एक अविरल सातत्य की तरह नहीं पढ़ा जा सकता। उसकी टूटों के आलोक में ही उसे पढ़ा जा सकता है।

हम फिर इस दौर के कवियों की भूमिका की ओर लौटें। और यहीं सबसे ज़्यादा आफत है।

शुक्ल जी ने इसमें तीन तरह की कविता करने वाले कवि देखे। एक वे जो लक्षणग्रन्थकार (आचार्य) रहे दूसरे वे जो काव्यशास्त्र के ज्ञाता तो थे लेकिन जिन्होंने लक्षणग्रन्थ न लिखकर लक्षणानुसार सीधे कविता लिखी (रीतिसिद्ध) और तीसरे वे रहे जिन्होंने 'स्वच्छन्द भाव' की कविता की (रीतिमुक्त)।

इन आचार्यों के बारे में शुक्ल जी की यह स्थापना कि इनमें 'मौलिकता का अभाव था' ऐसी साबित हुई कि इस वर्ग के कवियों को अब भी मौलिकता विहीन और शुद्ध नकलची माना जाता है।

अफसोस कि इन कवियों का उस परीक्षा में फेल किया गया, जो इन्होंने कभी दी ही न थी। देरिदाई विखण्डनवादी नजरिए से देखें तो कोई चीज या

विचार 'मौलिक' (ऑरिजिनल) नहीं हो सकता। देरिदा की नज़र में अनुवाद भी एक मौलिक रचना है।

बहुत बाद में, शुक्ल जी के ही एक शिष्य आचार्य विश्वनाथ प्रसाद मिश्र 'हिन्दी साहित्य का अतीत भाग दो' उनकी इस स्थापना का कुछ 'निराकरण' करने का प्रयत्न किया। मिश्र का मानना रहा कि ये मौलिक स्थापना करने वाले आचार्य भले न माने जायें, लेकिन इनको 'शास्त्रकाव्य कवि' अवश्य माना जा सकता है यानी कि ये ऐसे कवि थे जो शास्त्र को काव्य में ढालकर शास्त्रकाव्य रचा करते थे।

आचार्य विश्वनाथ प्रसाद मिश्र ने लक्षणग्रन्थ और शास्त्र में अन्तर करते हुए लक्षणग्रन्थों को उस हीनता से मुक्त करने की एक अच्छी कोशिश की जिसमें शुक्ल जी ने फिक्स कर दिया था। मिश्र जी इस काल में रचे गये लक्षणग्रन्थों को उनकी देशकाल परिस्थिति के बीच रखकर कुछ इस तरह से देखते हैं :

> 'जब देसी भाषाओं ने सिर उठाया तो वे संस्कृत भाषा से ही नहीं संस्कृत साहित्य शास्त्र के ग्रन्थों से भी दूर पड गयीं। सबके लिए संस्कृत साहित्यशास्त्र संस्कृत भाषा के माध्यम से सम्भव नहीं रह गया! इसलिए जो देसी भाषा में रचना करना चाहते थे और संस्कृत साहित्य और भाषा में पारंगत थे उनका यह कर्तव्य हो गया कि अपने अन्य साथियों के लिए जो संस्कृत भाषा और साहित्य नहीं जानते थे साहित्यशास्त्र के ग्रन्थ हिन्दी भाषा में प्रस्तुत कर दें।' (वही, पेज 219)

मिश्र जी ने उपरोक्त टिप्पणी में मौलिकता के अभाव का कारण तो बता दिया लेकिन वे यह नहीं देख पाये कि इस 'मौलिकता विहीन' युग में लक्षणग्रन्थकार (आचार्य)अपने वक्त में कविता की माँग की पूर्ति के लिए, किस तरह से, प्रोफेशनल टीचर के रूप में एकदम नयी ऐतिहासिक भूमिका निभा रहे थे!

आगे हम 'मौलिकता के अभाव' के 'अपराधी' बना दिये गये इन नये प्रोफेशनल काव्याचार्यों की ऐतिहासिक भूमिका और अवदान के बारे में बात करेंगे।

उपरोक्त प्रकरण को एक बार फिर पढ़ें : रीतिकाल की शास्त्रभाषा संस्कृत नहीं रह गयी थी बल्कि ब्रजभाषा हो गयी थी और रीतिकालीन कवि आश्रय यानी नौकरी के लिए जिन क्षेत्रों में जाते थे, वहाँ कवि कर्म का माध्यम ब्रजभाषा ही थी। ये शास्त्र ज्ञान और रचना (अप्लाइड फार्म) के बीच बने

अंतराल को भरते थे। संस्कृत को अच्छी तरह जानने वाले संस्कृत काव्यशास्त्र के ग्रन्थों को पढ़कर, अपने तरीके से उनका ब्रजी में अनुवाद भी किया करते थे ताकि जो कवि अच्छी तरह से संस्कृत नहीं समझ सकते, वे भी काव्यशास्त्र की बारीकियाँ समझ लें और कविता के क्षेत्र में अपने हाथ आजमा सकें।

इतिहास के इस दौर में एक साथ दो बडे काम हो रहे हैं : एक, कि संस्कृत की जगह ब्रजभाषा चलन में आ रही है। दूसरे, कि ऐसे बहुत से कवि भी पैदा हो रहे हैं जो संस्कृत अच्छी तरह नहीं जानते उनके लिए खास ब्रजभाषा के माध्यम से काव्यशास्त्र और काव्यरीति यानी कविता करने के तरीके समझाने के लिए खास लक्षणग्रन्थ लिखे जा रहे हैं। उनकी हस्तलिखित प्रतियाँ (कापी) बनाई, बनवाई जा रही हैं। कवि-शिक्षा के हेतु लिखी जातीं, ये नये प्रकार की टेक्स्टबुकें हैं और महत्त्वपूर्ण यह कि उनके नये शिक्षार्थी कवि (ग्राहक) भी हैं।

कहने की जरूरत नहीं कि ऐसे कथित 'अमौलिक' आचार्यों का यह नया 'पाठक वर्ग' था जो उनके लिखे लक्षणग्रन्थों से काव्य-कौशल में दक्ष होने के लिए जानकारी प्राप्त किया करता था! इन लक्षणग्रन्थों का प्रसार सीमित होता था, क्योंकि वे हस्तलिखित ही होते थे और देर में कापियाँ बना करती थीं।

मिश्र के इस हवाले से इतना जरूर माना जाना चाहिए कि रीतिकाल में ऐसे लक्षणग्रन्थों को इनके पढने और पढ़ाने वाले शिष्य-गुरु बन चले थे, जो शिष्य मूल संस्कृत काव्यशास्त्र के ग्रन्थ पढ़ने में असमर्थ थे, वे इनसे पढ़कर कवि बनते थे। अगर इस समुदाय में हम आश्रयदाता को और उसके दरबारियों को शामिल कर लें, जो ऐसे कवियों की कविता के रसिक और श्रोता हुआ करते होंगे तो यह अनुमान भी आसानी से लगाया जा सकता है कि उस दौर में कवि-कर्म सीखने वालों की, लक्षणग्रन्थों को पढ़कर कविता करने वालों की संख्या इतनी अवश्य होती होगी कि एक छोटी मोटी क्लास सी बन जाय! कविता का एक छोटा मोटा गुरुकुल चल जाय!

जैसा हमने कहा, इस दौर में कविकर्म एक बेहद विशिष्ट (स्पेशलाइज्ड) और कुलवक्ती पेशा बन चला था। इस काम के लिए सिर्फ काव्यार्थियों की ही जरूरत नहीं होती थी, कविता करना सिखाने वाले ऐसे प्रोफेशनल दक्ष शिक्षकों की भी जरूरत थी, जो चाहने वालों को कविता का भावक, रसिक और रचनाकार बना कर, रसिक सभा के नायक बना सकें।

उक्त आचार्यों का काम दोहरा था। कविता तो करनी ही होती थी, साथ कविता को सराहने वाला एक रसिक समाज भी बनाना होता था। कविता को

सुनने वाले सराहने वाले तभी सम्भव हो सकते थे, जब कवि उसके लिए उचित और आवश्यक वातावरण तैयार करते।

तब न सार्वजनिक शिक्षा की व्यवस्था थी कि जिसके फलस्वरूप कविता को पढ़ने वाला एक बना बनाया पाठक मिल सकता। न प्रिंट ही था कि किताब के रूप में छप कर कविता सब तक पहुँच सकती। और कविता के पाठ के लिए न कोई 'पब्लिक स्पेस' था, न सार्वजनिक मंच थे। जो भी मंच और माहौल था, वह या तो राजाओं के दरबारों में था या अमीरों की बैठकों में था।

यही कविता के कारोबार की जगह थी। ऐसे आचार्य और कवि मिल कर ही उस दौर के 'बुद्धिजीवी' और 'एलीट वर्ग' बनते थे। यही कविता का प्राइवेट/पब्लिक 'स्पेस' था। कविता का स्पेस ही कविता का रूप तय किया करता है। इस कविता की रचना प्रक्रिया और रूप को यही स्पेस तय करता था। काव्यरीति और काव्यनीति सब यहीं बनती थी।

खेद की बात है कि रीतिकाल के उपलब्ध मूल्याकनों में उस दौर के कवियों के आचार्यत्व की 'मौलिकता' और 'अमौलिकता' खोजने पर जितना ध्यान दिया गया, उतना उनके 'कवि शिक्षक' रूप पर ध्यान नहीं दिया गया। इसी वजह से रीतिकालीन आचार्यों का कवि शिक्षक वाला पक्ष एकदम उपेक्षित रहा।

अफसोस! इन आचार्यों को उस परीक्षा में फेल किया जाता रहा, जिसमें वे कभी बैठे तक नहीं थे!

कवि शिक्षा की रीति

सारा पचड़ा 'रीति' शब्द के 'कुपाठ' से आरम्भ हुआ। शुरू शुरू में रीति से मतलब रीति-सम्प्रदाय से लिया जाता रहा। लेकिन सच यह है कि रीतिकाल के लिए प्रयुक्त 'रीति' शब्द वामन के 'रीतिरात्माकाव्यस्य:' के रूप में प्रयुक्त न होकर, उससे कहीं अधिक व्यापक अर्थ में प्रयुक्त होता था। जरा देखिए :

> 'यहाँ काव्य-रचना-सम्बन्धी नियमों के विधान को ही समग्रतः रीति नाम दे दिया गया है। जिस ग्रन्थ में रचना सम्बन्धी नियमों का विवेचन हो वह रीतिग्रन्थ और जिस काव्य की रचना इन नियमों से आबद्ध हो वह रीतिकाव्य है...'
>
> 'इस प्रकार रीति शब्द का विशिष्ट प्रयोग हिन्दी का अपना प्रयोग है और यह नया नहीं है। रीतिकाल के अनेक कवियों ने प्रायः आरम्भ से

ही काव्य की रीति, कविता–रीति आदि का प्रयोग स्पष्ट रूप से इसी अर्थ में किया है :

1. अपनी अपनी रीति के काव्य और कवि रीति! (देव/शब्द रसायन)
2. काव्य की रीति सिखी सुकबीन सों देखीसुनी बहु लोग की बातें! (दास /काव्य निर्णय)
3. कवित रीति कछु कहत हों व्यंग्य अर्थ चित लाय! (प्रतापसाहि/व्यंग्यार्थ कौमुदी)

'...रीति से इनका तात्पर्य स्पष्टत है : प्रकार–प्रणाली का...मिश्रबन्धुओं ने इस युग का नाम अलंकृतकाल रखते हुए भी इन कवियों के ग्रन्थों को रीतिग्रन्थ और उनके विवेचन को रीति कथन कहा है...आचार्य लोग तो कविता करने की रीति सिखलाते हैं, मानो वह संसार से यह कहते हैं कि अमुकामूक विषयों के वर्णनों में अमुक प्रकार के वर्णन उपयोगी हैं और अमुक प्रकार के अनुपयोगी। ऐसे ग्रन्थों से प्रत्यक्ष प्रकट है कि वह विविध वर्णनों वाले ग्रन्थों के सहायक मात्र हैं, न कि उनके स्थानापन्न। कहने का तात्पर्य यह है कि 'रीति' शब्द, जैसा कि कुछ लोगों का विचार है, शुक्ल जी का आविष्कार नहीं है।' (रीतिकाव्य की भूमिका/नगेन्द्र/137–8)।

बाद के आचार्यों ने इसे रीतिकाल की जगह अलंकार काल या श्रृंगारकाल कहा लेकिन नाम रीतिकाल ही चला!

हमारी शिकायत नाम की नहीं है, इस काल के काम को न देख पाने की है। जब इतने कवि और इतने लोग मानते रहे कि इस काल में कवि आचार्यों का एक बड़ा काम कविता करने की प्रणाली की शिक्षा देना था, तो उसमें उनके मौलिक होने की परीक्षा क्यों ली गई? देखा तो सिर्फ यह जाना था कि इनके रचे कवि शिक्षा सम्बन्धी ग्रन्थों से कैसा काव्य वातावरण बना एवं किस प्रकार के कवि, किस प्रकार के रसिक और भावक पैदा हुए? यानी हिन्दी कविता की रचना प्रक्रिया से लेकर उसके अर्थ ग्रहण करने का, 'रिसेप्शन' का स्पेस कितना और किस प्रकार का बना?

कविता का यह स्पेस इस समय के छोटे छोटे राजा, सामन्त, रईस, मुहैया किया करते थे। वे मुगल राजदरबारों की प्रतिच्छाया मात्र थे। विलास के बहुत से साधनों में 'कविता सबसे अधिक परिष्कृत उपकरण थी, वह केवल विनोद का रसाला ही नहीं थी, परिष्कृत बौद्धिक का साधन तथा व्यक्तित्व का श्रृंगार भी थी। ये राजा और रईस अपनी संस्कृति और अभिरुचि को

समृद्ध करने के लिए रससिद्ध व्युत्पन्न कवियों का सत्संग और काव्य का आस्वादन अनिवार्य समझते थे, उससे उनका व्यक्तित्व कलात्मक एवं संस्कृत बनता था' (वही/140)।

नगेन्द्र आगे कहते हैं :

'रीति-काल के कवि वे व्यक्ति थे जिनको प्रायः साहित्यिक अभिरुचि पैतृक परम्परा के रूप में प्राप्त थी–काव्य का परिशीलन और सृजन उनका शगल नहीं था, स्थायी कर्तव्य-कर्म था। ये लोग यद्यपि निम्नवर्ग के सामाजिक होते थे। परन्तु अपनी काव्यकला के द्वारा ऐसे राजाओं अथवा रईसों का आश्रय खोज लेते थे, जिनकी सहायता से इनकी काव्य-साधना निर्विघ्न चलती रहे। इनका सम्पूर्ण गौरव इनकी काव्यकला पर ही निर्भर रहता था–इसी कारण इनकी कविता इनके लिए कविता मूलतः एक ललित कला थी' (वही/140-141)

'...हिन्दी साहित्य के प्राचीन इतिहास में यही युग ऐसा था, जब कला को शुद्ध कला के रूप में ग्रहण किया गया था। अपने शुद्ध रूप में रीति कविता न तो राजाओं को और सैनिकों को उत्साहित करने का साधन थी–न धार्मिक प्रचार और भक्ति का माध्यम थी, न सामाजिक सुधार की परिचारिका ही। काव्यकला का अपना स्वतन्त्र महत्व था–उसकी साधना उसी के अपने निमित्त की जाती थी, वह अपना साध्य आप थी।' (वही/141)। स्पष्ट है कि कविकर्म कवि शिक्षण कर्म इस काल में एक पेशा था।

जैसा हम पहले कह आए हैं कि इस दौर में एक ऐसा समाज बन चला था, जो संस्कृत में तो दक्ष नहीं था लेकिन रसिक था, जो कवित्व भाव रखता था, कविता के बारे में जानता था। ऐसे अनेक 'अन्य साथियों को' कवि शिक्षा देने के लिए जो किताबें यानी लक्षणग्रन्थ बनाये जाते थे। इनके रचनाकार इनकी मौलिकता का दावा नहीं करते थे, लेकिन कविकर्म के लिए जरूरी उपादानों को समझाने की क्षमता रखते थे। पांडित्य सिद्ध करने के लिए ये कवि शिक्षणग्रन्थ नहीं लिखे गए थे। उनकी माँग सीमित थी, लेकिन माँग थी जरूर! इसीलिए उनको लिखा जाता था। अगर वे संस्कृत के आचार्यों की तरह लिखे जाते तो भी उनकी भी कुंजियाँ बनतीं, टीकाएँ लिखी जातीं और व्याख्याएँ की जातीं। यानी जब भी कविता करने का कौशल सिखाने की किताब बनायी, जाती वह एक सरल कुंजी की तरह ही बनती।

मौलिक सिद्धान्तिकियों की स्थापना करने वाले संस्कृत ग्रन्थों की कुंजियाँ

बनाने की परम्परा संस्कृत में खूब चली। आचार्य बलदेव उपाध्याय ने बताया है कि अकेले मम्मट के काव्य प्रकाश की न जाने कितनी टीकाएँ हो गयी, लेकिन उसका मर्म अब तक पकड़ में न आया। संस्कृत को अच्छी तरह न जानने वाला ब्रजी की कविता के मर्म को कैसे समझ पाता? रीतिकालीन आचार्यों ने समाज की इसी माँग को पूरा करने के लिए लक्षण ग्रन्थ लिखे। ऐसे आचार्य एक प्रकार से पाठ्य पुस्तकों के लेखक यानी 'टेक्स्ट लेखक' और टीचर हुए! क्या यह घटिया काम था? जी नहीं।

फिर जिस भाषा में कविता होती है, अगर उसी में लक्षण या मानक गढ़े जायें तो वे अधिक सटीक और 'अप्लीकेबल' होते हैं। आप ग्रीक में अरस्तू को पढ़ भले लें, हिन्दी कविता के मूल्यांकन में उसका सीधा 'अप्लीकेशन' शायद ही कर सकें! ये कवि ब्रज की कविता के लिए ब्रज भाषा में अपने काव्य लक्षण और उनसे सम्बन्धित अन्य काव्यांगों तथा विषय वस्तुओं के बारे में सूचनाएँ देकर 'मानक' गढ़ रहे थे! इसमें क्या गलत? कैसा अपराध?

ये हिन्दी के साहित्य के मौलिक प्रोफेशनल थे। ये इस दौर में काव्यकर्म को सिखाने और पढने पढ़ाने वाले प्रोफेसर (आचार्य) थे। यह कविता की रचनाप्रक्रिया और अर्थप्रक्रिया का नया स्पेस था। इस मौलिकता को कम करके नहीं आँका जा सकता।

साहित्य के इतिहास में पहली बार साहित्य-शिक्षा की एक नये किस्म के डिमाण्ड पैदा हुई। इसकी पूर्ति के लिए एक खास तरह के ग्रन्थ लिखे गये। माना कि तब साहित्य संस्कृति की शिक्षा का आज की तरह का 'मास मारकेट' नहीं था लेकिन माँग और पूर्ति के नियम को दोनों में समान रूप से काम करते देखा जा सकता है!

काव्य कला का ऐसा शिक्षण हिन्दी साहित्य के इतिहास पहला बड़ा 'कला उद्योग' था जिसकी माँग इस दौर में बनी थी। छोटे छोटे राजा और अमीर उमराव उस माँग और स्पेस को बनाते थे, जिसमें काव्य शिक्षार्थी रोजगार पाते थे। यह उस दौर का सामन्त वर्ग था जिसमें कला कौशलों के सान्निध्य और रख रखाव की हुलस थी, ललक थी। सामन्तयुग में राजा ही विद्याओं और कला कौशलों के संरक्षक हुआ करते थे। तब न आज की तरह स्कूल हुआ करते थे न विश्वविद्यालय हुआ करते थे न 'दीक्षित' (ट्रेन्ड) अध्यापक हुआ करते थे जो आज की तरह से बड़े पैमाने पर एम.ए. हिन्दी कराते पीएच.डी. कराते और इस तरह से उनमें साहित्यकार होने के लिए अपेक्षित साहित्याभिरुचि या काव्याभिरुचि पैदा करते। तब की माँग सीमित थी, लेकिन

थी अवश्य। और इसीलिए हमने इन आचार्यों को पहले ऐसे 'प्रोफेशनल्स' माना है, जो उस वक्त की एलीट में काव्याभिरुचि विकसित करने और कला कुशल बनाने के लिए आमभाषा में कविता के विषय, उसके उपकरणों और उपादानों के बारे में बताने के लिए अपने ढंग से मानक टेक्स्ट लिखा करते थे। बहुत सम्भव है कि ये आचार्य शिष्य/शिष्याओं को पढ़ाते-समझाते हों यानी एक तरह के ट्यूटोरियल लगाते हों। शुक्ल जी, विश्वनाथ प्रसाद मिश्र और रामनरेश त्रिपाठी की टिप्पणियों में यत्र-तत्र उल्लिखित ग्रन्थों के ऐसे कई किस्से दर्ज हैं जो इनमें से कई आचार्यों की शिष्य परम्परा का संकेत देते हैं। किंवदन्तियाँ भी एक इतिहास कहा करती हैं!

कहा जा सकता है कि रीतिकालीन लक्षणग्रन्थ ऐसी टेक्स्ट अवश्य रहे जिनको वक्त जरूरत पढ़ा जाता था, जिनमें रस, अलंकार और नायक नायिका भेदादि के बारे में बताया जाता था। उनके लेखक संस्कृत के आचार्यों की तरह नयी थियरीज ईजाद भले ही न कर पाये हों, लेकिन कविता की रचना प्रक्रिया और उसके अंग उपांगों के बारे में न्यूनतम जानकारी देकर, उपलब्ध रसिकों की माँग को पूरा करने में सक्षम थे।

यह तो स्वतःस्वत स्पष्ट तथ्य है कि अगर हिन्दी का पाठक रस, छन्द, अलंकार और नायिका भेदादि के बारे में कुछ नहीं जानता, तो हम केशव के छन्दों की चमत्कारप्रियता, बिहारी के दोहों के लक्ष्यार्थ और व्यंग्यार्थों सुन्दर पदमैत्री से युक्त देव के सवैयों का सौन्दर्य, सेनापति और पदमाकर के ऋतुवर्णन और घनानंद के व्यंजनार्थों को न सराह सकते। छन्द की जानकारी के बिना हम उनकी लयात्मकता और उनके अन्तरग संगीत का न आनन्द ले सकते हैं, न अर्थ का अवगाहन ही कर सकते हैं। हम यह भी नहीं समझ सकते कि सवैया किस तरह श्रृंगार और करुण रस के लिए सबसे बेहतरीन छन्द है और घनाक्षरी या छप्पय वीर रस के लिए किस तरह माकूल छन्द है, और कौन से अलंकार कविता में किस किस तरह से नये नये अर्थसौन्दर्य पैदा कर सकते हैं। बिना काव्यरीति के न्यूनतम ज्ञान के हम इस 'रहस्य' को नहीं समझ सकते कि जिस केशव को 'कठिन काव्य के प्रेत' सजा दी गई, उन्हीं की अलंकारप्रियता पांडित्य का क्यों बड़ा उदाहरण कही जाती थी?

कवियों के बीच केशव की काव्यक्षमता का ऐसा रुतबा था, उनके लक्षणग्रन्थ सचमुच टेक्स्ट की तरह पढ़े जाते थे और उनको कवियों के लिए एक मानक माना जाता था, जिसके कारण यह उक्ति तक प्रचलन में रही कि 'कवि को देनन चहे विदाई पूछे केसव की कविताई!' यानी अगर आपको

किसी कवि से पीछा छुड़ाना है या उसकी योग्यता की परीक्षा लेनी है, उससे केशव की कविता का कोई छन्द पूछ लें। ऐसा सुनते ही कच्चा कवि तुरन्त भाग खड़ा होगा!

शुक्ल जी द्वारा कथित 'सीमाओं' के बावजूद (देखिए/हिंसाइ/ 114–115), केशव रीतिकाल के एक बड़े शिक्षक के रूप में उभरते हैं। केशव के आचार्यत्व की पापूलरिटी के बारे में आचार्य विश्वनाथप्रसाद मिश्र ने अपने 'हिन्दी साहित्य के अतीत भाग दो' में इस प्रसंग के बारे में किंचित विस्तार से जिक्र किया है कि उनके लक्षण ग्रन्थों का कैसा असर रहा? कहने की जरूरत नहीं कि केशव के कुछ लक्षण ग्रन्थ रीतिकाल के उत्तरवर्ती कवियों तक के लिए पठनीय टेक्स्ट की तरह बने रहे।

इस प्रसंग में ध्यान रखने की बात यह है कि ऐसे आचार्य जब किताब लिखा करते थे तो किसी बाजार के लिए नहीं लिखा करते थे बल्कि लक्षित पात्र के लिए लिखा करते थे, चाहे वह आश्रयदाता हो या कोई निजी व्यक्ति हो।

कवि शिक्षा किस प्रकार से होती थी? लक्षणग्रन्थ किस तरह से लिखे जाते थे? इसका एक उदाहरण केशव रचित 'कविप्रिया' है जो उन्होंने 'अपनी साहित्य शिष्या प्रवीनराय पातुर के लिए बनायी थी। यह इनके आश्रय दाता इन्द्रजीत सिंह की प्रधान दरबारी पातुर थी। यही वह पातुर है जिसके सम्बन्ध में जनश्रुति है कि अकबर के दरबार में जब यह उपस्थित की गई और बादशाह ने इसे अपने यहाँ रहने को कहा तब उसने तुरन्त एक दोहा बनाकर उत्तर दिया :

'बिनती राय प्रबीन की सुनिये साह सुजान!
जूठी पतरी खात हैं बारी बायस स्वान!!'

कहते हैं कि दोहा सुनकर बादशाह ने प्रवीन राय को जाने दिया प्रवीन राय के अतिरिक्त और भी कई दूसरी पातुरें उस दरबार में थीं पर यह कवयित्री थी। 'रामचन्द्रिका' का रामकलेवा इसी का लिखा कहा जाता है।' (देखिए, उपरोक्त, पेज 78–79)

केशव की कविप्रिया इसी के लिए लिखी गयी थी जिसका काव्यार्थियों द्वारा बाद तक भी पारायण होता रहा।

यह शुक्ल जी ने भी माना कि : इसमें संदेह नहीं कि काव्यरीति का सम्यक समावेश पहले पहल आचार्य केशव ने ही किया। पर हिन्दी में रीतिग्रन्थों की अविरल और अखण्डित परम्परा का प्रवाह केशव की 'कविप्रिया' प्रायः पचास वर्ष पीछे ही चला' (हिन्दी साहित्य का इतिहास पेज 129)

यहाँ हमारा मुख्य अभिप्राय आचार्यत्व की पदवी का निर्धारण करने

की जगह ऐसे आचार्यों की कवि-शिक्षा देने की वृत्ति पर विचार करना है। रीतिकाल प्रथमाचार्य कौन था? यह सवाल शुक्ल जी के इतिहास लेखन के लिए महत्वपूर्ण रहा हो हमारे लिए यहाँ यही देखना ही अभीष्ट है कि कवि शिक्षा-सम्बन्धी तत्कालीन कारोबार में केशव की क्या भूमिका थी?

आचार्य विश्वनाथ प्रसाद मिश्र, 'हिन्दी साहित्य का अतीत भाग दो' में जब रीतिकालीन आचार्यों का परिचय देते हैं तो यह भी बताते चलते हैं कि किस किस ने कब कब कौन से कवि-शिक्षा विषयक ग्रन्थ लिखे। और कवि शिक्षा विषयक इन ग्रन्थों में कौन कौन से विषय समाविष्ट रहते थे?

इन अचार्यों के इन ग्रन्थों के बारे में दी गई जानकारियों संक्षेप में इस प्रकार कही जा सकती हैं :

केशव की 'कवि प्रिया' को एक लक्षणग्रन्थों का एक माडल या आदर्श मानें तो ऐसे ग्रन्थों में प्राय: 'वन्दना, नृपवंश और कविवंश का वर्णन हुआ करता था' (वही, मिश्र। पेज 80-81)। अलंकार वर्णन छन्द वर्णन षड्ऋतुवर्णन और नखशिख वर्णन आदि रहा करते थे नखशिख वर्णन में नायिका के नख से शिख तक का वर्णन हुआ करता था। ये ग्रन्थ इन अंगों के वर्णन करने के तरीके बताते थे। नख से शिख तक अंग-प्रत्यंगों की आदर्श परिकल्पना यानी एक परफेक्ट स्त्री मॉडल की कल्पना इनका लक्ष्य होता था, इसे देख समझकर कवि अवसर पड़ने पर स्त्री का वर्णन कर सकता था!

आचार्य : कविता के पेशेवर शिक्षक

जिस तरह आज विभिन्न विश्विद्यालयों के हिन्दी विभागों में हिन्दी साहित्य पढ़ाया जाता है या बहुत से संस्थानों में हिन्दी में कविता लिखना कहानी लिखना सिखाया जाता है या अंग्रेजी 'हाउ टू राइट पोयट्री' या 'स्टोरी' या 'नोवेल' आदि सिखाया जाता है, उसी तरह रीतिकाल में 'कविशिक्षा' के अन्तर्गत कविता करने की कला सिखाई जाती थी। हाँ उस दौर में शिष्यों-शिक्षार्थियों की संख्या सीमित थी। आज वह असीमित है। हिन्दी विभागों में आज भी एमए एमफिल् पाठयक्रमों के अन्तर्गत कई विषय लगभग उसी तरह के और उसी तरह से पढ़ाए जाते हैं, जिस तरह के रीतिकाल में प्रचलित थे जैसे रस, साधारणीकरण, व्यभिचारी, नायक-नायिका भेद, छन्द, अलंकार, ध्वनि वक्रोक्ति आदि सम्प्रदाय और इन्हें पढ़ाने वाले कोई भामह, दण्डी, उद्भट, रुद्रट, आनन्द वर्धन, कुंतक, पंडित विश्वनाथ या मम्मट नहीं होते। आज के

अध्यापक न भानुदत्त की 'रसमंजरी' को पढ़े होते हैं न केशव की कविप्रिया को ही पढ़े होते हैं, न नगेन्द्र के रस, सिद्धान्त, को ही गहराई से समझ पाते हैं। कविशिक्षा सम्बन्धी उक्त विषयों को या तो उपलब्ध परीक्षोपयोगी नोट्स की किताबों से पढ़ाते हैं या उनकी कुंजियों के सहारे पढ़ाते हैं। इस साहित्य शिक्षण से हिन्दी का विद्यार्थी यदि बन पाता है तो अधिकतम एक 'रसिक' मात्र बन पाता है या शायद उतना भी नहीं बन पाता। इनमें से कुछ पुस्तक समीक्षक भी बन जाते हैं लेकिन रस छन्द अलंकार का बोध भूलकर! यह दो अलग युगों की बात हुई! मर्म की बात इतनी भर है आज भी कविता कहानी लिखने की कला पढ़ाई जाती है, तो उसमें इन काव्यांगों आदि का किसी न किसी रूप में जिक्र रहता ही है। कह सकते हैं कवि शिक्षा तभी खत्म नहीं हो गयी, वह अब तक किसी न किसी रूप में चली आती है।

यदि आज की स्थिति से रीतिकालीन कवि शिक्षा की स्थिति की तुलना की जाए तो रीतिकालीन काव्यशिक्षण कहीं बेहतर नजर आयेगा। उसमें दीक्षित होकर अनेक शिक्षार्थियों को अच्छा रसिक, भावक और कवि बनने में मदद अवश्य मिली होगी, वरना रीतिकाल के उत्तरवर्ती काल तक में पक्के छन्द लिखने वाले नहीं मिलते और यह बहस न खड़ी होती कि खड़ी बोली में ब्रजभाषा जैसी लक्षणात्मक और छन्दात्मक कविता लिखी जा सकती है कि नहीं? ऐसी कविता बिना अभ्यास के सम्भव नहीं थी।

यद्यपि आज के हिन्दी पाठ्यक्रम सिर्फ रस, छन्द, अलंकार तक सीमित नहीं है। साहित्य क्या है? गद्य क्या है, कहानी, उपन्यास क्या हैं? कितनी विधाएँ हैं? उनकी रचना प्रक्रिया क्या है? इतिहास क्या है? परम्परा क्या है? लेखक की विचारधारा क्या है? उसकी भूमिका क्या है? इनको पढ़ाने समझाने के लिए मास्टर प्रोफेसर लगाए जाते हैं! समकालीनता और विचारधारा के प्रकोप के कारण रस, छन्द, अलंकारादि किनारे कर दिये गये हैं। सिर्फ एक संस्कृत विद्वान प्रोफेसर राधावल्लभ त्रिपाठी ही ऐसे नजर आते हैं जो समकालीन हिन्दी कविता में अंलकारों के प्रयोग और उपयोग 'पढ़' सकते हैं, आम हिन्दी कवियों और आलोचकों की पदावली में अब अलंकार और उनका सजग बोध तक नहीं दिखता!

अजीब बात है कि हिन्दी के जो अध्यापक (आलोचक) रीतिकाल के इन आचार्यों अध्यापकों के ग्रन्थों के बारे में पढ़ पढ़कर विभागों में हिन्दी पढ़ाने लिखाने लायक हुए, वही इनको इस कदर निन्दित करते हैं! यह कैसी गुरुदक्षिणा है?

हमारी नजर में रीतिकालीन आचार्य जैसे और जितने 'मौलिक/अमौलिक' रहे, वे अच्छे एक कवि शिक्षक अवश्य रहे। ये ब्रजी के माध्यम से कवि-शिक्षा देने वाले पहले प्रोफेशनल लोग थे। एक प्रकार से नौकरीपेशा लोग थे। उनको हर महीने की पहली तारीख को तनखा न दी जाकर, आश्रयदाता द्वारा समय समय पर बख्शीश, भेंट, इनाम और खैरातें दी जाती थीं। इनमें से कुछ तो इस कदर 'वैलपेड' थे कि आज के आचार्य (कवि या प्रोफेसर) सात जन्म नहीं हो सकते।

केशव ओरछा नरेश के यहाँ बड़े ओहदेदार रहे। और यह प्रसिद्ध ही है कि बिहारी को एक दोहे पर एक अशर्फी इनाम दी जाती थी। ऐसी किंवंदती किसी और ने नहीं स्वयं शुक्ल जी ने उल्लिखित की है। पदमाकर इतने मान सम्मान वाले और इतने रुतबेदार थे कि जब वे कहीं जाया करते थे तो उनके साथ किसी छोटे मोटे राजा की तरह हाथी घोड़े और हथियार बन्द सैनिक चला करते थे। उनके बारे में यह किस्सा प्रसिद्ध है कि जब एक बार पद्माकर अपना लाव लश्कर लेकर दूसरे राजा की सीमा के पास पहुँचे तो उसके हरकारों ने उसे खबर दी कि सीमा पर हमला करने के लिए कोई दूसरा राजा चढ़ आया है। इसे सुन उस राजा ने भी अपनी पलटन सजाई और मुकाबला करने के लिए सीमान्त पर जा पहुँचा। वहाँ जाकर मालूम हुआ कि जो आए हैं वे हमालवर नहीं है महाकवि हैं, जिनके साथ उनकी पलटन चला करती है। यह जानने के बाद वह राजा उनको ससम्मान अपने यहाँ लाया और पदमाकर की बड़ी आवभगत की। भूषण के बारे में तो कहावत ही है कि उनकी पालकी को स्वयं छत्रसाल ने एक बार कन्धा लगाया था। इसी बात को देख भूषण ने कहा था कि 'सिवा कों सराहों कि सराहों छत्रसाल कों'।

कहने का मतलब यह कि इनमें से कुछ कवि और आचार्य 'वैलपेड' थे। इस दौर में कवियों की बड़ी कीमत होती थी। समाज में बड़ा आदर था। उनका दरजा ऊँचा माना जाता था। वे राज दरबारों की शोभा हुआ करते थे।

और ये मामूली लोग नहीं होते थे। वे खूब पढ़े लिखे और बहुज्ञानी हुआ करते थे। लक्षण ग्रन्थों में कविशिक्षा सम्बन्धी दिये जाते विषय अपने आप में प्रमाण हैं कि वे स्वयं भी कई तरह के काम कर पाते थे। ज्ञानानुशासनों में अपेक्षित रूप से दक्ष हुआ करते थे। तभी वे राजदरबार के मुसाहिबी से युक्त 'कंपटीटिव' माहौल में अपने कवि होने को हर दिन सिद्ध कर पाते थे ये 'कवियों के कवि' सचमुच हुआ करते थे।

हम फिर 'कविप्रिया' की ओर लौटें और देखें कि कविप्रिया के मुख्य विषय क्षेत्र क्या हैं?

'कविप्रिया' में नख से शिख तक नायिका के कुल इक्कीस अंगों का वर्णन नियत किया गया। अगर हम इस लिस्ट को देखें तो आज के 'ब्यूटीपार्लरों' में किए जाने वाले 'मेकओवर्स' के आइटमों की लिस्ट काफी पिछड़ी नजर आती है।

'कविप्रिया का नखशिखवर्णन चिरकाल से प्रसिद्ध है'(देखिए/ हिंसाइ/ मिश्र/81)। नायिका के नाखून से सिर तक अंगोपांगों की लिस्ट पढ़कर आज के टॉप के शृंगार प्रसाधक (ब्यूटी पार्लर्स)और मिस इण्डिया और मिस वर्ल्ड जैसे आयोजन करने वाले तक अल्पज्ञानी प्रतीत होते हैं।

नख से शिख तक में स्त्री के अंगोपांगों का शृंगार किया जाता है। जिन प्रसाधनों और आभूषणों से उनकी सज्जा की जाती है और जिन जिन उपमानों से उनकी तुलना की जा सकती है, उनकी लिस्ट इतनी बड़ी है कि आचार्यों की डिटेल्स की प्रतिभा पर आश्चर्य होता है। जरा देखें :

> 'जावक, पद, अँगुली, नूपुर, जेहरी, उरु, नितम्ब, कटि, रोमराजि, कुच, भुज, करभूषण, नखांगुलि, मुद्रिका, मेंहदीरंजित पाणि, ग्रीवा, पीठ, चिबुक, अधर, दसन, हाथ, मुखवास, मुखराग, रसना, वाणी, कपोल, नासिका, नकमोती, लोचन, अजन, भ्रूयुग, कर्ण, लिलार, अलक, मुखमण्डल, केशपाश, शिरशोभा, वेणी, बेंदा, शिरोभूषण, अंगवास, वसन, समस्तभूषण, अंगदीप्ति, गति, सम्पूर्णमूर्ति...' (देखिए/वही/ 84-85)।

किस अंग के लिए कौन सा प्रसाधन, कौन सा आभूषण सही होता है, उन अंगों के लिए कौन-कौन से उपमान सटीक हो सकते हैं...आप गिनते-गिनते थक जायेंगे लेकिन लिस्ट खत्म नहीं होगी।

ऐसे लक्षणग्रन्थकारों के बारे में शुक्ल जी ने लिखा 'हिन्दी में लक्षणग्रन्थ की परिपाटी पर रचना करने वाले जो सैकड़ों कवि हुए हैं आचार्य की कोटि में नहीं आ सकते।' लेकिन अगले ही वाक्य में वे इनकी सार्थकता बताते हुए लिखते हैं : 'वे वास्तव में कवि ही थे'...इसके बाद वे फिर टिप्पणी करते हैं: 'इन रीतियों पर ही निर्भर रहने वाले व्यक्ति का साहित्य ज्ञान कच्चा ही समझा जाना चाहिए' (हिंसाइ/शुक्ल/130)। इतना कह कर, अपनी उक्त स्थापना को कुछ सन्तुलित करते हुए शुक्ल जी इन लक्षणग्रन्थकारों के 'कवि' होने की बात को एक बार फिर से बल पूर्वक दुहराते हैं कि :

> 'इन रीतिग्रन्थों के कर्ता भावुक सहृदय और निपुण कवि थे उनका उद्देश्य कविता करना था न कि काव्यांगों का शास्त्रीय पद्धति पर निरूपण करना। अत: उनके द्वारा एक बड़ा भारी कार्य यह हुआ कि रसों (विशेषत: शृंगार रस) और अलंकारों के बहुत ही सरस और हृदयग्राही

उदाहरण अत्यन्त प्रचुर परिमाण में उपस्थित हुए। ऐसे सरस और मनोहर उदाहरण संस्कृत के सारे लक्षण ग्रन्थों से चुनकर इकट्ठे करें तो भी उनकी इतनी अधिक संख्या न होगी। अलंकारों की अपेक्षा नायिका भेद की ओर कुछ अधिक झुकाव रहा। इससे शृंगार के अन्तर्गत बहुत मुक्तक रचना हिन्दी में हुई। इस रस का इतना अधिक विस्तार हिन्दी साहित्य में हुआ कि इसके एक अंग को लेकर स्वतन्त्र ग्रन्थ रचे गये। इस रस का सारा वैभव कवियों ने नायिकाभेद के भीतर दिखाया...नायिका शृंगार रस का आलम्बन है। इस आलम्बन के अंगों का वर्णन स्वतन्त्र विषय हो गया। और न जाने कितने ग्रन्थ नखशिख वर्णन के लिखे गए! इसी प्रकार उद्दीपन के रूप में षड्ऋतु वर्णन पर भी कई अलग पुस्तकें लिखी गयीं। विप्रलम्भ सम्बन्धी 'बारहमासा' भी कुछ कवियों ने लिखे।'

(देखिए, शुक्ल, पेज 131-132-133)।

इस तरह, शुक्ल जी उनके आचार्यत्व को तो नहीं मानते लेकिन उनके कवित्व में उनको भी शंका नहीं है। यही नहीं वे बहुत दूर तक इनकी काव्यप्रतिभा पर मुग्ध भी नजर आते हैं। यानी कि ये 'आचार्य' भले न हों कुशल 'कवि' अवश्य थे और कवि शिक्षण के लिए इन्होंने जो कुछ लिखा, वह अच्छी कविता अवश्य थी!

कहा जा सकता है कि ये ऐसे कवि-शिक्षक थे, जो स्वभाव से कवि थे और कविशिक्षा सम्बन्धी कविता लिखकर कविता करने की कला सिखाया करते थे। उनके लक्षणग्रन्थों में लिखे उनके उदाहरण ही पाठ्य (टेक्स्ट) थे। इसीलिए ये बेहतरीन शिक्षक होते थे। ऐसे सोदाहरण समझाने वाले शिक्षक के मुकाबले क्या कोरे सिद्धान्त पेलने वाले अच्छे शिक्षक हो सकते थे? शायद नहीं।

कविता के लक्षण का कुछ कथन कर साथ ही उसका उदाहरण रचकर बताना और समझाना इनकी एक बेहतरीन शिक्षण पद्धति थी। अच्छे अध्यापक आज भी साहित्य को इसी तरीके से पढ़ाते हैं!

उपरोक्त से यह निष्कर्ष निकलता है कि ऐसे उदाहरण ही कवि शिक्षा की मुख्य टेक्स्ट बने होंगे और ये कवि आज के टीचरों की तरह भले ट्यूशन न पढ़ाते हों, लेकिन श्रुत-परम्परा की ऐसी व्यवस्था अवश्य रही होगी जिससे पीढ़ी-दर-पीढ़ी कवि शिक्षण चलता रहे और कवि बनते रहें!

कहने की जरूरत नहीं कि हिन्दी साहित्य के इतिहास का यह पहला 'कविता उद्योग' था जो एकदम 'कस्टमाइज्ड' था यानी ग्राहक की माँग के हिसाब से चलता था। कविशिक्षण का काम एक महत्वपूर्ण काम था। यह निजी उद्यम

था और ये कवि अपने आप में 'उद्यमी' थे। यह कला के 'आंत्राप्रन्योर' थे।

उस दौर में कवि और कविता की माँग मौजूद थी, वरना ऐसा न होता कि 'कविप्रिया' जैसी पाठ्यपुस्तक की गुजराती भाषा तक में एक टीका (देखिए, हिंसाकाअ, दो, विनामि, पेज 81) लिखी जाती। इसी तरह जसवंत सिंह का अवदान देखिए कि वे मारवाड़ के महाराजा थे। इनसे औरंगजेब तक भय खाता था। इन्होंने न केवल अनेक लड़ाइयाँ लड़ीं बल्कि 'कविशिक्षा' सम्बन्धी अनेक ग्रन्थ लिखे और अन्य कवियों से लिखवाए। इनके 'भाषाभूषण' के बारे में शुक्ल जी ने कहा है कि इस में एक ही दोहे में लक्षण और उदाहरण दोनों की व्यवस्था थी :

> 'इससे विद्यार्थियों को अलंकार कण्ठ करने में बडा सुभीता हो गया और 'भाषाभूषण' हिन्दी काव्य रीति के अभ्यासियों के बीच वैसा ही सर्वप्रिय जैसा कि संस्कृत के बीच चन्द्रालोक।' (देखिए, शुक्ल,पेज 135-136)।

यहाँ शुक्ल जी के प्रयुक्त–'विद्यार्थियों' और 'काव्य रीति के अभ्यासियों'– दो शब्द इस बात के प्रमाण हैं कि उस दौर में कविता सीखने वाले 'विद्यार्थी' बाजाप्ता हुआ करते थे और काव्य की रीति सिखाने वाला वही ग्रन्थ 'काव्यरीति के अभ्यासियों' (विद्यार्थियों) के बीच पॉपूलर हुआ करता था जो पढ़ने और रटने में आसान होता था!

और यह काम इस कदर महत्त्वपूर्ण था कि केशव जैसे शुद्ध पेशेवर कवि और जसवंत सिंह जैसे योद्धा कवि के लक्षण ग्रंथ इस दौर की पापूलर पाठ्य पुस्तकें थीं। मतिराम के ग्रन्थ 'ललित ललाम' और 'रसराज' काव्य की रीति का अभ्यास करने वालों के बीच अपने समय में बड़े लोकप्रिय थे 'क्योंकि रस और अलंकार की शिक्षा में इनका उपयोग बराबर होता चला आया है'। (देखिए शुक्ल, पेज 140)।

जाहिर है, इस दौर में 'काव्यरीति' यानी कविता करने की शिक्षा का काम एक महत्वपूर्ण काम रहा। अनेक कवियों ने इस माँग की पूर्ति के लिए ऐसे काव्य ग्रन्थ लिखे जिनको 'लक्षणग्रन्थ' कहा जाता है जिनमें कोरे सिद्धान्त कथन के साथ स्वनिर्मित उदाहरण लिखने पर जोर रहा। कवि शिक्षण के कार्य में इन (कथित रूप से 'अमौलिक') ग्रन्थों की उपयोगिता की बात स्वयं शुक्ल जी ने ही स्वीकारी है। जाहिर है कि नये काव्यार्थियों को कवित्वकर्म में शिक्षित और दीक्षित करना एक बडा कारोबार था। ऐसे सरल ग्रन्थ आसानी से कण्ठस्थ हो जाया करते थे। पाठ को श्रवण और कण्ठगत करने पर जोर रहता था।

साहित्य शिक्षण का यह तरीका पुराने जमाने में लोकप्रिय रहा। अच्छे

उदाहरण देखकर, बारम्बार पारायण कर और उनको कण्ठस्थ करके कविता का ककहरा आसानी से सीखा जा सकता था।

कवित्व का बीज शून्य में अंकुरित नहीं होता। कवितोत्सुक को कविता में रहना–बसना होता है। पूर्व के और अपने समय के बड़े कवियों के सौ दो सौ छन्द जब तक कण्ठस्थ न हों, तब तक कविता का स्वाद ही नहीं मिल पाता। कविता के इस तरह के सत्संग के बिना किसी की सरस्वती जाग्रत नहीं हो सकती। ऐसा माना जाता था और इसमें कुछ गलत भी नहीं था। कविता के करने के लिए तरह तरह के अभ्यास कराये जाते थे। भाषा की शक्तियों को समझने के लिए कई तरह की शब्द क्रीड़ाएँ संस्कृत में प्रचलित थीं। रीतिकाल में समस्यापूर्ति कराना कविता करने की क्षमता को बढ़ाने के लिए एक अनिवार्य अभ्यास हुआ करता था।

समस्या का कथन एक छन्द की एक लाइन से किया जाता उसके बाद नये कवि से उसी छन्द में उसकी सटीक पूर्ति करने के लिए कहा जाता। कविता का स्ट्रक्चर इसी से समझ में आता। ऐसे बहुत से अभ्यास थे जिनके बिना कवि बनना नामुमकिन था। रीतिकाल में यह सब हुआ करता था। इसे ही नये कवियों की क्लास कह लीजिए। इसे ही उनका पाठ और अभ्यास और इसे ही उनकी परीक्षा कह लीजिए!

(इस तरह के अभ्यास प्रस्तुत लेखक ने अपने हाईस्कूल स्तर पर स्वयं देखे और किये हैं। ये शायद ब्रजक्षेत्र हाथरस में रीतिकालीन कविता के अवशिष्ट काव्याभ्यास की तरह आजादी के कुछ बाद तक बने रहे। बाद में इनका लोप हो गया!)

प्रतिभा जन्मजात होती है। यह मान्यता एक असिद्ध मान्यता ही है लेकिन 'व्युत्पन्न' व्यक्ति कवि अवश्य हो सकता है, 'अभ्यासी' भी कवि हो सकता है। कारयित्री प्रतिभा के जो तीन प्रकार बताये गये हैं उनमें व्युत्पत्ति और अभ्यास बड़े काम के हैं।

काव्यरीति की शिक्षा व्युत्पन्नों और अभ्यासियों को कवि बनाने के काम आती थी। यह शिक्षण भले ही आज की तरह ट्यूशन पढ़ाने जैसा नहीं था, लेकिन इन कवियों का भी एक 'मारकेट' था जिसमें इनकी माँग बनी रहती थी। इसी हेतु लक्षणग्रन्थों की प्रतिलिपियों की कराई जाती थीं, इस काम के लिए, कापी बनाने वाले 'कापी राइटर' होते थे। इन ग्रन्थों के टीकाकार भी होते थे जो इनको और सरल बनाकर समझाने वाली टीकाएँ यानी कुंजियाँ लिखा करते थे। ये सब मिलकर इस दौर के काव्य-उद्यम के हिस्से होते थे।

यह उद्यम एक प्रकार से स्वतःस्फूर्त उद्यम ही था। आश्रयदाता इन उद्यमियों के 'पेमास्टर' थे। इन कवियों के उपलब्ध संक्षिप्त जीवनवृत्त बताते हैं कि ये कवि आश्रयदाताओं की टोह में शहर दर शहर और एक दरबार से दूसरे दरबार घूमा करते थे। कई बार आश्रयदाता राजा या रईस किसी कवि की कीर्ति सुनकर उनको बुलाकर अपने दरबार में रख लिया करते थे और कविता करने और कवि शिक्षा देने के लिए यथाक्षम इनामात या भेंटें या खैरातें दिया करते थे।

जिन कवियों को मजबूत आश्रय मिला हुआ रहा, वे एक दरबार में स्थिर रहे जैसे केशव ओरछा नरेश के साथ रहे। बिहारीलाल जयसिंह के साथ रहे। लेकिन ऐसे भी कवि थे जिनको एक मजबूत शरणदाता मुश्किल से मिला। इस श्रेणी में सबसे ऊपर देव का नाम आता है। उनका उपलब्ध जीवनवृत्त बताता है कि वे आजीवन एक सही आश्रयदाता की खोज में भारत भर में भटकते रहे। कहीं उनको अपने मिजाज के कारण राज्याश्रय छोड़ना पड़ा कहीं आश्रयदाता ने उनको विदा कर दिया। शायद उनका मिजाज ही कुछ अधिक तुर्श था या कि वे अपने मानापमान की जरूरत से ज्यादा चिन्ता किया करते थे। कारण जो हो वे एक टिकाऊ आश्रय के लिए जीवनभर भटकते रहे। फिर भी कहा जाता है कि उन्होंने सबसे ज्यादा संख्या में ग्रन्थ लिखे! कवित्व के मामले में उनको बिहारी की टक्कर का माना गया। (जिस पर बाद के दिनों समीक्षकों के बीच लम्बी बहसें चलीं।)

स्पष्ट है कि ब्रजभाषा साहित्य में इस दौर में दो घटनाएँ एक साथ घटीं। पहली यह कि काव्य की रीति को सीखकर कवि बनने की माँग की वजह से ब्रजभाषा में एक प्रकार का 'कौशलाधारित उद्योग' (स्किल-बेस्ड इन्डस्ट्री) विकसित हो गया। दूसरी यह कि कवि शिक्षा का माध्यम बदल गया। संस्कृत भाषा की जगह ब्रजभाषा ने ले ली।

इसका कारण यह था कि इस दौर तक आते आते संस्कृत में मौलिक काव्य-सिद्धान्तों के निर्माण का काम लगभग लुप्त हो चला था। टीकाकारों द्वारा नाना टीकाओं के जरिए विभिन्न सम्प्रदायों के सिद्धान्तों की बाल की खाल निकालने के बाद, ऐसा कुछ नहीं बचा था जिसकी चिन्ता की जाती!

इस शून्य को रीतिकालीन लक्षणग्रन्थों ने भरा। यह अपने आप में एक बडी शिफ्ट थी।

...

संस्कृत में कवि का अत्यधिक महत्व था। कवि के महत्व को बताने वाली

जैसी उक्तियाँ मिलती हैं, वैसी अन्य किसी क्लासीकल भाषा (ग्रीक या लैटिन) में नहीं मिलती।

प्लेटो के गणतन्त्र में तो कवि की कोई जगह ही नहीं थी। अरस्तू और बाद के चिन्तकों ने कुछ रियायत दी लेकिन कवि का जो ओहदा और जो जल्वा संस्कृत में माना गया वो पश्चिमी साहित्यशास्त्र में कहीं नहीं मिलता! भारतीय काव्यशास्त्र और पश्चिमी साहित्यशास्त्र के बीच यह एक बड़ा सांस्कृतिक अन्तर है!

रीतिकाल में भी कवि का महत्त्व बना रहा। बड़े-बड़े राजा भले न रहे हों, तब भी इस परम्परा का निर्वहण किसी न किसी रूप में जारी रहा। कवियों को यथाक्षम आश्रय देना राजाओं का एक कर्तव्य बना रहा। काव्यरीति की शिक्षा की माँग शून्य में पैदा न होकर इसी वातावरण में पैदा हुई। उसके राजनीतिक सांस्कृतिक कारण रहे।

आचार्य बलदेव उपाध्याय लिखते हैं कि :

'आदर्श राजा सरस कवियों का केवल आश्रयदाता ही नहीं होता था, प्रत्युत वह स्वयं कमनीय काव्यकला का उपासक होता था...राजा को चाहिए कि वह कवि समाज का आयोजन किया करे...कवियों और विशिष्ट गुणीजनों के लिए एक विशिष्ट सभा भवन का निर्माण कराए जिसमें सोलह खम्भे, चार दरवाजे, आठ मत्तवारिणी (बरामदे) हों...' (वही/267)।

राजा का काम कविगोष्ठी कराना, श्रोताओं को आमन्त्रित कराना था। ऐसी सभा में समाज का एलीट वर्ग बुलाया जाता था जिसमें वैद्य, दार्शनिक, पुराणवेत्ता, ज्योतिषी, नट, नर्तक, गायक, वादक, चित्रकार, मणिकार, स्वर्णकार, लौहकार, अन्यशिल्पी, मल्लविद्यानिपुण, गणिका, पैशाची आदि सबका स्थान तय होता था कि कौन किस क्रम से कहाँ बिठाया जायेगा! (वही/ 267/268) संस्कृत में कवि और कवित्व को कितनी गम्भीरता से लिया जाता था, इसे जानना अपने आप में मनोरंजक है।

नवीं और दसवीं शताब्दी में कवि का, कवि-कर्म का कैसा महत्त्व था? इस बारे में आचार्य राजशेखर ने अपने ग्रन्थ 'काव्यमीमांसा' में कुछ दिलचस्प सूचनाएँ दी हैं, जो पढ़ने योग्य हैं।

राजशेखर दसवीं शताब्दी के अन्तिम दशक में हुए। यों ये विदर्भ के थे लेकिन इन्होंने अपना अधिकांश लेखन कन्नौज में रहकर किया।इनका ग्रन्थ 'काव्यमीमांसा', जिसका एक अध्याय ही उपलब्ध बताया जाता है, अपने

परवर्ती संस्कृत आचार्यों के बीच बेहद प्रिय रहा। उसमें उनके पूर्व समय तथा तत्काल में कवि के महत्व, कविचर्या, कवित्व के विषय, कविशिक्षण के लिए जरूरी विषयों के बारे में विस्तृत चरचा मिलती है, जिसका एक बानक बलदेव उपाध्याय ने अपने ग्रन्थ 'भारतीय साहित्यशास्त्र' में दिया है और राजेशखर तथा अन्य आचार्यों के कवि तथा क़विता के विविध पहलुओं पर विस्तार से प्रकाश डाला है।

वह ऐसा वक्त था, जब कवि का काम बेहद चुनौतीपूर्ण था और इसी माने में अति महत्त्व का था। आज की तरह हर कोई कवि नहीं हो सकता था। उसके लिए उसकी कवि शिक्षा जरूरी हुआ करती थी। उसकी पूरी ट्रेनिंग की व्यवस्था थी। कवि शिक्षा के अन्तर्गत काव्यांगों के बारे में, कविता के प्रयोजन हेतु और विभिन्न सम्प्रदायों के बारे में जानना जरूरी होता था। ये विषय उस समय की 'लिटररी थियरी' के हिस्से हुआ करते थे।

इन सबका अवगाहन के करने के अलावा कविता करने का अभ्यास भी जरूरी था। भाषा का ज्ञान तो जरूरी था ही, भाषा के विभिन्न कलात्मक प्रयोगों की गहरी जानकारी और अभ्यास भी जरूरी था। प्रतिभा, प्रभाव, गुणवत्ता और क्षमता आदि की दृष्टि से कवियों की भी कई कोटियाँ हुआ करती थीं। कवि-चर्या, कवि का निवास, कवि कब कविता करे, कब पहले 'भावकों' को सुनाकर कविता के अच्छे या खराब होने की पूर्व परीक्षा करे, किस तरह से गोष्ठी हो, उसमें कौन कहाँ बैठे, किस तरह की चरचा हो, कवि के लिए जनरुचि का कितना महत्व हो, आदि तमाम बातों के बारे में राजशेखर ने विस्तार से बताया है।

ऐसा लगता है कि संस्कृत काव्य के उत्कर्ष के लम्बे दौर में कवि कोई मामूली आदमी नहीं होता था। उसकी एक 'क्लास' होती थी क्योंकि वह अपने समय का भाषा ज्ञानी और संचार संवाद कला का विशेषज्ञ हुआ करता था। वह न जाने कितनी तरह की कविता करने में दक्ष हुआ करता था, भले वह एक प्रकार की कविता के लिए ही जाना जाता हो। राज दरबारों में उसे यों ही जगह नहीं मिल जाती थी। कवियों की और शास्त्रज्ञों की बड़ी कड़ी परीक्षा हुआ करती थी।

इस सन्दर्भ में 'काव्यमीमांसा' में राजशेखर के निम्न दो श्लोक ध्यान देने योग्य हैं :

(1) 'इह कालिदासमेण्ठवित्रामररूपसूरभारवय:
हरिश्चन्द्रगुप्तौ परीक्षिताविह विशालायाम्!!'

(काव्यमीमांसा, अध्याय 10, पृष्ठ 55)

(2) 'श्रूयते च पाटलिपुत्रे शास्त्रकारपरीक्षा–
'अत्रोपवर्षवर्षाविह पाणिनिपिंगलाविह ब्याडिः
वररुचिपतंजली इह परीक्षिताः ख्यातिमुपजग्मुः!!' (वही)

उपरोक्त उद्धरण देकर बलदेव उपाध्याय लिखते हैं कि राजशेखर के (उक्त) उल्लेख से ज्ञात होता है कि प्राचीन भारत में उज्जैनी कवियों की परीक्षा का केन्द्र था और पाटलिपुत्र शास्त्रकारों की परीक्षा का मुख्य स्थान था। राजशेखर के अनुसार महाकवि कालिदास, भर्तृमेण्ठ, आर्यशूर्य, भारवि, हरिश्चन्द्र और चन्द्रगुप्त की परीक्षा विशाला (उज्जैनी) नगरी में हुई थी। पाटलिपुत्र में आचार्य उपवर्ष, पाणिनि, पिंगल, ब्याडि, वररुचि और पतंजलि आदि आचार्यों की परीक्षा की गयी थी। (भा.सा./वही/273)।

सोचिए : जिनकी परीक्षा हुई उनके परीक्षक कौन रहे होंगे?

पुराने कवियों के लिए उस तरह के संस्थान तो नहीं थे, जैसे आज के जमाने में कविता, कहानी सिखाने वाले संस्थान नजर आते हैं। कवि बनना आज सबसे आसान काम है। न कविता सीखी जाती है, न कवि की कोई परीक्षा होती है। गुप्त जी की एक लाइन उधार लेकर कह सकते हैं कि 'कोई कवि बन जाय सहज सम्भाव्य है'!

सन्दर्भित युग में काव्यकला की शिक्षा की व्यवस्था आज की अपेक्षा कहीं अधिक जटिल, श्रमसाध्य और अभ्यास प्रधान थी। किसी सम्भव कवि को सिर्फ साहित्य ही नहीं पढ़ना समझना होता था, बल्कि अन्य सामाजिक विषयों का विधिवत ज्ञान प्राप्त करना पडता था।

कविशिक्षा हेतु व्यवस्थित किये गये जरूरी विषयों की जो सूची बलदेव उपाध्याय ने अपने ग्रन्थ 'भारतीय साहित्यशास्त्र' दी है, उसे देखकर हमारी समझ में आ जायेगा कि तब के कवि के लिए किन किन विषयों को समझना जरूरी होता था और तब भी कोई गारण्टी नहीं थी कि कोई उच्चकोटि का कवि हो ही जायेगा।

बलदेव उपाध्याय के अनुसार, रुद्रट ने भामह का पदानुसरण कर कवि को सब प्रकार के विषयों से परिचित होने की बात लिखी है। 'रुद्रट के अनुसार लोक का न कोई ऐसा वाच्य है और न वाचक है, न कोई शब्द है न कोई अर्थ है जो काव्य का अंग न हो सके। इसीलिए कवि को सर्वज्ञ होने की आवश्यकता है। (देखिए भा. सा./244)।

सर्वज्ञ होने के लिए कवि को लोक और शास्त्र दोनों का ही यथेष्ट ज्ञान जरूरी है। इसी संदर्भ में उपाध्याय आगे लिखते हैं :

'संक्षेप में कविता का विषय है लोक और शास्त्र। 'लोक' से अभिप्राय है स्थावर और जंगम पदार्थों के वृत्त से...'शास्त्र' तथा विद्या से अभिप्राय है व्याकरण, कोश, छन्दशास्त्र, कला, कामकला तथा दण्डनीति' आदि से। काव्य की अर्थयोजना में इनका कितना महत्त्व है, यह विशेषरूप से बतलाने की आवश्यकता नहीं है। कविता में शुद्ध शब्दों का प्रयोग पहली आवश्यक बात है और यह शब्द शुद्धि व्याकरण के अध्ययन से ही प्राप्त की जा सकती है। पदों के अर्थों का निश्चय कोश की सहायता से किया जाता है...छन्दशास्त्र के अध्ययन से वृत्तों में उत्पन्न होने वाले संदेहों का निराकरण होता है। कलाशास्त्र की सहायता से कला के सिद्धान्त का ज्ञान कवि प्राप्त करता है। कलाओं की संख्या चौंसठ मानी गयी है जिसके भीतर अनेक व्यावहारिक तथा ललित कलाओं का सन्निवेश किया गया है। कामशास्त्र के विषयों का परिचय वात्स्यायन सूत्र आदि ग्रन्थों से करना चाहिए। राजनीति, दण्डनीति तथा अर्थशास्त्र आदि के परिचय के लिए तद्विषयक ग्रन्थों का अनुशीलन तथा अभ्यास कवियों के लिए अत्यन्त प्रयोजनीय होता है...

विनयचन्द्र ने अपनी 'काव्य-शिक्षा' में निम्नांकित विषयों से कवि को परिचित होना आवश्यक बताया है :

'तर्क परिचय, व्याकरण परिचय, चाणक्य परिचय, धनुदीय, (या धनुर्विद्या? सु.प.) उत्पाद्य संयोग, भारत परिचय, रामायण परिचय, मोक्षोपाय परिचय, आत्मज्ञान परिचय, धातुवाद परिचय, पुरुष-लक्षण परिचय, द्यूत परिचय, चित्र परिचय, वृक्ष परिचय, वनेचर परिचय, भक्ति परिचय, विवेक परिचय, प्रशम परिचय, हस्ति परिचय, वैद्यक परिचय, शास्त्र परिचय, गजलक्षण परिचय एवं तुरगलक्षण परिचय।' (देखिए/भा.सा./ब.उ./245-246)

राजशेखर ने कवि और काव्यार्थ के लिए जरूरी सोलह ज्ञान क्षेत्र गिनाये हैं : 'श्रुति, स्मृति, इतिहास, पुराण, प्रमाणविद्या (दर्शन शास्त्र), समय विद्या (तन्त्र शास्त्र), राजसिद्धान्तत्रयी (अर्थशास्त्र, नाटयशास्त्र, कामशास्त्र), लोक (प्राकृत एवं व्युत्पन्न मनुष्य), विरचना (कवि की प्रतिभा से उत्पन्न कथा विशेष), प्रकीर्णक (विविधवस्तु यथा हस्तिशिक्षा, रत्नपरीक्षा, धनुर्वेद आदि), उचित संयोग, योक्तृ संयोग, उत्पाद्य संयोग, और संयोग विकार...'।

आखिर इस 'कवित्व' की 'दवा' क्या है? का जबाव देते हुए काव्य मीमांसाकार राजशेखर कहते हैं :

श्रुतीनां सांगशास्त्रानामितिहासपुराणयो!
अर्थग्रंथः कथाभ्यास:कवित्वस्यैकमौषधम्!!

अर्थात् वेद वेदांग इतिहास पुराण अन्य तद्सदृश ग्रन्थों के अर्थ का चिन्तन तथा किसी वस्तु के वर्णन करने की कला का अभ्यास कवित्व के लिए जरूरी है। (देखिए भा.सा./ब.उ./पेज/246)।

इन विषयों को देख समझा जा सकता है कि कवि होने से पहले विविध विषयों में पारंगत होना जरूरी था, साथ ही साहित्यशास्त्र के सिद्धान्तों और कविताओं का ज्ञान भी जरूरी था और अभ्यास जरूरी था। उसके बाद राजदरबार के रसिकों के बीच अपना कवित्व सिद्ध करना होता था। तब कोई व्यक्ति कवि के रूप में जाना जाता था।

...

भरत के नाट्यशास्त्र से लेकर अठारहवीं शताब्दी (रीतिकाल का समय) तक संस्कृत काव्यशास्त्र के विभिन्न पहलुओं पर विचार करने वाले लगभग तैंतालीस आचार्य हुए। (देखिए/ भा.सा./ब.उ./ विषय सूची/11-15)

रीतिकालीन दौर में भी संस्कृत के कुछ आचार्य सक्रिय रहे। स्वयं शुक्ल जी ने इसका संकेत दिया है कि हिन्दी के अलंकार ग्रन्थ 'चन्द्रालोक' और 'कुवलयानन्द' के अनुसार निर्मित हुए। कुछ ग्रन्थों में 'काव्यप्रकाश' और 'साहित्यदर्पण' का भी आधार पाया जाता है (हिंसाइ/शुक्ल/129) 'कुवलयानन्द' के लेखक अप्पय दीक्षित सत्रहवीं सदी के अन्त तक जीवित रहे इस कारण 'कुवलयानन्द' का असर अधिक रहा। (देखिए/भासा/बउ/113)। 'रसगंगाधर' के लेखक पंडितराज जगन्नाथ भी इसी दौर में हुए। इनके अलावा अन्तिम आचार्यों के रूप में विश्वेश्वर पंडित और नरसिंह कवि अठारहवीं शताब्दी में सक्रिय रहे।

उक्त विवरण से इतना तो साफ हो जाता है कि रीतिकाल के आचार्य कमोबेश उसी भूमिका को निभा रहे थे जिसे उक्त संस्कृत के परवर्ती आचार्य निभा रहे थे।

हमारा अनुमान है कि इन कवियों का काम अपने आश्रयदाता राजा को तथा अन्य सभ्य समाज को सहृदय बनाना, काव्य-रसिक बनाना या भावक बनाना, उसकी प्रेरणा से कविता करना, काव्यार्थियों को कवि-शिक्षा देना था। लक्षणग्रन्थ सिर्फ राजा के पढ़ने समझने की चीज नहीं थे। वे बाकी काव्यार्थियों के काम भी आते थे। गुरु-शिष्य परम्परा के अनुसार हर आचार्य

के कुछ शिष्यगण होते थे और इसी कारण उनके ग्रन्थों की हस्तलिखित कापी बनायी जाती थीं।

यहाँ 'आश्रयदाता' और 'आश्रय' शब्द का सही अर्थ समझ लिया जाय तो रीतिकाल के कवियों और आचार्यों के अर्थशास्त्र के बारे में कुछ नयी समझ बने।

संस्कृत के आचार्य भी राज्याश्रित थे, लेकिन वे इसके लिए निन्दनीय नहीं कहे गए जबकि ऐसी ही स्थितियों में काम करने वाले रीतिकालीन कवियों को हिन्दी आलोचकों की आलोचना और निन्दा का पात्र होना पड़ा! उनके दरबारी होने का एक अर्थ हो गया कि वे सामन्ताश्रित थे, चाटुकार थे, राजा की रुचि के अनुसार कविता करते थे, बिके हुए थे, इत्यादि!

त्रिपाठी, शुक्ल और पंत से लेकर प्रगतिवादी आलोचकों तक ने इन कवियों को कुछ इसी तरह से देखा और यही रूढ़ हो गया। फिक्स हो गया। यह सरासर अन्याय था और है।

उस काल की दी हुई 'काव्य-स्थितियाँ' उस दौर की कविता की 'टोटल कंडीशंस' थीं। यानी कविता की 'सकल पारिस्थितिकी' सामन्तीय थी जिसमें कविता होती थी। इससे बाहर ऐसा कोई 'स्पेस' नहीं था जो इस पारिस्थितिकी से अलग या भिन्न बना होता। किसी भी युग की सामाजिक पारिस्थितिकी ही कविता की प्रक्रिया को तय करती है। इस पारिस्थितिकी में उनके आलोचक तक वैसी आलोचना नहीं कर सकते थे जैसी कि वे बीसवीं शताब्दी के नये जगत और नयी शिक्षा के बाद कर सके। इस तरह की आलोचना के लिए यह समझना जरूरी था और है कि कोई भी कृति अपने वक्त के इतिहास का हिस्सा और परिणाम मात्र नहीं होती बल्कि उसे बनाने वाली भी होती है! इतिहास का हर उत्पाद अपने इतिहास का उत्पादक भी होता है, इसे न भूलना चाहिए!

इस प्रकरण में पाल हैमिल्टन के उस उद्धरण को हम फिर देना चाहेंगे जिसे हमने लेख के शुरू में दिया है ताकि साहित्य के इतिहास को पढ़ने का नये तरीके के बारे में हम जान सकें। हैमिल्टन ने कहा है :

> 'इतिहास साहित्य की पृष्ठभूमि नहीं होता बल्कि वह उसी कार्यव्यापार का विस्तार होता है जिसमें साहित्य अपनी सार्थकता सिद्ध करता है'
> (न्यू हिस्ट्रीसिज्म/पाल हैमिल्टन/2007/141)

साफ है कि ये रीतिकालीन ग्रन्थ उसी कार्यव्यापार ('इतिहास का अर्थ'/सु.प.) को बनाने वाले हैं जिसमें वे अपने अर्थ पाते हैं। उनको उसी तरह देखा जाना चाहिए।

कहने की जरूरत नहीं कि हिन्दी की आलोचना ने इस काल के साहित्य

का शुद्ध 'कुपाठ' किया। यह 'कुपाठ' सुधारवादी राष्ट्रवाद से उपजी नैतिक दृष्टि से ही परिचालित रहा। हिन्दी की कथित प्रगतिवादी आलोचना तक इसी तरह की नैतिक दृष्टि से काम करती रही है। ऐसे आलोचक भक्तिकालीन काव्य को तो एक सामाजिक आंदोलन मानते रहे लेकिन कविता में शृंगार का जिक्र आते ही इन आलोचकों का ब्रह्मचर्यत्व खण्डित होने लगा!

देशी 'रूपवाद' का जन्म

यह आलोचना दृष्टि इस तथ्य तक को 'अप्रीसिएट' नहीं कर पायी कि इस सामन्तकाल ने एक ओर ताजमहल दिया तो दूसरी ओर हिन्दी को एक से एक सुन्दर और अमर कविताएँ दीं। यही नहीं इस काल ने हिन्दी के पहले 'प्रोफेशनल' कवि दिये। इसी काल की कविता ने हिन्दी में अपने ढंग से काव्य की रचना प्रक्रिया और उसके 'रूप', उसकी 'शैली' पर आवश्यक बल दिया और इस तरह से कविता को 'स्वायत्त रूप' दिया जिसके अर्थ के लिए पाठक या श्रोता को कविता के स्ट्रक्चर से बाहर नहीं जाना था।

यहाँ पाठक सास्यूर के संरचनावाद की अवधारणाओं को याद कर सकते हैं। कविता को लेकर इस काल के कवियों की अवधारणाएँ, सास्यूर से भी बहुत पहले, सास्यूर की कई अवधारणाओं के बहुत आसपास नजर आती हैं मानो ये कवि सास्यूर से बहुत पहले ही जानते थे कि 'कविता का अर्थ टेक्स्ट के स्ट्रक्चर में निहित होता है'! लेकिन यह महती उपलब्धि तब नजर में आती जब हिन्दी आलोचना को इसे कण्डम करने से फुरसत मिलती!

इसे हिन्दी का अपने ढंग का 'रूपवाद' (फार्मलिज्म)कहा जा सकता है। कविता एक मुकम्मिल रूप है, एक ढाँचा है परफेक्ट स्ट्रक्चर है। उसके रूप के निश्चित उपादान हैं जिनके बिना उसका रूप निर्माण असम्भव है। इस काल की कविता, बिना किसी रूपवादी या सरंचनावादी थियरी दिये उदाहरण मुहैया करती रही। यहाँ कविता और कवित्व की एक अकथित थियरी काम कर रही मानी जा सकती है!

अभय कुमार दुबे ने अपनी टिप्पणी 'साहित्येतिहास की एक अनर्थकारी घटना' (प्रतिमान/जुलाई दिसम्बर/2015/597) में इसे 'रशियन-फार्मलिज्म' का दरजा देने का एक प्रस्ताव किया है जो एक दिलचस्प प्रस्ताव है। यह दो तरह के साहित्य के बीच एक प्रकार की समान्तरता की ओर इशारा करता है लेकिन इस समान्तरता में एक गुणात्मक अन्तर भी है।

रशियन रूपवाद स्तालिनवादी तानशाही के विरोध के रूप में पैदा हुआ जबकि रीतिकालीन कविता, सामन्तवादी पारिस्थितिकी में, अपने साथ कविता के 'रूप' और उसकी 'स्वायत्तता' को पुष्ट करने वाली चार-पाँच बड़ी सिद्धान्तिकियों (रस, अलंकार, ध्वनि, वक्रोक्ति और रीति सम्प्रदाय) को साथ लेकर आई थी जो कि उसे संस्कृत काव्यशास्त्र की परम्परा से मिली थीं। ये सिद्धान्तिकियाँ भले ही परवर्ती आचार्यों की कृतियों के ब्रजभाषा अनुवादों से आयीं किन्तु इन्हीं सिद्धान्तिकियों ने इस काल की कविता को भक्तिकालीन कविता के बरक्स 'काव्यरूप की स्वतन्त्र सत्ता' की स्थापना कर, उसे धार्मिक सम्प्रदायों की गुलामी से मुक्त कर दिया। अब वह किसी भक्त की ईश्वर भक्ति का माध्यम न रहकर अपने आप में अपना माध्यम और अपना लक्ष्य बन गयी! इसी प्रक्रिया में, जैसा कि हम पहले कह आये हैं, यह कविता अपने आप 'रोजगार' बन गयी! उसने धर्म या भक्ति से कोई विचारधारात्मक झगड़ा नहीं किया। उसने सिर्फ इतना माना और मनवाया कि 'कवि के लिए कवित्व ही प्राथमिक है', लगे हाथ अगर कुछ भक्ति भी सध जाय तो पौ बारह, अगर नहीं तो कोई बात नहीं! इस अर्थ में इस कविता का रूपवाद क्रान्तिकारी है क्योंकि इसी के जरिए वह सामन्तवादी सीमाओं को तोड़ पायी।

इस रूपवाद की महिमा निराली थी। कवि का लक्ष्य कविता करना था उसे किसी सम्प्रदाय या विचार के अधीन करना नहीं था। शब्द, छन्द, अलंकार, लक्षणा, व्यंजना, वक्रोक्ति आदि कविता के औजारों पर सिद्धि प्राप्त करके ही ऐसी कविता सम्भव थी जो रसिकों का मन मोह ले। आसानी से कण्ठगत हो जाय। अमर हो जाय!

रीतिबद्ध हों या रीतिसिद्ध या रीतिमुक्त, सब कवियों में काव्यरूप की विशेषता ही यह है कि उसके रस या अर्थानन्द के लिए आपको कविता के शब्दार्थ में ही रमना है। यह अपने तरह का संरचनावाद नहीं तो और क्या था? क्या ऐसी कविता को हीन कहा जा सकता है? हरगिज नहीं।

विक्टोरियाई राष्ट्रवादी प्रतिक्रिया का आतंक

कुछ बाद यानी सन 1949 में, डॉक्टर नगेन्द्र ने अपने ग्रन्थ रीतिकाव्य की भूमिका में रीतिकालीन कविता के निन्दकों के आरोपों का यह कह कर निराकरण करना चाहा :

'रीतिकाल के कवि वे व्यक्ति थे जिनको प्रायः साहित्यिक अभिरुचि पैतृक परम्परा से प्राप्त थी–काव्य का परिशीलन और सृजन इनका शगल नहीं था, स्थायी कर्तव्य-कर्म था। ये लोग यद्यपि निम्नमध्यवर्ग के ही सामाजिक होते थे परन्तु अपनी काव्य-कला के द्वारा ऐसे राजाओं और रईसों का आश्रय खोज लेते थे जिनकी सहायता से इनकी काव्साधना निर्विघ्न चलती रहे। अतएव इनका सम्पूर्ण गौरव इनकी काव्य कला पर ही निर्भर रहता था–इसी कारण यह कविता मूलतः एक ललित कला थी जिसके बल पर ये अपनी प्रतिभा का प्रदर्शन करते हुए गोष्ठी के श्रृंगार बन पाते थे। अपनी प्रतिभा और कला के प्रदर्शन के प्रति ये जागरूक थे, इसका तो निषेध नहीं किया जा सकता–परन्तु इसके आगे बढ़कर इनको काव्य-व्यवसायी कहना या फरमायशी कवि कहना अन्याय होगा।' (वही/140)।

आधुनिक आलोचकों द्वारा इस काल के कवियों के अवमूल्यन के बारे में मिश्र जी कुछ इसी तरह की शिकायत करते हैं :

'इस अतियथार्थवादी नूतन मनोवैज्ञनिक युग में आकर भी जब हिन्दी के श्रृंगारकाल के श्रृंगारी कवियों का पुनर्मूल्यांकन नहीं किया गया, बिहारी को ही झांक कर रह गया आलोचना का बचपन प्रौढ़िमा को नहीं पहुँचा, तब इससे इन कवियों का अभाग कहा जाय या हिन्दी की वर्तमान आलोचना का।

...मनोविज्ञान के वैज्ञानिक या शास्त्रीय ग्रन्थों के संकेत पर इनकी रचनाएँ नहीं निर्मित नहीं हुईं। कामशास्त्र या कोककारिकाएँ इनका आधार नहीं बनीं। जो संकेत हैं वे साहित्यशास्त्र के ही हैं, जो तत्व हैं वह सजातीय ही हैं या स्वकीय। साहित्यशास्त्र का परंपरित कथित भी कहते चले हैं और स्वीय पर्यवेक्षण भी पिरोते गए हैं। श्रृंगारचरित के सूत्र में पिरोए मानस के मोती ही गये हैं, सुजन नहीं तो सुजान हृदय उसे पहनते भी हैं, पर साहित्य के 'सामाजिक' के आसन पर कोई समाजवादी बैठ जाय तो इन कवियों की खैर नहीं' (देखिए/हिंसाइ/227-228)।

मिश्र जी इस मीठे व्यंग्य में थोडे में ही बहुत कह गये हैं। इस काल की कविता को 'सामाजिक' की जगह 'समाजवादी' ही मिले। ये तरह तरह के रहे। कुछ सुधारवादी रहे कुछ मार्क्सवादी रहे। दोनों ही प्रकार के आलोचक हिन्दी के बह्मचर्यत्व के ऐसे लठैत रहे कि श्रृंगार के नाममात्र से इनका ब्रह्मचर्यत्व डोलने लगता। इनकी क्रान्तिकारिता 'काया कंचन कामिनी' से खतरा

महसूस करती थी। नतीजा यह तक हुआ कि जब यशपाल ने एक उपन्यास में नायिका के कपड़े उतारने का प्रसंग कहा तो एक 'मार्क्सवादी' आलोचक ने यशपाल को 'साड़ी जंपर उतार' कला प्रवीण, बता दिया। कट्टरता का ऐसा बोलबाला रहा कि यशपाल का कथा साहित्य दोबारा सिर न उठा सका! ऐसे में रीतिकाल की बात कौन करता?

हिन्दी आलोचना में सुधारवादी और कट्टर मार्क्सवादी रुचियों का ऐसा आतंक रहा कि नगेन्द्र ने भी रीतिकाव्य की भूमिका में रीतिकाल का परिचय देते हुए 'क्षमा करें' वाला प्रार्थना भाव बनाये रखा और मिश्र जी ने आलोचना में 'सामाजिक' की जगह 'समाजवादियों' के आ बैठने को रीतिकालीन कवियों को 'अभागा' कह कर सिर्फ एक मीठी शिकायत दर्ज की। बाकी सब दुष्टताएँ 'दुर्भाग्य' के नाम कर दीं!

उपरोक्त उद्धरण में नगेन्द्र के दो शब्द ध्यान खींचने वाले हैं : एक है 'कर्तव्य कर्म', दूसरा है 'ललित कला'।

कविता करना इन कवियों के लिए एक 'कर्तव्य कर्म' था यानी ड्यूटीवर्क था। ये इसे 'जॉब' की तरह लेते थे। ये कवि इतिहास के पहले फुलटाइम प्रोफेशनल कवि थे जो कविता को 'प्रोड्यूस' करके अपनी ड्यूटी पूरी करते थे। ये पेड थे। इनको कविता करने के लिए इनाम या भेंट या खैरात या तनखा मिला करती थी। इसके बावजूद कविता इनके लिए एक प्रदर्शन भी थी। परफारमेंस भी थी। उसे कहने उसे पढ़ने के ढंग उसे लिखने के अन्दाज में ही उसका लालित्य था! इसी कारण कवियों के लिए कविता कर्तव्यमात्र नहीं थी एक स्वतन्त्र 'ललित कला' भी थी जिसका एक प्रकार का 'असंगठित उद्योग' जैसा एक यादृच्छिक उद्योग ही इस काल में उठ खड़ा हुआ।

इन कवियों के कवित्व के कलात्मक महत्त्व को स्थापित करने के लिए उपरोद्धृत पंक्तियों के आगे नगेन्द्र यह भी जोड़ते हैं कि :

> 'वह अपने प्रतिनिधि रूप में वैयक्तिक गीत कविता नहीं है.वह कलात्मक कविता है, स्वभावतः उसमें वस्तु तत्व (ऑब्जेक्टिविटी) असन्दिग्ध है... हिन्दी साहित्य के प्राचीन इतिहास में यही युग ऐसा था जब कला को शुद्ध कला के रूप में ग्रहण किया गया था' (वही/141)।
>
> 'शुद्ध कला' यानी 'स्वायत्त कला'!

यहाँ नगेन्द्र के पद 'वस्तु तत्व' पर ध्यान देना जरूरी है। नगेन्द्र ने इसे वैयक्तिक गीत कविता के विलोम के रूप में रखा है और यह बड़ी मानीखेज स्थापना है जो हिन्दी के परवर्ती पुनर्जागरण या नवजागरण या सुधारकाल में

निन्दित हुई और जो छायावादी कविता के एक प्रमुखतम काव्य संकलन पंत के 'पल्लव' की छत्तीस पृष्ठ लम्बी भूमिका में शुरू से आखिर तक 'कंडेम' की गयी। यह 'वस्तु तत्व' था श्रृंगार रस' और 'नायिका भेद'!

छायावाद-पूर्व काल में तो उसे पतन की ओर ले जाने वाला माना ही गया, छायावादी काल में भी इसी कारण इसे दण्डित किया गया। इन कवियों का श्रृंगार' वर्णन और नायिकाभेदादि का बखान छायावाद की वैयक्तिकता की नजर में एक अभिशाप बन गया। पूरा रीतिकालीन युग ही 'नैतिक पतन' से छलछलाता दिखने लगा। श्रृंगार' का नाम आते ही छायावादी युग में भी एक तरह की 'खाप' इस कविता को 'शाप' देने लगी। पंत ने लिखा :

> 'उस ब्रज की उर्वशी के दाहिने हाथ में अमृतपात्र, और बाएँ में विष से परिपूर्ण कटोरा है, जो उस युग के नैतिक पतन से छलछला रहा है। ओह उस पुरानी गूदड़ी में असंख्य छिद्र और अपार संकीणर्ताएँ हैं।
> ...श्याम तथा राधा की खोज में सौ यत्नों में लपेटी हुई देश की आबालवृद्धाएँ नग्नप्राय कर भारतीय गृहस्थों के बन्द द्वारों से बाहर निकाल दीं, उनके कभी इधर उधर न भटकने वाले सुकुमार पाँव सारे संसार के विषपूर्ण काँटों से जर्जरित कर दिये। गृहलक्ष्मियाँ दूतियाँ बन गयीं...
> ...समस्त देश की वासना के वीभत्स समुद्र को मथकर इन्होंने कामदेव को नव जन्म दान दे दिया, वह अब सहज ही भस्म हो सकता है? इन वीरों ने ऐसा सम्मोहनास्त्र देश के आकाश में छोड़ा कि सारा संसार कामनीमय हो गया!...'सब जग जीतन को' काम का ऐसा 'काय व्यूह शीश महल' बना दिया कि आर्य नारी की एकनिष्ठ, निश्चल, पवित्र प्रतिमा वासनाओं के अनेक रंग-बिरंगे बिम्बों में बदल गयी जिनकी भूलभुलैया में फँस कर देश के लिए अपनी सरल सुशील सती को पहचानना कठिन हो गया।'
> ...देश की प्राणसंचारिणी, शक्ति संजीवनी की वायु को ग्रीष्म की प्रचण्ड लू में बदल दिया! सकल सद्भावनाओं के सुकुमार पौधे जलकर छार हो गये, शान्ति सुख स्वास्थ्य सदाचार सब भस्म हो गये, पवित्र का चन्दन पंक सूख गया, भारत का मानस भी दरक गया, और उसकी सती इन कवियों की नुकीली लेखनी से उस गहरी खुदी हुई दरार में समा गयी, शक्ति की कमर खो गयी, समस्त दुर्बलता का नाम अबला पड़ गया। ऐसी थी इनकी वीभत्स विकारग्रस्त विलासपुरी!' (देखिए/पल्लव/20-21)।

रीतिकाल की ऐसी व्याख्याएँ बीसवीं सदी के पहले चार पाँच दशक इसी तरह के 'अखण्ड ब्रह्मचर्यत्व' के पाखण्ड से पीडित रहीं। इस काम में शुक्ल जी अकेले नहीं थे। उनसे पहले 'पल्लव' में पंत अपनी ये भड़ास निकाल चुके थे और इससे कुछ बरस पहले रामनरेश त्रिपाठी अपनी 'कविता कौमुदी भाग एक' (1923) की भूमिका में रीतिकाल के कवियों और कविताओं के बारे में कुछ इस तरह फरमा चुके थे :

'आइए श्रृंगारोद्यान के दूसरे भाग की सैर करें।'

गृहस्थिन, आर्यनारी और सती आदि की जिक्र पंत के यहाँ अकारण नहीं है। ये स्त्री की वे 'नैतिक श्रेणियाँ' हैं जिनके बरक्स रीतिकालीन नायिका रूपी 'विलास वनिताओं' को डाउन ग्रेड करना आसान था! 'देश' के हित में सोचकर राष्ट्रवादी हुआ जा सकता था लेकिन इस देश की आर्य नारी सती की तरह ही है जो त्याग और समर्पण की प्रतिमूर्ति है। उसके बरक्स दो ढाई सौ साल तक कवियों द्वारा रची गयी तमाम प्रकार की वासक सज्जाएँ और अनेक अभिसारिकाएँ देश की 'भारत के मानस को दरकाने' 'देश' की सुख शांति सदाचार को खत्म करने के लिए काफी थीं।

यह बताता है कि विक्टोरियाई नैतिकता और उच्च वर्णवादी ब्राह्मणवादी नैतिकता का जो संयुक्त मोरचा मैकाले और उसके बाद के जमाने में बना था वह छायावादी दिनों तक प्रभावशाली रहा। इसमें 'नवजागरण' का दबाव और प्रभाव खूब ही पढ़ा जा सकता है। कहने की जरूरत नहीं कि इन सबका लक्ष्य स्त्री की 'यौनता' (सेक्सुअलिटी)का दमन करना रहा।

रीतिकाल ने कविता की वस्तु बदल दी। ईश्वर की जगह उसने स्त्री को कविता की 'अधिष्ठात्री देवी' बना दिया है। स्त्री इतने प्रबल रूप में पहली बार प्रतिनिधान करने वाली या रिप्रेजेंटेशन करने वाली बनी! लेकिन बीसवीं सदी के पूर्वार्द्ध में अचानक स्त्री के इस प्रतिनिधान को अवांछित कर दिया गया। उसे वर्जित करने का अभियान सा चला दिया। रामनरेश त्रिपाठी ने कविता कौमुदी भाग एक की भूमिका में लिखा :

> स्त्री यहाँ की अधिष्ठात्री देवी है। यहाँ सांसारिक विषय वासना का ही साम्राज्य है। यहाँ मनुष्यजीवन का लक्ष्य स्त्री-सुखोपभोग ही माना जाता है। यहाँ स्त्रियों के हावभाव और कटाक्ष से घायल विरहियों का जमघट है। दूतियों और कुटनियों का बाजार गर्म है। नायक और नायिकाओं की अनेक जातियाँ यहाँ विद्यमान हैं। अभिसार-स्थानों की भरमार है। कुलवधुओं से लुक-छिपकर बातें करना, उन्हें उड़ा लाना, अविवाहिता

नव-वयस्काओं से दूषित प्रेम करना, हर मौसम और हर अवस्था के लिए तैयार किए हुए नुस्खों के अुनसार विषय-विलास करना, रात-दिन चोटी से लेकर अँगूठे तक स्त्री के अंगों की चरचा में निमग्न रहना, यही यहाँ का धन्धा है, यही यहाँ का जीवन है। इस उद्यान के कवियों ने हिन्दी संसार में विषयानुराग की मात्रा खूब बढ़ा दी, व्यभिचार की वृद्धि की, निकम्मेपन की जड़ जमाई, वैवाहिक पवित्रता पर आक्रमण किया! मैं केवल परिणाम की बातें कहता हूँ (देखिए कविता कौमुदी/ भाग एक/104-105)

आश्रयदाता राजाओं के सुखसाज के लिए गरमी या सरदी सब में विलास की सामग्री का मोहक वर्णन करने वाले, उनके रति सुख को बढ़ाने वाली सामग्री का वर्णन करने वाले कवियों को आगे की पंक्तियों में जम कर धिक्कारते हुए, इस विलासी अमीरी की सुखसामग्री का गरीब से कन्ट्रास्ट करके उन्होंने 'प्रगतिशील मुद्रा' में कहा कि पदमाकर ने 'गिलगिली हैं गिलमें, गलीचा है गुनीजन हैं...' छन्द लिखकर राजाओं को सर्दी का इलाज बताया लेकिन 'किसी गरीब को यह सुख सामग्री दुर्लभ (ही) है' (वही/106)

कहने की जरूरत नहीं कि रीकिलीन सुखवाद की यह एक तरह की 'प्रगतिशील आलोचना' है और इसी तरह दूसरी व्याख्या ग्वाल कवि द्वारा गरमी के इलाज का नुस्खा बताने की की गई है!

इस सुधारवादी दौर में 'सुखेषणा' एक 'बड़ा पाप' है जो सीधे उर्दू (इस्लाम?) से आ रही है!

इस सुखवाद को उर्दू कविता की नकल बताते हुए त्रिपाठी कह उठते हैं :

'उर्दू शायरों रंग ढंग की महफिल के रंग ढंग की ही यह मण्डली है। वहाँ भी जीते जी मौत है और यहाँ भी वैसी ही आह ऊह है। अन्तर इतना ही है कि वहाँ अप्राकृतिक प्रेम की चर्चा है। यहाँ प्रकृति की सीमा के भीतर ही सब आमोद-प्रमोद हैं।' (वही-107)

इस नैतिक/प्रगतिशील विमर्श में भारतेंदु हरिश्चन्द्र को भी त्रिपाठी जी के दो हाथ पड़ जाते हैं। यह नजरिया इस कदर नैतिक है कि किसी का 'रसिक' होना तक 'क्राइम' है। जरा देखिए : त्रिपाठी जी इस बचे खुचे रीतिकाल (भारतेंदु)को ठिकाने लगाने के लिए सबसे पहले उनके बंगले के गेट पर लिखा यह छन्द, किंचित उपहास-वक्रता, के साथ उद्धृत करते हैं :

'परम प्रेमनिधि रसिकवर, अति उदार गुनखान!
जग-जन रंजन आसु कवि, को हरिचन्द समान!!

जग जिन तन समकरि तज्यो, अपने प्रेम प्रभाव!
करि गुलाब सौं आचमन, लीजत वाकों नांव!!'

यह हरिश्चन्द्र का बंगला है...ये बड़े प्रेमी बड़े रसिक बड़े उदार और विलासी पुरुष हैं। (वही/107)।

पाठक जान लें कि इस प्रकरण में ब्रजभाषा में रीतिकालीन तरीके की कविता शुरू करने के लिए समूचे भारतेंदु मण्डल तक को ठोक दिया गया है जिनमें मैथिलीशरण गुप्त जैसे वैष्णव तक को नहीं बख्शा गया है!

रीतिकाल की नैतिक निन्दा में उक्तोद्धृत कई पन्ने रंगने के बाद ब्रज और हिन्दी की तुलना करने के बाद त्रिपाठी जी रीतिकाल की 'शृंगार-केन्द्रिकता' पर एक बार फिर इस तरह से कृपा करते हैं :

'शृंगार के विषय में मुझे कुछ अधिक कहना है। भक्त कवियों ने जहाँ कहीं भी प्रसंगवश शृंगार का वर्णन किया है उसमें विशुद्ध प्रेम और मानव स्वभाव की सच्ची झलक दिखायी पड़ती है। वे सदाचार की सीमा से बाहर नहीं गये हैं। किन्तु सिर से पैर तक शृंगार में डूबे हुए कवियों ने सदाचार को लात मारी है। उन्होंने नायिका भेद को कविता का सबसे प्रधान अंग बना डाला है। नायिकाओं को पता नहीं किन्तु कवियों ने उनके सैकड़ों भेद कर डाले। सबकी अलग अलग भाषा, सबके अलग अलग भाव, वेष, भूषा और चाल, बिल्कुल नया संसार ही रच दिया। इस संसार में सदाचार की गन्ध नहीं। अभिसार स्थान की सजावट है, दूतियों की दौड़ है, वाक्यविलास है, विरहोच्छ्वास और बेकली है...' (वही/113-114)।

लेकिन त्रिपाठी यहाँ एक पते की बात कह गये कि युग बदल गया अंग्रेज आ गये विरही विरहिणी कालेजों में पढ़ने लगे और अब विरहिणयों के साथ वैसी घटनाएँ नहीं होती जैसी रीतिकाल की कविता में होती थीं। (विस्तार से देखिए, वही/114-115)।

यानी कि अंग्रेज आये। अपने साथ अपना नया सिस्टम लाये और देखते देखते रीतिकालीन कविता आउट आफ डेट हो गई।

सवाल यह उठता है कि जब सब कुछ आउट आफ डेट हो गया तब रीतिकालीन कवियों की इतनी कुटाई किस लिए? और 'सदाचार का ताबीज' क्यों बाँध रहे हैं त्रिपाठी जी?

कारण यही कि एक नया जमाना आ रहा है। नये विमर्श पैदा हो रहे हैं। समाज सुधार और नवजागरण की बातें हो रही हैं। आजादी की बातें हो रही हैं। आजादी के संघर्ष के तमाम तरह के रास्ते बन रहे हैं। उनमें प्रिंट

मीडिया एक माध्यम बन रहा है। नया जनसंचार पैदा हो रहा है। खड़ी बोली में गद्य प्रचुर मात्रा में विकसित हो रहा है और इस तरह नया पत्रकार नया लेखक बन रहा है और कविता कहानी लेख व्यंग्यादि का नया पब्लिक स्पेस बन रहा है जो रीतिकालीन दरबार से एकदम भिन्न और विपरीत है। नया लेखक, नयी भूमिका के प्रति अधिक सजग है अपनी भूमिका को समझता है। इससे एक सामाजिक दृष्टिकोण विकसित हो रहा है जो उन बातों को घृणा की नजर से देखता है जो समाज सुधार और आजादी की प्राप्ति के कामों में बाधा बन सकती हैं।

इस दृष्टिकोण में एक नये प्रकार का 'प्रोटेस्टेंटिज्म' है जिसमें एक 'कल्पित विचार' (परसीव्ड नोशन) पैदा हो रहा है कि हमारे समाज की सबसे बडी बाधा शृंगार है, रति है, सुख है, विलास है और असंयम है। प्रोटेस्टेन्टों की तरह आर्यसमाज मैदान में आ रहा है। भारत देश की अवधारणा की जा रही है, राष्ट्र की अवधारणा की जा रही है जिसमें भाषा, साहित्य, संस्कृति सब उसके हेतु समर्पित हों।

नया समय 'समकालीनता' और 'प्रासंगिकता' को एक बड़े सामाजिक मूल्य की तरह बना रहा है। इसके दबाव के चलते प्रत्येक मूल्य का समसामयिक होना जरूरी है। अपने समय के प्रति सजगता बढ़ रही है। यह उस दौर का आधुनिकता बोध है जिसके सामने रीतिकाल 'विलास जर्जर' और 'अपराधी' की तरह नजर आता है। यही नहीं ब्रज भाषा के मुकाबले एक राष्ट्र भाषा की तलाश और उसमें सब तरह के काम काज करने की क्षमता को विकसित करना नया समाज बनाने का सबसे बड़ा उद्‌देश्य है, जिसे न ब्रजभाषा प्राप्त कर सकती है न रीतिकालीन रचना प्राप्त कर सकती है। नये समय में ऐसे बहुत से नये कार्यभार सामने आ रहे हैं। पुरानी भाषा इसके लिए नाकाफी है। नयी अभिव्यक्ति के लिए नयी भाषा और नया माध्यम जरूरी है। प्रिंट मीडिया ही इन कार्यभारों को पूरा कर सकता है।

पंत जी इन कार्यभारों को इस तरह कहते हैं :

> 'हमें भाषा नहीं राष्ट्र भाषा की आवश्यकता है। पुस्तकों की नहीं, मनुष्यों की भाषा जिसमें हम हँसते रोते, खेलते कूदते, लड़ते, गले मिलते, साँस लेते और रहते हैं जो हमारे देश की मानसिक दशा का मुख दिखलाने के लिए आदर्श हो सके।' (देखिए/पल्लव/23)।

यह एक बड़ा कार्यभार है। ब्रज भाषा इसे पूरा करने के लिए पैदा नहीं हुई थी। न उसकी कविता ही पैदा हुई थी।

तब उससे इन कामों को लेने का आग्रह कैसा? उसकी अक्षमता तो साफ ही थी तब उससे अपेक्षा क्यों थी?

इसलिए कि नये कार्यभारों और नयी भाषा के विकास के लिए पूर्वकाल को धिक्कारकर उसे किनारे करना जरूरी था :

> 'हम इस ब्रज की जीर्णशीर्ण छिद्रों से भरी पुरानी छींट की चोली को नहीं चाहते। इसकी संकीर्ण कारा में बन्दी हो हमारी आत्मा वायु की न्यूनता के कारण सिसक उठती है। हमारे शरीर का विकास रुक जाता है। हमें यह पुरानी फैशन की मिस्सी पसन्द नहीं जिससे हमारी हँसी की स्वाभाविक उज्ज्वलता रंग जाती फीकी और मलिन पड जाती है। यह बिल्कुल आउट आफ डेट हो गयी है। यह नकाब पहना हुआ हास्यप्रद चेहरों का नाच हमारी सभ्यता के प्रतिकूल है। हमारे विचार अपने ही समय के चरखे में कते बुने अपनी ही इच्छा के संग में रंगे वस्त्र चाहते हैं चाहे वे मोटे और खुरदुरे ही क्यों न हों, इसी में हमारे वाणिज्य और कला कौशल की कुशलक्षेम है, कल्याण है...हमें देशकाल की उपेक्षा करने वाले, अपने राष्ट्र के भाग्यविधाता के विरुद्ध खडे झाड झंखाड़मय नवीन कुरूप सृष्टि करने वाले इन ब्रज भाषा के महर्षि विश्वामित्रों से सहानुभूति नहीं। इनकी प्राचीन ब्रज भाषा की काशी हमारे संसार से बाहर इन्हीं की अहमन्यता के त्रिशूल पर अटकी रहे, वह हमारा तीर्थ नहीं हो सकती। उसकी अन्धी गलियों में आधुनिक सभ्यता का विशद यान नहीं जा सकता' (वही/24)।

यह सब सही है लेकिन हम फिर वही दुहराते हैं कि जब ब्रज भाषा नये परिवर्तनों के बीच स्वयं ही 'आउट आफ डेट' हो चुकी हो तब उसकी कविता से शिकायत कैसी?

इस डर का कारण हमारी विकसित हो रही 'ओरियंटिलिस्ट आधुनिकता' ही थी जो मैकाले के मिनट्स में निवेशित 'ओरियंटलिज्म' से बन रही थी जिसके कथित 'नवजागरण' में रीतिकालीन 'शृंगार' काव्य समाज के 'ब्रह्मचर्य' को खतरा था!

4

रीतिकाव्य : सेक्सुअलिटी का समारोह

'सत्ता के प्रभावों को हमेशा नकारात्मक संदर्भ में मानने की आदत को भुलाना होगा जैसे कि वह 'निष्कासित' (एक्सक्लूड) करती है, वह 'दमन' करती है,वह 'सेंसर' करती है, वह 'मुखौटा' लगाती (मास्क्स) है, वह छिपाती है। सच यह है कि सत्ता (पावर) 'उत्पादक' होती है, वह यथार्थ को पैदा करती है, वह वस्तुओं और सत्य के कर्मकाण्ड (रिचुअल्स) को पैदा करती है।' (डिसिप्लिन एण्ड पनिश/मिशेल फूको/ पृ. 194/ हिन्दी रूपान्तर/सुप)

...

'फूको जब 'यौनता' (सेक्सुअलिटी) के इतिहास पर विचार करते हैं तब वे सत्ता की उस 'दमनात्मक पूर्वावधारणा' (रिप्रेसिव हाइपोथीसिस) को 'रिजेक्ट' करते हैं जो सेक्सुअलिटी को सेंसर के योग्य और वर्जनीय मानती है। इसके बरक्स वे सेक्सुअलिटी को लेकर नये तरह के सवाल पूछते हैं कि :

'सेक्सुअलिटी पर इतने व्यापक रूप से विचार क्यों हुआ है और उसके बारे में क्या कहा गया है? जो कहा गया उससे किस तरह के सत्तात्मक प्रभाव पैदा हुए? इन विमर्शों, सत्ता के इन प्रभावों और उनमें निवेशित आनन्द के बीच कौन कौन से 'लिंक्स' काम करते हैं? इन लिंक्स की वजह से किस तरह का ज्ञान पैदा हुआ?'(फूको/हिस्ट्री आफ सेक्सुअलिटी पृ. 11/ए रीडर्स' गाइड टू कन्टेंपरेरी लिटररी थियरी/रामन डेविड, पीटर विडोउसन, पीटर ब्रुकर/पीयरसन/2005/ में उद्धृत/पृ. 78/हिन्दी/सु.प.)

...

'फूको के अनुसार, हम इतिहास का वस्तुगत ज्ञान (आब्जेक्टिव नौलेज) कभी प्राप्त नहीं कर सकते। इतिहास सम्बन्धी लेखन हमेशा लाक्षणिकता (ट्रोप्स) में फँसता है। वह कभी विज्ञान नहीं बन सकता...इतिहास को समझने के लिए लेखकों के द्वारा अमल में लाई जाने वाली रणनीति को फूको महज पाठीय क्रीड़ा (टेक्सचुअल प्ले) की तरह नहीं लेते। उनके अनुसार ऐसे विमर्श सत्ता संघर्ष की साक्षात दुनिया में बनते हैं। राजनीति, कला और विज्ञान में सत्ता (पावर) विमर्श के जरिए हासिल की जाती है। यह विमर्श 'वह हिंसा होती है जो हम वस्तुओं के संग करते हैं'। विशेष विमर्शों के जरिए सत्य वस्तुगतता का दावा हमेशा मिलावटी (स्पूरियस) होता है। कोई भी विमर्श पूरी तरह 'सत्य' नहीं होता, वह या तो कम ताकतवर होता है या ज़्यादा ताकतवर होता है' (ए रीडर्स' गाइड टू कन्टेंपरेरी लिटररी थियरी/रामन डेविड, पीटर विडोउसन, पीटर ब्रुकर/पीयरसन/2005/पृ. 78/हिन्दी रूपान्तर/सु.प.)

...

'फूको के अनुसार, सत्ता (पावर) शासकवर्ग की सम्पत्ति नहीं होती। सत्ता एक रणनीतिक मैदान (स्ट्रेटेजिक टेरेन) होती है। वह सत्तावान और सत्तावंचित के बीच 'असमान सम्बन्धों' की जगह (साइट) होती है और 'जहाँ भी सत्ता होती है वहीं प्रतिरोध भी रहता है'। सत्ता को ऐसी नकारात्मक शक्ति नहीं समझना चाहिए जो मना करने वाली है, दबाने वाली है या नकारात्मक है। सत्ता उत्पादक (प्रोडक्टिव) होती है। (वही, उपर्युक्त पृ. 78)

हिन्दी साहित्य के इतिहास की समस्याएँ

रीतिकालीन कविता के उपलब्ध अध्ययनों की जड़ता और दुहराव को देखते हुए इस लेखक को यह जरूरी महसूस हुआ कि रीतिकाल को आज के बदले हुए समय के अनुसार नये तरीके से पढ़ा जाय। शायद इसी तरीके से आज के लिए भी उसे प्रासंगिक और सार्थक बनाया जा सके।

इस काम में फूको की 'उत्तर-संरचनावादी सिद्धान्तिकी' और 'सांस्कृतिक भौतिकवाद' (कल्चरल मैटीरियलिज्म) की सिद्धान्तिकी बड़े काम की मालूम होती है। यह अध्ययन इसी नजरिए से किया गया है। संस्कृत साहित्यशास्त्र

की सिद्धान्तिकी भी हमारे इस अध्ययन में सहायक है।

फूको के सेक्सुअलिटी के विमर्श के सहारे रीतिकालीन कविता का यह नया पाठ तभी खुलता है जब संस्कृत साहित्यशास्त्र की सिद्धान्तिकियों यथा नाट्यशास्त्र में प्रस्तुत 'रससिद्धान्त' और वात्स्यायन के कामसूत्र के अन्तरानुशासनिक नजरिए से रीतिकाल के साहित्य को पढ़ा जाय।

आज के स्त्रीत्ववाद के विभिन्न स्कूलों, सांस्कृतिक भौतिकवाद और फूको के सेक्सुअलिटी के इतिहास के अध्ययन के फलस्वरूप उठे सवालों के आलोक में रीतिकाल की सेक्सुअलिटी को पढ़ना इसलिए भी उपयोगी है क्योंकि तभी रीतिकालीन साहित्य में स्त्री की विराट उपस्थिति और उसकी विमर्शात्मकता को समझा जा सकता है।

'हिन्दी साहित्य का इतिहास' में आचार्य रामचन्द्र शुक्ल जी ने इतिहास के क्रम और कविता की मुख्य प्रवृत्ति मूलकता का जो मानक स्थापित किया, हिन्दी-साहित्य के इतिहास के पाठक अब तक उससे बाहर नहीं निकल सके हैं और इतिहास सम्बन्धी उनकी समझ उसी शुक्लीय इतिहास की समझ से बनी हुई है जो रीतिकालीन कविता और कवियों को, भक्तिकालीन कवियों से हीनतर मानकर चलती है।

शुक्ल जी के इतिहास में भक्तिकालीन कविता, उसमें भी सगुणधारा, उसमें भी रामभक्ति काव्य को जितना ऊँचा दरजा दिया गया है, उतना ऊँचा दरजा कृष्णभक्तिधारा की कविता को नहीं दिया गया है और रीतिकाल में लक्षणग्रन्थ और नायिकाभेद लिखने वाले कवियों को न केवल मौलिकताविहीन बल्कि रीतिसिद्ध और रीतिमुक्त कवियों से भी हीनतर माना गया है।

हमारा यह अध्ययन इस अवधारणा का खण्डन करता है कि रीतिकाल के कवि पूरी तरह मौलिकताविहीन थे। लक्षण ग्रन्थों के आचार्यों को अमौलिक कहना उनके साथ शुद्ध अन्याय है।

हमने अपने अध्ययन से पाया है कि ये कवि अपनी तमाम सीमाओं के बावजूद अपने समय की स्त्री-देह, उसकी 'पावर' और उसका 'जैविक इतिहास' ('बायो हिस्ट्री'/फूको) लिख रहे थे और इनकी अधिकांश नायिकाएँ उस समाज की जीती जागती स्त्रियाँ थीं!

...

'रीतिमुक्तधारा' को वरीयता देने के पीछे शुक्ल जी का सीमित-स्वच्छन्दता-

प्रिय मन काम कर रहा है। यही वजह है कि रीतिमुक्तधारा के कवि उनके प्रियतर कवि हैं। ऐसा प्रतीत होता है कि शुक्ल जी ने छायावाद को मुक्तमन से भले ही स्वीकार न किया हो, रीतिमुक्त कवियों को वरीयताक्रम में ऊपर रखकर उन्होंने अपने किंचित स्वच्छन्दताप्रिय होने का परिचय अवश्य दिया है।

यह सच है कि शुक्ल जी का इतिहास हिन्दी साहित्य का 'मानक स्थापित करने वाला' (केननाइजिंग) ग्रन्थ बन चुका है। इसके कारण हमारे अकादमिक इतिहास में हैं। एक तो शुक्ल जी के कैंड़े का संस्कृत-साहित्यशास्त्र-सिद्ध पंडित जैसा समीक्षक कोई दूसरा नहीं। दूसरे, पूर्ववर्ती इतिहासों की अपेक्षा प्रौढ़तर पद्धति से और राष्ट्रवादी नजरिए से लिखे गये इस इतिहास का हिन्दी के उच्चतर साहित्य शिक्षण में एक बुनियादी भूमिका में बने रहना, कालान्तर में विश्वविद्यालयों के हिन्दी विभागों में इसका एक अनिवार्य टेक्स्ट बन जाना और साहित्य-शिक्षण एवं परीक्षण पद्धति के लिए एक अनिवार्य ग्रन्थ बन जाना, इसकी उस 'टेक्स्चुअल' ताकत का प्रतीक है जिसके चलते यह एक मानक ग्रन्थ (केननीकल टेक्स्ट) बना जो पिछले आठ नौ दशकों से लगातार पढ़ा और रटा गया है। पाठ की इस सतत और इकहरी प्रक्रिया में साहित्य के इतिहासबोध की एक पूरी परिपाटी ही पक्की होती चली गयी कि उससे बाहर जाना लगभग नामुमकिन प्रतीत होने लगा। फिर, किसकी हिम्मत कि शुक्ल जी पर उँगली उठाता?

रीतिकाल के बारे में शुक्ल जी ने जो कह दिया और जिसे सैकड़ों नोट्स में, कुंजियों में और सबसे ज़्यादा हिन्दी विषयक बी.ए., एम.ए. की परीक्षाओं के प्रश्नपत्रों में, बार-बार पूछे जाते सवालों ने, शुक्ल जी के निष्कर्षों को उन नये सवालों से 'इम्यून' कर दिया, जो शुक्ल जी के निष्कर्षों पर उठ सकते थे। उनके वाक्य, उनके सूत्र, उनके निष्कर्ष ऐसे ठोसीकृत 'आइडिया' बने रहे जो रीतिकालीन कविता को पूर्वनिश्चित खाँचे में ही फिट करते रहते थे।

रीतिकाल के दौरान पूरे दो सौ साल तक लिखी जाती अनन्त रचनाओं को, उनकी टेक्स्टों को, उसी तरह देखा जाता रहा जिस तरह शुक्ल जी ने देखा। कुछ लोगों ने कुछ इधर उधर होने की कोशिश भी की तो सिर्फ ससंकोच की कि कहीं हिन्दी साहित्य के इतिहास का शुक्लीय नक्शा बिगड़ न जाय। कहीं कोई 'पातक' न हो जाय! नयी कविता आन्दोलन आया, 'नयी आलोचना' भी पनपी लेकिन यह साहस किसी आलोचक न हुआ कि वह शुक्ल जी के इतिहास की श्रेणीबद्धता को उलट-पलट कर कुछ नया बताता। जो कुछ साहस नज़र आया वह भक्तिकाल में कबीर को नये सिरे से सिचुएट

करने को लेकर रहा। कुछ इतिहास के सांस्कृतिक सातत्य आदि को लेकर रहा। कुछ लोग 'दूसरी परम्परा' की खोज में निकले भी तो शुक्ल जी की भक्तिकाल सम्बन्धी स्थापनाओं के चलते, कबीर की अ-केन्द्रिकता को लेकर कुछ 'किन्तु परन्तु' करते रहे लेकिन शुक्ल जी से सीधे टकराने से बचते रहे। रीतिकाल को नये सिरे से पढ़ने की कोशिशें उनसे नहीं हुई'। न शुक्ल जी की इतिहास की 'लेखन पद्धति' पर सवाल उठाए गये, न इतिहास लेखन को लेकर उठे नये विमर्शों से प्रेरणा ली गयी।

रीतिकाल की कविता में व्यक्त 'रतिमूलकता', 'शृंगारमूलकता' और कथित 'विलासिता' का इस कदर 'अपराधीकरण' (क्रिमिनिलाइजेशन) कर दिया गया कि कविता का सीधा 'शब्दार्थ' करने पर 'अश्लीलत्व' दोष का भागी होने का भय सताता रहा! 'संभोग शृंगार' की जगह 'संयोग शृंगार' जैसे नैतिक और शिष्ट शब्द ने ले ली।

हिन्दी-आलोचना के कथित आधुनिकतावादी दौर में, जब 'आँसू' का प्रेमनिवेदन 'रहस्यवादी' बना दिया गया, और यशपाल के उपन्यास में नायिका के 'ब्लाउज उतारने' के प्रसंग को देख उनको 'चोली जंपर उतार कला में प्रवीण' बताकर निन्दित करने की नैतिकता हावी होती गयी तब किसको हिम्मत थी कि रीतिकाल की 'कहानी' (नेरेटिव) को बदलता? हिन्दी में कहीं न कहीं यह डर बना रहा कि अगर 'रति' को एक सामाजिक मूल्य की तरह बताया गया तो कहीं इतिहासबोध ही गड़बड़ा न जाये, भारत की भावी पीढ़ियों का चरित्र स्खलित न हो जाये और कथित 'राष्ट्र-निर्माण' में पुल्लिंगी रोल कम न हो जाये और रीतिकाल में बनी नायिकाएँ, वासकसज्जाएँ और अभिसारिकाएँ कहीं हमारे राष्ट्र के ब्रह्मचर्य को खण्डित न कर दें।

जिस तरह शुक्ल जी ने रीतिकाल को नैतिक और धार्मिक राजनीतिक कंट्रोल में रखा उसी तरह परवर्ती इतिहास लेखकों ने। नगेन्द्र ने कुछ हटकर सोचने की कोशिश की भी तो उसे 'रसवाद' के कुएँ में डाल दिया। एक तरह की पाठ प्रक्रिया ने इतिहास बोध और काव्य बोध को ऐसा जड़ीभूत कर दिया कि उससे बाहर सोचना अपराध बराबर हो गया! जड़ीभूत अकादमिक संरचनाएँ इतिहासबोध को किस तरह से यान्त्रिक बनाती हैं, हमारे हिन्दी विभाग उसके उदाहरण हैं।

शुक्ल जी के इतिहास के निर्माण में एक ओर महावीर प्रसाद द्विवेदी युगीन नैतिक अवधारणाएँ, दूसरी ओर संस्कृत साहित्य-शास्त्र, उसमें भी ध्वनि एवं रससिद्धान्त, तीसरी ओर उनका 'लोक' यानी 'हिन्दू लोक', उसकी

सांस्कृतिक परम्पराओं का बोध आदि एक साथ सक्रिय रहे। इसमें 'प्राच्यवादी योरोपीय रेनेंसां' के बोध की भूमिका भी रही। लोक, अवतार, मार्मिकता यानी कविता को पढ़ने वाले के हृदय पर पड़ने वाले प्रभाव, कल्पना की सहजता, ऊहात्मकता और चमत्कार का निषेध, शब्दालंकार की जगह अर्थालंकार पर बल और लोक की साधना आदि वे मानक रहे जो शुक्ल जी ने अपने बनाये हैं और जिनकी वजह से शुक्ल जी शुक्ल जी बने।

...

दुर्भाग्य यह है कि पिछले नौ दशकों से अकादमिक दुनिया में शुक्ल जी के मानक ज्यों के त्यों ही बने रहे और उसी तरह माने जाते रहे, फिर उनकी भी कुंजियाँ बन चलीं।

शुक्ल जी के इतिहास की ताकत का प्रमाण उसके अब तक हुए संस्करण हैं। इस लेखक के पास संवत् 2052 का संस्करण है जिसके आगे 'तीसवां संस्करण' लिखा है। इसकी ग्यारह सौ प्रतियाँ छपी बतायी गयी हैं। अगर मोटे हिसाब से तीसवें संस्करण तक तीस गुणा ग्यारह सौ कर लिया जाय तो यह संख्या तेंतीस हज़ार हो जाती है और इन दिनों तो कापीराइट भी फ्री हो गया है इसलिए अब तो उसकी होने वाली कापियों की संख्या हिसाब से बाहर हो गयी है।

शुक्ल जी का यह इतिहास हिन्दी के विद्यार्थियों, शोधार्थियों और विद्वानों के बीच इस कदर हावी है कि उससे बाहर सोचने वाले जब अपनी 'दूसरी परम्परा' की दुकान खोलते हैं तो वे शुक्ल जी के इतिहास बोध, उनके इतिहास को कहने की शैली को कोई नयी चुनौती नहीं देते बल्कि उसी के दायरे में रह कर कबीर आदि के लिए कुछ छूट सी माँगते लगते हैं।

ऐसे सारे प्रयत्न न तो शुक्ल जी के इतिहास के क्रम को बदलते हैं न काल विभाजन को तोड़कर नया बना पाते हैं और न उनकी स्थापनाओं को चुनौती देकर नयी स्थापनाओं को स्थापित कर पाते हैं। इसका कारण यही है कि ऐसे विद्वानों का इतिहास बोध भी उसी तरह का 'नेशनलिस्टिक' है जिस तरह का शुक्ल जी का रहा।

शुक्ल जी साहित्य का इतिहास लिखते हुए मूलतः हिन्दी नेशन का और हिन्दी के लिए एक इतिहास लिख रहे थे। वे पहले इतिहासकार थे जो एक पालिटीकल इतिहास भी लिख रहे थे!

दरअसल, शुक्ल जी के इतिहास में हिन्दी/हिन्दू की एक पूरी प्रोजेक्ट

काम करती है। वही उसे ताकत देती है। राष्ट्रवाद के इस प्रोजेक्ट में एक प्रकार का प्राच्यवाद भी सक्रिय दिखता है! अंग्रेजों द्वारा 'निर्मित और निवेशित' (विस्तार के लिए देखिए/ओरियण्टलिज्म/एडवर्ड सईद) 'प्राच्यवाद' के दबाव के बिना ऐसे राष्ट्रवादी विमर्श नहीं बन सकते थे। शुक्ल के इतिहास में जितना राष्ट्रवाद है, वह प्राच्यवाद का ही एक संस्करण है। इसलिए भी वह प्रश्नांकित करने योग्य है।

प्राच्यवाद और शुक्ल जी का इतिहास

यह 'प्राच्यवाद' (ओरियंटलिज्म/ एडवर्ड सईद) ही तो था जिसका निवेश भारत को उपनिवेश बनाने वाले अंग्रेजों ने किया। यह प्राच्यवाद अकेला नहीं था। राष्ट्रवादी और तरह तरह के छोटे बड़े सुधारवादी संगठन उसी तरह के निवेश थे जिस तरह के निवेश ओरियंटलिज्म से सटते थे।

हमारा साहित्येतिहास भी इसी दौर की उपज है जिसमें ओरियंटलिज्म के गहरे निशान भी हैं और उनसे झगड़ा भी है।

शुक्ल जी जिसे आदिकाल और विकल्प में वीरगाथा काल नाम देते हैं, एक ऐसी ही अवधारणा है जो प्राच्यवाद के दबाव को कुछ इस तरह स्वीकार करती है मानो कहती हो कि अगर पश्चिमी साहित्य में बेलेड्स (वीरगाथाएँ) रहीं तो अपने यहाँ भी एक वीरगाथा काल था!

इस समान्तरता की झोंक में कॉलोनाइजर और कॉलानाइज्ड का अन्तर भुला दिया जाता है। कॉलोनाइज करने वालों के समान्तर हम अपने को वीरगाथा काल में ले जाना चाहते हैं मानो हमारी वीरगाथाएँ पश्चिम की टक्कर की वीरगाथाएँ हैं।

अपनी हीनता को छिपाकर उसकी कमी की भरपाई करने की जुगत में हम अंग्रेज हो गये कि अपने यहाँ भी वीरगाथाएँ खोज बैठे जो कि हारे हुओं की गाथाएँ थीं, पराजित और हताश जाति (हिन्दू?) की ऐसी मानसिकता थी।

अपने इतिहास के एकदम शुरू में शुक्ल जी कहते हैं कि :

'जैसे यूरोप में वीरगाथाओं का प्रसंग 'युद्ध और प्रेम' रहा। वैसे ही यहाँ भी था। किसी राजा की कन्या को हरकर लाना वीरों के गौरव और अभिमान का काम माना जाता था' (वही/18)।

क्या यह शुक्ल जी का कुछ अति तर्क नहीं लगता? कुछ पहले अपने इतिहास में वे कहते हैं कि :

'...जब मुसलमानों की चढाइयों का प्रारम्भ होता है तबसे हम हिन्दी साहित्य की प्रवृत्ति को एक विशेषरूप में बँधती हुई पाते हैं। राजाश्रित कवि और चारण जिस प्रकार नीति, श्रृंगार आदि के फुटकल दोहे राजसभाओं में सुनाया करते थे, उसी प्रकार अपने आश्रयदाता राजाओं के पराक्रमपूर्ण चरितों या गाथाओं का वर्णन भी किया करते थे। यही प्रबन्ध परम्परा रासो के नाम से पायी जाती है, जिसे लक्ष्य करके इस काल को हमने वीरगाथाकाल नाम दिया है' (वही/3)

ध्यान दीजिए : पहला उदहरण बताता है कि यूरोप की तरह हमारे यहाँ भी वीरगाथाएँ हैं! लेकिन यह 'मुसलमानों की चढ़ाइयों' का समय भी है। उधर उनकी चढ़ाइयाँ हैं, इधर कन्या के लिए चढ़ाइयाँ हैं! यह कौन सी लड़ाइयाँ हैं और किस तरह की वीरता है? इनमें और यूरोपीय वीरगाथाओं में कितना साम्य है? यह स्पष्ट नहीं होता।

इधर अंग्रेज है। उसका शासन है। वह अपने को महान कहता है। अपनी वीरगाथाओं की महान गाथाएँ कहता है।

ऐसे में हमें भी अपनी वीरगाथाएँ खोजनी चाहिए और उनको उसी तरह बताना चाहिए जिस तरह यूरोपीय लोग बताते हैं।

लेकिन क्या ये वैसी वीरगाथाएँ बनीं या उन जैसी कुछ बनीं जिन जैसी शुक्ल जी यूरोप में पाते हैं?

इतिहास लेखन में जिस तरह के ओरियंटलिज्म के प्रभाव का जिक्र कर रहे हैं, कि वह यही करता-करवाता है कि आप कॉलोनाइजर के मिरर में अपना मुँह देखते हैं। शुक्ल जी भी हिन्दी साहित्य के इतिहास को ओरियंटलिस्ट मिरर से ही देख रहे हैं।

'आदिकाल' में यूरोप स्टाइल की वीरगाथाएँ खोजना ओरियंटलिज्म के असर का एक पहलू है तो दूसरा पहलू रीतिकाल के बारे में विक्टोरियाई राष्ट्रवादी किस्म का 'मोरलिस्टिक वेल्यू जजमेण्ट' है।

फूको और नव्य-इतिहासवाद

शुक्ल जी ने अपने समय के हिसाब से जो लिखा वह आज भी चुनौतीविहीन माना जाता है। इस कारण उनकी महिमा अपनी जगह है। लेकिन अब जब इतिहास लेखन की कई नव्य प्रविधियाँ सामने आ चुकी हैं और कई नव्य इतिहासवादी विमर्श खड़े हो चुके हैं तो बेहतर यही है कि उनके जरिए भी

शुक्ल जी के इतिहास का पुनर्पाठ किया जाय, उसका डिकंस्ट्रक्शन किया जाय ताकि उसकी टेक्स्ट के नीचे दबे हुए अर्थ अपने को स्पष्ट कर सकें।

हमारा प्रस्ताव है कि उनके इतिहास को इतिहासवादी और नव्य-इतिहासवादी नजरिए से भी पढ़ा जाना चाहिए और सर्वोपरि मिशेल फूको के विमर्शात्मक तरीके से भी पढ़ा-समझा जाना चाहिए।

पिछले तीस चालीस साल के दौरान इतिहास लिखने-बनाने के नजरिए पर जितना गहरा प्रभाव फूको का पड़ा है, उतना मार्क्सवादी नजरिए के बाद किसी अन्य नजरिए का नहीं पड़ा और चूँकि फूको मार्क्सवादी नजरिए को भी अपने तरीके से डिकन्स्ट्रंक्ट करके उसे एक वैमर्शिक चुनौती देते हैं, इसलिए उनका नजरिया और भी मानीखेज है। वे इतिहास को सत्तात्मक विमर्श और प्रतिविमर्श और उनके नाना जटिल संजालों से जोड़कर, उन अर्थ संजालों को चिन्हित करने की कोशिश करते हैं जो विमर्शों को बनाते एवं ठोसीकृत करते हैं। इसके बावजूद, वे यह भी कहते चलते हैं कि कोई भी विमर्श अपने आप में अन्तिम नहीं है। वे किसी भी चीज या संस्था के इतिहास बनने की प्रक्रिया के तन्त्र को, संजालों और उनके आपसी संघातों को उनकी अंतर्जटिलता में चिन्हित करते हैं साथ ही वे इतिहास के अन्दर चलने वाले कई तरह के इतिहासों के लिए जगह बनाते चलते हैं! वे उस इतिहास के बहुलतावाद के पुरोधा हैं जो 'एक इतिहास' की सत्ता को असम्भव मानता है। वे एक ही वक्त में अनेक इतिहासों की सत्ता मानते हैं और वैसा सिद्ध भी करते हैं।

सबसे बड़ी बात यह है कि वे इतिहास को 'एक रैखिक' नहीं मानते, न 'विलोमों'(बाइनरीज)से बना मानते हैं, बल्कि उसे अनेक सत्ता संजालों की कशमकश की कहानी (नेरेटिव) मानते हैं। ऐसा वे इसलिए कर पाते हैं क्योंकि वे इतिहास के 'सातत्य' (कन्टीन्यूइटी) की जगह उसकी 'टूटों' (ब्रेकों) को देख पाते हैं। उनके अनुसार इतिहास एक रेखा में नहीं चलता बल्कि उसके बीच बीच में अनेक 'टूटें' छिपी होती हैं और इस प्रक्रिया में वे उसकी 'टूटों' या 'संधों' (संधियों) की जोड़-गाँठों को देख पाते हैं, सतहों के नीचे के दबी उन 'दरारों' (क्रैकों) को देख पाते हैं जिनको किसी एक बड़ी रेखा के खींचने वाले ने एकदम दबा दिया है और इतना दबा दिया है कि उसकी दरारें तक नहीं दिख पातीं!

आज के फूकोई इतिहास लेखन, सबाल्टर्न इतिहास लेखन तथा दलितवादी, स्त्रीत्ववादी और पापूलर कल्चरवादी (कल्चरल मेटीरियलिस्ट) इतिहास लेखन और विमर्शों ने अब तक स्थापित 'एक-रैखिक' इतिहास की अवधारणा को

व्यर्थ कर दिया है। एक ही समय में कई इतिहास एक दूसरे को काटते और बेचैन करते चलते हैं।

रीतिकाल के उद्धार के लिए हमें शुक्ल जी के इतिहास में ऐसे ही दबा दिये गये चिन्हों और दरारों को पढ़ने की जरूरत है।

अपने एक रैखिक नजरिए की वजह से शुक्ल जी अपने इतिहास में उन 'शिफ्टों' को रेखांकित नहीं कर पाए जो स्वयं 'टूटों' की गवाह हैं। वे उन शून्यों को शून्य नहीं मान पाए न दरारों को दरार मान सके जिनकी वजह से हिन्दी साहित्य के इतिहास की गति 'वक्री' और शक्ल 'टूटी फूटी' होती गयी। वे इतिहास को वक्ररेखा में गतिमान नहीं मानते, बल्कि एक सीधी रेखा चलता हुआ मानते हैं और इस रेखा के अनुसार अतीत में एक काल स्वर्णकाल होता है, उसके बाद सब काल पतनकाल बन जाते हैं! भक्तियुग स्वर्णकाल है तो रीतिकाल पतनकाल और आधुनिक काल? उसकी तो बात ही क्या?

एक अनुत्तरित सवाल यह है कि भक्ति साहित्य के सुदीर्घ इतिहास के बाद अचानक ऐसा क्यों हुआ कि हिन्दी साहित्य में रीतिकाल इतना प्रबल हो गया जो सिर्फ एक साहित्यिक प्रवृत्ति ही नहीं, एक ऐसा मानक भी बन गया जिसके चलते हर कवि भक्ति को छोड़ शृंगार की कविता में या शास्त्र-कविता में लीन हो गया? भक्ति की केन्द्रिकता की जगह शृंगार की केन्द्रिकता इतने जबर्दस्त ढंग से किस प्रकार से स्थापित हो गयी? इतिहास में परिस्थितियाँ सामंतीय ही रहीं फिर भी साहित्य की 'प्रमुख प्रवृत्ति' गुणात्मक रूप से बदल गयी और इस कदर बदल गयी कि कविता के केन्द्र में धार्मिक सम्प्रदायों के गुरुओं, उनके द्वारा सिखाये गये मार्ग में दीक्षित होने या धर्म-साधना की जगह कविता के केन्द्र में रति, काम, शृंगार यौनता और आनन्दोपभोग आ गया। अध्यात्म से सीधे भोगवाद तक की यह विकट यात्रा किन कारणों से सम्भव हुई?

हिन्दी साहित्य का इतिहास : सेक्सुअलिटी के चिह्न-1

अब जरा इस 'शिफ्ट' के बारे में शुक्ल जी के विचार देखें और शुक्ल जी के इतिहास को जरा इस क्रम से पढ़ना शुरू करें :

विषय सूची के तुरन्त बाद दिये गये 'काल विभाग' नामक एक पेज की टिप्पणी की कुछ शुरुआती लाइनें इस प्रकार कहती हैं :

'जबकि प्रत्येक देश का साहित्य वहाँ की जनता की चित्तवृत्ति का

संचित प्रतिबिम्ब होता है, तब यह निश्चित है कि जनता की चित्तवृत्ति के साथ-साथ साहित्य के स्वरूप में भी परिवर्तन होता जाता है।' (वही, पृष्ठ 1)।

इसके आगे 'आदिकाल' (प्रकरण-1) में शुक्ल जी कहते हैं कि 'आदिकाल की दीर्घ परम्परा के बीच सौ-डेढ़ सौ वर्ष के भीतर तो रचना की विशेष प्रवृत्ति का निश्चय नहीं होता–धर्म, नीति, शृंगार, वीर सब प्रकार की रचनाएँ दोहों में मिलती हैं। इस अनिर्दिष्ट लोक प्रवृत्ति के उपरान्त जब मुसलमानों की चढ़ाइयों का प्रारम्भ होता है, तब से हम हिन्दी साहित्य की प्रवृत्ति एक विशेष रूप में बँधती हुई पाते हैं। राजाश्रित कवि और चारण जिस प्रकार नीति और शृंगार आदि के फुटकल दोहे राजसभाओं में सुनाया करते थे, उसी प्रकार अपने आश्रयदाता राजाओं के पराक्रमपूर्ण चरितों या गाथाओं का वर्णन भी किया करते थे' (वही, पृष्ठ 3)।

उपरोक्त दो उद्‌धरणों से हम समझ सकते हैं कि रीतिकाल में शृंगार की जो चढ़त हुई उसके बीज आदिकाल से ही पनपते चले आते थे। यानी कि रीतिकाल शून्य में उदित नहीं हुआ। उसकी जड़ें हिन्दी के परम्परागत साहित्य में है और कवियों के राजाश्रित होने में भी हैं।

अगर हम शुक्ल जी के इतिहास के अपभ्रंश साहित्य के प्रकरण में सरसरी नज़र से भी देखें, तो इस भाषा में एक ओर वीरता का रासो साहित्य बन रहा है। दूसरी और नाथ, सिद्ध, वज्रयानियों का महासुखवाद भी जारी था। इस काल में निर्वाण के तीन अवयव माने गये : शून्य, विज्ञान और महासुख! शुक्ल जी आगे कहते हैं कि उपनिषद् में तो ब्रह्मानन्द के परिणाम का अंदाज करने के लिए उसे सहवाससुख से सौगुना कहा था, पर वज्रयान में निर्वाण के सुख का स्वरूप ही सहवाससुख के समान बताया गया। शक्तियों सहित देवताओं के 'युगनद्ध' स्वरूप की भावना चली और उनकी नग्न मूर्तियाँ सहवास की अनेक अश्लील मुद्राओं में बनने लगीं, जो कहीं कहीं अब मिलती हैं। रहस्य या गुह्य की प्रवृत्ति बढ़ती गयी और 'गुह्यसमाज' या 'श्रीसमाज' स्थान-स्थान पर होने लगे' (वही, पृष्ठ-7)

क्या सिर्फ संयोग ही है कि जिस काल को शुक्ल जी आदिकाल कह रहे थे, उसी की समान्तरता में सन् 950 से 1050 के बीच शैव चंदेला राजाओं द्वारा खजुराहो के मन्दिर बनवाये जा रहे थे, जिनमें काम, कामुकता सेक्स और सेक्सुअलिटी को सेलीब्रेट करने वाले न जाने कितने उन्मुक्त मूर्ति शिल्प बने या कि इन मूर्तियों का वज्रयानियों के 'पंचमकार' के 'मैथुन' से

कोई आड़ा-तिरछा सम्बन्ध भी नहीं हो सकता? क्या यह सांस्कृतिक स्पेस में रति और सेक्सुअलिटी की सहज स्वीकृत केंद्रिकता का प्रमाण नहीं है? क्या रीतिकाल के कवि इस सब के असर से अछूते रहे हो सकते हैं?

श्रृंगार की केन्द्रिकता की इस चर्चा के लिए फिर शुक्ल जी की ओर लौटा जाय :

> वल्लभ सम्प्रदाय की पुष्टिमार्गी प्रेमाभक्ति के प्रचार के कारणों और उसकी व्यापक जन स्वीकृति के बारे में शुक्ल जी लिखते हैं कि 'वल्लभ सम्प्रदाय' में जो उपासना पद्धति या सेवा पद्धति ग्रहण की गयी, उसमें भोग, राग और विलास की प्रभूत सामग्री के प्रदर्शन की प्रधानता रही। मन्दिरों की प्रशंसा 'केसर की चक्कियों चलैं हैं' कह कर होने लगी। भोग-विलास के इस आकर्षण का प्रभाव सेवक-सेविकाओं पर कहाँ तक अच्छा पड़ सकता था।' (वही, पृष्ठ 86)

वल्लाभाचार्य की लाइन को लेकर शुक्ल जी के मन में जो कसक है, वह उपरोक्त से स्पष्ट है, लेकिन वे क्या करते इतिहास की माँग ही ऐसी थी कि मधुर रस, मधुरा भक्ति के बारे में लिखना पड़ा। भक्ति का श्रृंगार से सीधा सम्बन्ध नज़र आता था।

> इसी प्रसंग को आगे बढ़ाते हुए वे कहते हैं : 'सब सम्प्रदायों के कृष्णभक्त भागवत में वर्णित कृष्ण की ब्रजलीला को ही लेकर चले क्योंकि उन्होंने अपनी प्रेमालक्षणा भक्ति के लिए कृष्ण का मधुर रूप ही पर्याप्त समझा...श्रीमद्भागवत में श्रीकृष्ण के मधुर रूप का वर्णन होने से भक्तिक्षेत्र में गोपियों के ढंग का माधुर्यभाव का रास्ता खुला। इसके प्रचार में दक्षिण के मन्दिरों की देवदासी प्रथा विशेष रूप से सहायक हुई। माता-पिता मन्दिरों में लड़कियों को चढ़ा आते थे, जहाँ उनका विवाह ठाकुर जी के साथ हो जाता था।' (वही, पृष्ठ 86)।

शुक्ल जी के इतिहास में एक-ड़ेढ़ पृष्ठों में आया वल्लभाचार्य की ऐतिहासिक भूमिका का जिक्र इतिहास के अध्येताओं की नज़र से प्रायः ओझल ही रहा है, जिस पर ध्यान दिया जाना चाहिए, क्योंकि यहीं शुक्ल जी वल्लभाचार्य के वैचारिक हस्तक्षेप को एक खास संदर्भ में रखकर पढ़ते हैं, जो इस प्रकार है :

> ''कृष्णाश्रय' नामक एक 'प्रकरणग्रन्थ' में अपने समय की अत्यन्त विपरीत दशाओं का वर्णन किया है, जिसमें उन्हें वेदमार्ग या मर्यादामार्ग का अनुसरण अत्यन्त कठिन दिखायी पड़ा था। देश में मुसलमानों का शासन अच्छी तरह दृढ़ हो चुका था। हिन्दुओं का एक मात्र स्वतन्त्र

और प्रभावशाली राज्य दक्षिण का विजयनगर रह गया था, पर बहमनी सुलतानों के पड़ोस में रहने के कारण उसके दिन भी गिने हुए दिखायी पड़ते थे। इसलामी संस्कार धीरे-धीरे जमते जा रहे थे। सूफी पीरों के द्वारा सूफी पद्धति की प्रेमभक्ति का प्रचारकार्य धूम से चल रहा था। एक ओर निर्गुणपन्थ के सन्त लोग वेदशास्त्र की विधियों से जनता की आस्था हटाने में जुटे हुए थे। अतः वल्लभाचार्य ने अपने पुष्टिमार्ग का प्रवर्तन बहुत कुछ देशकाल देखकर किया।' (वही, पृष्ठ 86)।

वल्लभाचार्य के पुष्टिमार्ग की थियरी का उत्स श्रीमद्भागवत के ये दो पद रहे :

'पोषणं तदनुग्रहः' अर्थात् 'पुष्टिमार्ग एकमात्र भगवान के अनुग्रह पर निर्भर है'। यह मार्ग इसलिए सुकर है क्योंकि 'मर्यादामार्ग' वेदविहित मार्ग है। 'भगवान जीवों पर अनुग्रह करने के लिए ही अवतार-रूप में पैदा होते हैं। उनके अवतार धारण करने का हेतु साधुओं का परित्राण या दुष्टों का विनाश नहीं, वरन साधन-निरपेक्ष मुक्ति प्रदान करना है। उनका अनुग्रह भी उनकी लीला मात्र है, जिसका उससे बाह्य कोई अन्य प्रयोजन नहीं है। वह उनकी नित्य लीला का एक प्रमुख रूप है। पुष्टिभक्ति रागात्मिका या रागानुगा भक्ति है, जो भगवत कृपा से प्राप्त भगवत प्रेम पर ही आश्रित है। इसीलिए इसे प्रेम-लक्षणा भक्ति कहते हैं', (हिन्दी साहित्य कोश, भाग एक, पृ. 385)

अगर इस मार्ग के नवधा भक्ति विधान और अन्य तकनीकी पदावली को छोड़ भी दें, तो भी इतना तो कहा ही जा सकता है कि पुष्टिमार्ग की प्रेम केन्द्रित भक्ति पद्धति अपने समग्र रूप में एकदम सहज दैनिक व्यवहार पर आधारित है। यह प्रेमा भक्ति इतनी लचीली है कि इसे किसी भी रूप में किया जा सकता है :

'प्रेम के अनेक भाव हैं इसलिए भक्ति भी किसी भी भाव से की जा सकती है। भक्ति के भाव विस्तार को इतना व्यापक माना गया है कि भागवत के अनुसार...काम, क्रोध, भय, स्नेह, ऐक्य अथवा सौहार्द किसी भाव से नित्य ध्यान धरने से भगवन्मय होने का विश्वास प्रकट किया गया है। सूरदास ने भी भागवत के उक्त वचन का प्रमाण देते हुए गोपियों की कांतारति की व्याख्या की है :

'काम क्रोध में नेह सुहृदता कोई विधि करै कोई।
धरै ध्यान जो हठि करि हरि को सूर सो हरि को होई!'

ध्यान रहे कि 'कांतारति' पुष्टिमार्ग का एक केन्द्रीय पद है! यदि भक्ति का कलेवर हटा दिया जाय तो शृंगार का स्थायी 'रति' इससे बहुत भिन्न नहीं दिखता।

भक्तिकालीन कविता में शृंगार की ऐसी केन्द्रिकता एकाएक नहीं पैदा हो गयी होगी, बल्कि इसकी भी एक परम्परा रही होगी, जो सम्भवतः वात्स्यायन कामसूत्र और नाट्यशास्त्र में नव रस और उनमें सर्वोपरि शृंगार रस की स्थापना और नायक नायिकाओं के वर्णन से जुड़ती चली आती होगी।

(ध्यान रहे कामसूत्र वो बुनियादी टेक्स्ट रही जो संस्कृत 'कविशिक्षा' में भी काम आती थी। रीतिकाल के शृंगार की केन्द्रिकता का इससे सीधा सम्बन्ध हैं। संस्कृत में 'कविशिक्षा' के लिए कामसूत्र के एक टेक्स्ट के रूप में होने का उल्लेख इस लेखक ने 'रीतिकाल में फूको विचरण' के तीसरे लेख में किया है जो 'प्रतिमान' सितम्बर अक्तूबर 2016 में छपा है)।

हिन्दी साहित्य का इतिहास : सेक्सुअलिटी के चिह्न–2

रति या सेक्सुअलिटी की सतत साहित्यिक उपस्थिति के आगे शुक्ल जी की हकलाहट देखिए : शुक्ल जी के अनुसार डेढ सौ साल तक तुलसी की रामभक्ति का प्रभाव रहा। उसके प्रभाव से रामभक्तिधारा का बोलबाला रहा। उसके बाद श्रद्धा और प्रेम के मिश्रण से बनने वाले भक्तिमार्ग में से 'श्रद्धा' की मात्रा जैसे ही कम हुई वैसे ही उसका पतन शुरू हुआ :

> 'जो भक्तिमार्ग श्रद्धा के अवयव को छोड़कर केवल प्रेम को ही लेकर चलेगा धर्म से उसका लगाव न रह जायगा। वह एक प्रकार से अधूरा रहेगा। शृंगारोपासना, माधुर्यभाव की ओर उसका झुकाव होता जायेगा और धीरे धीरे उसमें 'गुह्य, रहस्य' आदि का भी समावेश होगा। परिणाम यह होगा कि भक्ति के बहाने विलासिता और इन्द्रियासक्ति की स्थापना होगी। कृष्णभक्ति शाखा कृष्ण भगवान के धर्मस्वरूप–लोकरक्षक और लोकरंजक स्वरूप–को छोड़कर केवल मधुर स्वरूप और प्रेमलक्षणाभक्ति की सामग्री को लेकर चली। इससे धर्म सौन्दर्य के आकर्षण से वह दूर पड़ गयी। तुलसीदास जी ने भक्ति को अपने पूर्णरूप में, श्रद्धाप्रेम के समन्वित रूप में सबके सामने रखा और धर्म और सदाचार को उसका नित्य लक्षण निर्धारित किया।
>
> 'अत्यन्त खेद की बात है कि इधर कुछ दिनों से एक दल इस रामभक्ति

को भी श्रृंगारी भावनाओं में लपेटकर विकृत करने में जुट गया है...इधर आकर कृष्णभक्ति शाखा का प्रभाव बहुत बढ़ा। विषयवासना की ओर मनुष्य की स्वाभाविक प्रवृत्ति के कारण कुछ दिनों से रामभक्तिमार्ग के भीतर भी श्रृंगार भावना का अनर्गल प्रवेश हो रहा है।'

इसके आगे शुक्ल जी इस रामचरितमानस के टीकाकार रामचरण दास की 'स्वसुखीशाखा' को जमकर कोसते हैं कि किस तरह से दास ने रामभक्ति के के नाम पर 'पतिपत्नीभाव की उपासना चलाई' और अपनी शाखा का नाम 'स्वसुखीशाखा' रखा। स्त्रीवेश धारण करके पति 'लाल साहब' (यह खिताब राम को दिया गया है) से मिलने के लिए सोलह श्रृंगार करना, सीता की भावना सपत्नी रूप में करना आदि इन (इस?) शाखा के लक्षण हुए'...

'कोशलखण्ड में राम की रासलीला, विहार आदि के अश्लील वृत्त कल्पित किये गये हैं और कहा गया है कि रासलीला तो वास्तव में राम ने की थी....' (उपरोक्त सभी उद्धरण हिं.सा.इ./शुक्ल/83)

इसके आगे वे रामभक्ति में 'सखीभाव' के प्रवर्तक 'तत्सुखी' शाखावाले 'युगलानन्यशरण' को जमकर कोसते हैं।

उपरोद्धत 'खेद की बात है' और 'श्रृंगार भावना का अनर्गल प्रवेश' पर ध्यान दें। इसके साथ 'श्रद्धा भाव' के कम होते जाने और 'प्रेम का अवयव अपनाने' के फलस्वरूप, राम के 'अश्लील वृत्त कल्पित करने' के चलन और उससे निकलने वाले तर्कों को देखें तो साफ हो जाता है कि शुक्ल जी के इतिहास के लेखन के केन्द्र में रामभक्ति है, उसमें भी तुलसी की रामभक्ति है और उसमें रासलीला का नया प्रवेश सबसे बड़ा पाप है! शुक्ल जी की इतिहास दृष्टि के केन्द्र में रामभक्ति है। यह 'साधनावस्था' है। कृष्णभक्ति की रासलीला आदि 'सिद्धावस्था' है। साधना पूरी हो तो 'सिद्धावस्था' का नम्बर आये! साधनावस्था में सिद्धावस्था वर्जित है!

जब रामकथा में रासलीला का मिश्रण इतना बड़ा अपराध है, तब रीतिकाल की 'अश्लीलता' तो और भी बड़ा अपराध हुई न!

इतिहास की यह बहुवचनता ही तो थी, जिसके चलते जिस रामकथा को तुलसी ने अपनी भक्तिभावना के साथ कहा, उन्हीं के मानस के एक टीकाकार ने उसमें 'रासलीला' का प्रवेश उचित माना। लेकिन शुक्ल जी को यह 'बहुवचनता' हरगिज स्वीकार नहीं होती। इस 'पतन' को देखकर शुक्ल जी लगभग उसी तरह से दुखी दिखते हैं, जिस तरह कलिकाल को देखकर गोस्वामी जी 'मानस' में दुखी दिखते हैं।

लेकिन क्या करें, यह कलिकाल है ही ऐसे मिजाज का कि उसने रामभक्ति से 'श्रद्धाभाव' को 'निष्कासित' कर सबसे पहले 'प्रेमभाव' की स्थापना की!

रामलीला में रासलीला की जरूरत क्यों कर हुई? किन सामाजिक–सांस्कृतिक कारणों से ऐसा हुआ? इसका जबाव शुक्ल जी के यहाँ नहीं मिलता।

शुक्ल जी अपने इतिहास के एकदम आरम्भ में जिन राजनीतिक स्थितियों का वर्णन करते हैं अथवा भक्तिसाहित्य की भूमिका के रूप में जिन स्थितियों और उनके प्रभावों का वर्णन करते हैं, उन्ही में वे भक्ति के उत्स का कारण ढूँढ़ते हैं, लेकिन रीतिकाल की कविता में जो गुणात्मक 'शिफ्ट' आती है, वे उसके 'कारकों' पर प्रकाश नहीं डाल पाते। उनका सारा ध्यान लक्षणग्रन्थकारों के 'आचार्यत्व' की अ–मौलिकता पर लगा रहता है।

हम जानते हैं कि हम शुक्ल जी से उन सभी सवालों के जबावों की माँग नहीं कर सकते, जो आज उठ रहे हैं, लेकिन इसका मतलब यह भी नहीं कि हम उनके इतिहास की इस एकवचनवादी एक–रैखिकता को प्रश्नांकित भी न करें!

जो सवाल अब तक नहीं उठाए जा सके और जिनका जबाव भी नहीं खोजा जा सका, उनको हमें अब देखना समझना चाहिए। हमें पूछना चाहिए कि भक्तिकालीन भक्तिभावना की प्रबलता के बावजूद नायिका भेद कविता के केन्द्र में कैसे आ गया? कविता में सेक्सुअलिटी आकर कैसे बैठ गयी और रीति कविता में उसे लेकर वैसा अपराधबोध क्यों नहीं दिखता जैसा भक्तिकालीन कविता में दिखता है?

हिन्दी साहित्य का इतिहास : सेक्सुअलिटी के चिह्न–3

रीतिकाल में शृंगार और नायिका भेद वर्णन की केन्द्रिकता का कारण सिर्फ आश्रयदाता राजाओं की भोगवृत्ति से पैदा हुई माँग भर नहीं थी, बल्कि वह एक सहज–सामाजिक, सांस्कृतिक प्रवृत्ति की तरह भी रही। रीतिकालीन कविता उसका एक तरह से प्रतिबिम्बन ही कर रही थी।

इस मामले में नगेन्द्र ने 'रीतिकाव्य की भूमिका' में जो लिखा है वह पठनीय है। शृंगारिकता की प्रमुखता के कारणों पर विचार करते हुए नगेन्द्र कहते हैं :

'शृंगार की अतिशयता को तात्कालिक सामाजिक परिस्थिति और

साहित्यिक प्रभावों प्रकाश में अत्यन्त सरलता से समझा जा सकता है। भारतीय इतिहास में यह घोर अधःपतन का युग था। –मुसलमानों का जीवन तो ऐहिक शक्ति और सुख के अतिचार के कारण जर्जर हो गया था और हिन्दू जीवन पराभव से जीर्ण था। भक्ति-युग में हिन्दुओं को सिर्फ राजनीतिक पराभव ही सहना पड़ा था, आर्थिक स्थिति चिन्ताजनक नहीं थी। इसके अतिरिक्त उस समय के लोकनायक महात्माओं ने आध्यात्मिक विश्वासों का ऐसा मांगलिक प्रकाश विकीर्ण कर दिया था कि हिन्दुओं ने सब कुछ खोकर भी जीने का उत्साह न खोया था। परन्तु रीतिकाल तक आते आते आर्थिक स्थिति सर्वथा भ्रष्ट हो गयी थी और वह आध्यात्मिक प्रकाश भी विलुप्त हो चुका था। अब न तो जीवन का स्वस्थ बाह्य अभिव्यक्ति का ही अवसर था और न सूक्ष्म आन्तरिक (आध्यात्मिक)अभिव्यक्ति का ही। उसकी समस्त प्रवृत्तियों घर की चार दीवारी में ही सीमित रह गयीं। घर में ही जो कुछ कृत्रिम या अकृत्रिम उपकरण सम्भव थे, उनको ही जुटाकर लोग जीवन निर्वाह कर रहे थे। निदान विलास की सरिता दोनों कूलों को तोड़कर बह रही थी। विलास का केन्द्र बिन्दु थी नारी जिसके चारों अनेक कृत्रिम उपकरण एकत्र थे। इन सबके विस्तृत विवरण के लिए रीतिकाल की सामाजिक पृष्ठभूमि में उद्धृत बर्नियर का उदाहरण पर्याप्त होगा। इस युग में यह अभिव्यक्ति केवल घर के भीतर ही सम्भव थी, जहाँ उसकी समस्त आकांक्षाएँ केवल नारी के शरीर के चारों ओर ही मँडरा सकती थीं। पराभव के और भी युग भारतीय जीवन में आये, पर उन युगों में भी काम की ऐसी सार्वभौम उपासना नहीं हुई। कारण यह था कि इन युगों मे नैतिक आदर्श दृढ़ और कठोर थे जो इस प्रवृत्ति के प्रतिकूल पड़ते थे। परन्तु रीतिकाल में कृष्णभक्ति की परम्परा से नैतिक अनुमति भी एक प्रकार से इसे प्राप्त हो गयी। अतएव अब किसी प्रकार के अप्राकृतिक संकोच अथवा दमन की आवश्यकता भी नहीं पड़ी। काम की उपासना जीवन के स्वीकृत सत्य के रूप में होती थी।' (वही/167-168)

नगेन्द्र आगे कहते हैं कि रही कसर फारसी साहित्य की शृंगारिकता और संस्कृत प्राकृत साहित्य की शृंगारिकता ने पूरी कर दी।

'नैतिक आदर्शों का (की?) अनुमति होने के कारण रीतिकाल में कामवृत्ति को अभिव्यक्ति के लिए पूर्ण स्वच्छन्दता थी। अतएव रीतिकाव्य की शृंगारिकता में अप्राकृतिक गोपन या दमन से उत्पन्न ग्रन्थियाँ नहीं हैं। उसमें

स्वीकृत रूप से शरीर की सुख की साधना है जिसमें न आध्यात्मिकता का आरोप है, न वासना के उन्नयन अथवा प्रेम को अतींद्रिय रूप देने का उचित अनुचित प्रयत्न। परतु इस निर्बाध वासना तुष्टि का एक दुष्परिणाम भी हुआ : वह यह कि काम जीवन का अन्तरंग साधक तत्व न रह कर बहिरंग का साध्य बन गया। इसीलिए रीतिकाव्य की श्रृंगारिकता में प्रेम की एक निष्ठता न होकर विलास की रसिकता ही प्रायः मिलती है और उसमें भी सूक्ष्म आन्तरिकता की अपेक्षा स्थूल शारीरिकता का प्राधान्य है। प्रेम भावना प्रधान एवं एकोन्मुखी होता है, विलास या रसिकता उपभोग प्रधान और अनेकोन्मुखी होती है। तभी तो प्रेम में तीव्रता होती है और रसिकता में केवल तरलता। रीतिकाल के प्रतिनिधि कवि बिहारी, मतिराम, पद्माकर रसिक ही थे, प्रेमी नहीं।' (वही/168)

लेकिन इस श्रृंगारिकता का 'स्वरूप प्रायः सर्वत्र ही गार्हस्थिक है। इसका कारण यह है कि रीतिकाव्य श्रृंगार परम्परा का ही स्वाभाविक विकास है' (वही/169)

उपरोक्त में श्रृंगारिकता के विमर्श में नगेन्द्र एक ओर श्रृंगारिकता की रक्षा करने में भी लगे हैं, दूसरी ओर उसे अनैतिक ठहराने में भी लगे हैं। वह कामुकता और विलास की ओर ले जा रही है, लेकिन उसका स्वरूप है 'गार्हस्थिक' और 'भारतीय परम्परा में' भी है।

श्रृगारिकता की व्यवस्था को लेकर नगेन्द्र की दुविधा तब और स्पष्ट हो जाती है, जब वे कहते हैं कि 'रीतिकालीन कवियों का नारी दृष्टिकोण भी सर्वथा सामन्तीय है जिसके अनुसार वह समाज की चेतन इकाई न होकर बहुत कुछ जीवन का एक उपकरण मात्र है'(वही/171)

इसके आगे नगेन्द्र एक महत्त्वपूर्ण स्थापना करते हैं जो उनके उक्त नैतिक विमर्श को पलट देती है और उनके विमर्श में आयी नारी उपभोग की 'निष्क्रिय' वस्तु न रहकर अचानक 'सक्रिय इकाई' बन जाती है।

नगेन्द्र कहते हैं कि :

'यह ठीक है कि रस प्रसंगों में नारी भी कम सक्रिय नहीं दिखायी गयी। एक प्रकार से वह पुरुष की अपेक्षा अधिक सक्रिय है—पुरुष को हम प्रायः उसके चरणों पर सिर रखते देखते हैं, इसका अर्थ फिर भी यह नहीं होता कि रीतियुग की नारी का कोई स्वतन्त्र प्रेरक अस्तित्व है। उसकी समस्त सक्रिया (सक्रियता?) —सभी चेष्टाएँ वास्तव में उसके उपभोग्यता में श्रीवृद्धि करने के

ही निमित्त प्रदर्शित की गयी हैं–उनको इसीलिए तो नायिका के अलंकार के अन्तर्गत परिगणित किया गया है। नारी के व्यक्तित्व–उसके प्रेम विरह, सुख दुख, हाव भाव, लीला विलास का एक ही उद्देश्य है, उसके आकर्षण को समृद्ध करते हुए उसको अधिक से अधिक उपभोग्य बना देना...नायिका-भेद का विस्तार नारी को भोग्य रूपों का विस्तार ही तो है।' (वही/171)

('नारी की सक्रियता' पर नगेन्द्र की यह टिप्पणी हमारे लिए तब और भी स्मरणीय और उपयोगी होगी, जब हम फूको के माध्यम से सेक्सुअलिटी के दमन की विक्टोरियन परम्परा का जिक्र करेंगे और फूको के हवाले से उसके बरअक्स उन्मुक्त सेक्सुअलिटी की भारतीय परम्परा का जिक्र करेंगे!)

फिलहाल नगेन्द्र के रीतिकालीन विमर्श को ही देखें। इस विमर्श की एक खास बात यह है कि यहाँ रीतिकाल की 'ऐतिहासिक पृष्ठभूमि' पर विचार किया गया है और एक प्रकार के 'पाजिटिविस्टिक निष्कर्षवाद' से तत्कालीन साहित्य को सामाजिक अवस्था का 'प्रतिबिम्ब मात्र' मानकर चला गया है।

नगेन्द्र का मानना है कि :

(1) समस्त देश युद्धों से आक्रान्त था, जिनके कारण व्यवस्था पूरी तरह छिन्न भिन्न हो गयी थी। केन्द्रीय शासन के दुर्बल हो जाने से विभिन्न प्रान्तों में छोटे-छोटे महत्वहीन शासन स्थापित हो चुके थे। मुगल शासन की विराट गरिमा के नष्ट हो जाने से देश की राजनीति में क्षुद्रता आ गयी थी।

(2) यह राजनीतिक अध:पतन का युग था। शासन समुदाय में मौलिक प्रतिभा नि:शेष हो चुकी थी। स्वयं औरंगजेब सफल राजनीतिज्ञ नहीं था।

(3) ...औरंगजेब के सभी उत्तराधिकारी कर्मचारियों के हाथ की कठपुतली थे। व्यक्तित्व का इतना घोर अकाल और किसी युग में नहीं पड़ा...

(4) इसी समय देश पर भयंकर आक्रमण हुए–नादिरशाही और अहमदशाह अब्दाली के हमलों ने गिरती हुई दीवारों को एक धक्के में धराशायी कर दिया। दिल्ली के कत्ले आम और पानीपत की पराजय ने देश के रहे सहे बल को नष्ट कर दिया।

(5) इस युग का शासन विधान स्वेच्छाचारी राजतन्त्र था जो सैनिक सामन्तीय पद्धति पर चल रहा था... (वही/8-9)

कवि और कलावन्तों की स्थिति 'विचित्र' थी। औरंगजेब की मृत्यु के बाद कवि कलावन्त 'दिल्ली के दरबार को छोड़कर विभिन्न राजाओं, सूबेदारों,

नवाबों और रईसों के दरबार में बिखर गये स्वभावतः उनकी सामाजिक स्थिति बहुत गिर गयी।' (वही/10)

नगेन्द्र कहते हैं कि :

शाहजहाँ का राज्यकाल वैभव और ऐश्वर्य से जगमग था... (वही/10) मुगल अन्तःपुर का वैभव इन्द्र-भवन को मात करता था...बेगमों का सारा शरीर आपादचूढ़ जवाहिरातों से ढका हुआ होता था। इनकी पोशाकें बहुमूल्य और इत्र में बसी होती थीं-दिन में न जाने कितनी बार ये वस्त्र बदलती थीं। रीतिकाव्य की वासकसज्जाओं को इनसे सीधी प्रेरणा मिलती होगी। दरबार के अमीरों और कर्मचारियों का जीवन भी कम ऐश्वर्यपूर्ण नहीं था। अधिकृत राजा अपने मुगल अधिपतियों का अनुसरण करते थे। उनके महलों में भी इन्द्रसभा जुड़ी रहती थी। (वही /11)

बर्नियर के साक्ष्य के अनुसार राजमहलों में भिन्न भिन्न वर्णों और जातियों की 2000 स्त्रियाँ रहती थीं। इनमें से अनेक बादशाह की सेवा और बहुत सी शहजादियों के मनोरंजन और शिक्षा के लिए नियुक्त थीं। शिक्षा प्रायः आशिकाना गजलों और फारस की अश्लील प्रेम कहानियों आदि की ही होती थी। इनमें से बुड्ढी स्त्रियों से जासूसी का काम लिया जाता था। ये स्त्रियाँ स्थान स्थान से सुन्दरी स्त्रियों को धोखे, फरेब या लालच से महल में ले आती थीं। रीतिकाव्य की दूतियाँ बहुत कुछ इनका ही प्रतिरूप थीं...सम्राट के महलों में सुन्दरी के साथ सुरा का भी उन्मुक्त व्यापार था...

औरंगजेब ने इस अतिचार को बन्द करने का प्रयत्न किया। उसने सुरा और अन्य मादक वस्तुओं को निषिद्ध कर दिया। वेश्याओं को शादी करने पर मजबूर किया, परन्तु समस्त देश में वासना का सागर ऐसे प्रबल वेग से उमड़ रहा था कि शुद्धिवादी सम्राट के सभी निषेध-प्रयत्न उसमें बह गये...

देश की परिस्थिति ज्यों ज्यों बिगड़ती गयी, त्यों त्यों विलास के ये साधन भी अधिक अस्वस्थ होते गये, जिनसे समाज का मानस पूरी तरह विकृत हो गया (वही/12-13)

...वर्ण व्यवस्था का लोप हो चला था...सम्राट, सूबेदार, फौजदार, जमींदार सभी का शिकार बेचारा किसान था जिसके कष्टों को केवल भगवान ही सुन सकता था...(वही/13)

राजनीतिक और सामाजिक अधोगति का स्वाभाविक परिणाम था नैतिक

अधोगति...बादशाह ओहदे बेचते थे...प्रजा के हृदय से स्वामिभक्ति, सत्याचरण और कर्तव्यनिष्ठा की भावनाएँ लुप्त हो गयीं, स्वार्थ साधना प्रबल हो उठी। बाद में जहाँ दारशाह जैसे बादशाहों ने मुगल-वंश का गौरव बिलकुल ही धूल में मिला दिया। उसकी रखैल लालकुंवर स्वयं सम्राट और बड़े बड़े अमीरों का जनता में अपमान कर देती थी। यही व्यवहार राजपूताना में मारवाड़ नरेश विजय सिंह की पासबनी वेश्या उसके और उसके सामन्तों के साथ कर रही थी। शाहजादों, राजपुत्रों और अमीरजादों की शिक्षा का उचित प्रबन्ध नहीं था। उनका भरण-पोषण भी जिस कलुषित वातावरण में होता था, वह उन्हें विलासी और निर्वीर्य ही बना सकता था–उन पर हिजड़ों और दासियों का प्रभुत्व था...(वही/14-15)

उपरोक्त विवरण से हम नगेन्द्र के रीतिकाव्य को लेकर चल रहे नैतिक विमर्श को भलीभाँति परिलक्षित कर सकते हैं और परिस्थितियों की उनकी समीक्षा से जान सकते हैं कि वे केंद्रीकृत सशक्त मुगल शासन और तत्जन्य नैतिक पराभव को रीतिकाव्य में आये श्रृंगार और रास-विलास के वर्णन के लिए जिम्मेदार मानते हैं।

नगेन्द्र कहते हैं कि 'धर्म इस युग में रूढ़िवाद बन गया था'... 'दृष्टिकोण पूर्णतः 'ऐहिक' हो गया था'...(वही/17)

धार्मिक परिस्थिति का वर्णन करते हुए वे इतिहासकार ताराचन्द के हवाले से कहते हैं कि वैष्णवधर्म की शाखाप्रशाखाओं...में भी सबसे अधिक प्रचलित थी कृष्णभक्ति शाखा क्योंकि वही इस युग की प्रवृत्ति के अनुकूल थी...वैभव के अभिशाप से ये भी अछूते नहीं रह पाए...जब भक्त लोग इस प्रकार ऐश्वर्य और विलास में संलग्न थे, तो भगवान उनसे कैसे वंचित रहते!

उनके विलास के लिए भी इतने साधन एकत्र किये गये थे कि 'अवध के नबाव तक को उनसे ईर्ष्या हो सकती या कुतुबशाह भी अपने अन्तःपुर में उनका अनुसरण करना गर्व की बात समझते'। यही दशा माधव, निंबार्क, चैतन्य तथा राधावल्लभी सम्प्रदायों की गद्दियों की थी। उनमें राधा की महत्ता के कारण श्रृंगार भावना और भी स्पष्ट रूप से व्यक्त हो रही थी। (वही/17)

'रामचरितमानस' के स्थान पर अब 'ब्रजविलास' की ही रचना हो सकती थी। सूर और नन्ददास की प्रतिभा सर्वथा लुप्त हो चुकी थी,

> परन्तु उनकी श्रृंगारिकता का निर्जीव अनुकरण अब भी बड़े उत्साह के साथ हो रहा था। (वही /21)

चित्रकला और संगीतकला का भी कुछ ऐसा ही हाल था। रीतिकाव्य के हर अध्ययन में लगभग इसी तरह की उद्भावनाएँ नज़र आती हैं राजनीतिक सामाजिक पतन, सांस्कृतिक पतन के परिणाम स्वरूप विलासिता का नंगा नाच, उसके लिए कविता में श्रृंगार रस और नायिकाभेद का और अलंकरण और आलंकारिकता का बाहुल्य! अच्छे शासक न रहे तो कवियों में मौलिकता भी न रही! नगेन्द्र के तर्क कुछ इसी तरह चलते हैं।

रीतिकाल का आभ्यंतर वर्ण्य 'श्रृंगार' मानने वाले आचार्य विश्वनाथ प्रसाद मिश्र इसका कारण बताते हुए कहते हैं कि :

> इस काल के अधिकांश कवि दरबारी थे। कोई देशी नरेशों की दरबारदारी करता था तो कोई विदेशी या मुसलमान बादशाहों, शाहों या दीवानों की। देशी दरबारों या सभाओं में हिन्दी के कवियों को अपना चमत्कार दिखाने में संस्कृत के पंडितों से अपना जोड़ तोड़ भिड़ाना पड़ता था और मुसलमानी दरबारों में भी अपना रंग जमाने में फारसी या उर्दू शायरी से मोरचा लेना पड़ता था। संस्कृत वाले श्रृंगार की मुक्तक रचना सामने लाते थे, जिसमें वे नायक नायिका, ऋतु वर्णन, रूप कथन आदि की छटा दिखाते थे, हिन्दी वालों को भी यही करना पड़ता था। नरेश ही नहीं छोटे-छोटे ताल्लुकेदार और जमींदार तक ऐसी रचना के शौकीन हो गये थे। कवि कर्म करने वालों के ये ही तो आश्रयदाता थे। मुसलमानी दरबारों में फारसी या उर्दू की रचना प्रेम का ही बँधा-बँधाया विषय (थीम) लेकर चलती थी। उसके जोड़ में हिन्दी-कवियों ने श्रृंगार या नायक-नायिका भेद की रचना सामने की। उधर से वे शेर पढ़ते या गजल गाते थे, इधर से ये कवित्त, सवैया या दोहा भनते थे। (वही/38-39)

मिश्र जी यह भी कहते हैं कि शुद्ध या पृथक रूप में श्रृंगार की प्रस्तावना (यानी रीतिकाल से) कम से कम सौ वर्ष पूर्व अर्थात् संवत् 1600 के आसपास अवश्य हो गयी थी। (वही/45)

इसी क्रम में वे आगे कहते हैं कि राधा-कृष्ण के श्रृंगार वर्णन की उद्भावना श्रृंगारकाल की न थी, बहुत पहले की थी। विद्यापति आदिकाल में ही राधा-कृष्ण की प्रेमलीला का वर्णन साहित्यिक दृष्टि से (भक्त की दृष्टि से नहीं) कर गये थे...उन्हें भक्त कवि कहना भ्रांतिशून्य नहीं है। उनके राधा-कृष्ण भक्ति के नहीं श्रृंगार के देवता हैं। (वही/50)

कहने की जरूरत नहीं कि रीतिकाल का नाम देते हुए भी शुक्ल जी अपने इतिहास में मानते हैं कि 'इस काल में प्रधानता श्रृंगार की ही रही। इससे इस काल को रस के विचार से कोई श्रृंगारकाल कहे तो कह सकता है।' (वही/133)

रीतिकालीन कविता का एजेंडा

भक्ति केन्द्रिकता से 'सेक्सुअलिटी' की ओर इस निर्णायक 'शिफ्ट' के पीछे मुगलकाल में होने वाले कुछ महत्त्वपूर्ण सामाजिक आर्थिक परिवर्तन थे, उनका असर समाज पर हुआ। शिल्पकारों का काम बढ़ा। उत्तर मुगलकाल में सत्ता का विकेन्द्रण हुआ और कविता से समाज की अपेक्षाएँ बदलीं। कविता धर्म और मन्दिर को छोड़कर दरबार में आ गयी। कविता का स्पेस बदल गया और उसका एजेंडा भी बदल गया।

देव ने रीतिकालीन कविता की 'यौनता' (सेक्सुअलिटी) का घोषणापत्र इन शब्दों में घोषित किया :

'काम अन्धकारी जगत, लखै न रूप कुरूप!
हाथ लिए डोलत फिरत, कामिनि छरी अनूप!!
तातैं कामिनी एक ही, कहन सुनन को भेद!
राचै पागै प्रेम रस, मेटै मन के खेद!!
रची राम संग भीलनी, जदुपति संग अहीरि!
प्रबल सदा बनवासिनी, नवल नागरिन पीरि!!
कौन गनै पुर बन नगर, कामिनि एकै रीति!
देखते हरै विवेक कों, चित्त हरै करि प्रीति!!

('रीतिकाव्य की भूमिका' में उद्‌धृत/पृ. 171)

अर्थात यह जगत कामान्ध है। वह रूप कुरूप की परवाह नहीं करता। यहाँ 'कामिनि' अपनी अद्‌भुत छड़ी को लिए डोलती फिरती है। कामिनी प्रेम रस में पाग कर मन के खेद मिटाती है। भीलनी राम के रंग में राची थी। अहीरिनें कृष्ण के रंग में थीं। और वनवासिनी हों या नागरी हों, चाहे पुर हो, चाहे वन हो, चाहे नगर हो, कामिनी की एक ही रीति है!

देव के इन दोहों की व्यंजना को पढ़ें : ऐसा लगता है कि देव का जितना जोर 'काम अन्धकारी जगत' पर है उतना ही, पुर, वन और नगर में 'कामिनी' की प्रबल उपस्थिति पर है! 'पुर वन नगर' वह स्पेस है जिसमें 'काम' है और 'कामिनी' है।

स्पष्ट है कि इस दौर में जनरुचि में एक बड़ी 'शिफ्ट' हुई। कविता के केन्द्र में भगवान और भक्त की जगह 'कामिनी' आ गयी। जनरुचि में शिफ्ट हुई तो कविता में भी शिफ्ट पैदा हुई!

कविता के विषयों के बदलाव के पीछे सामाजिक बदलाव और तज्जन्य जनरुचियों के बदलाव काम करते होते हैं और खास तरह की कविता की माँग पैदा करने वाली जनरुचि कविता में व्यक्त होकर अपना दायरा और प्रभाव बढ़ाती है।

नव्य-इतिहासवादी विमर्श की जरूरत

इसे समझने के लिए हम फिर इतिहासवाद, नव्य इतिहासवाद और फूको के इतिहास-विमर्श की ओर लौटें। इतिहास की निर्मितता को डिकंस्ट्रक्ट करने के लिए नव्य-इतिहासवादी एवं सांस्कृतिक भौतिकवादी विमर्श तो जरूरी हैं ही, साथ ही, फूको के इतिहास पढ़ने-गढ़ने के तरीके से आवश्यक हैं।

फूकोवादी पद्धति ही ऐसी पद्धति हो सकती है जो अब तक के लिखे गढ़े गये इतिहास की परतों, उनमें काम कर रहे सत्ता संजालों उनको स्वीकृत बनाने वाले तरीकों को उनकी समूची जटिलता में खोल सकती है और हमें यह समझ दे सकती है कि जो भी इतिहास लिखा गढ़ा गया है, वह एक सत्तात्मक विमर्श है। वह कोई 'आब्जेक्टिव' सत्य का तटस्थ या मासूम या दैवी वर्णन नहीं है। दैवी है भी, तो उसे बनाया गया है। वह मूलतः एक कंस्ट्रक्ट (निर्मित) है। एक टेक्स्ट है। और उसका अपना तन्त्र है जिसके जादू में फँसकर हम उसे एकमात्र 'करेक्ट' समझकर सत्य मान लेते हैं जबकि और बहुत से सत्य उससे टकराते रहते हैं।

इतिहास सिर्फ घटनाओं को गिनाने का नाम नहीं है, न साहित्य का इतिहास साहित्यकारों या उनकी कृतियों को क्रमशः गिनाने का पर्याय है। जिस तरह इतिहास एक जटिल और अनेक स्तरीय विमर्शात्मक गढ़न हैं, उसी तरह साहित्य का इतिहास भी। साहित्य का इतिहास समाज के इतिहास का प्रतिबिम्ब मात्र नहीं है। वह उससे ज़्यादा और समाज का आइना भी होता है जो समाज से बनता है और जो समाज और उसके इतिहास को बनाता है।

साहित्य के इतिहास के बारे में अब तक यह मानकर चला जाता रहा है कि किसी काल खण्ड का साहित्य उस काल की 'आत्मा' को व्यक्त करता है। यह उसी अवधारणा का विस्तार है जो कहती है कि साहित्य एक

तरह का अध्यात्म है। इस धारणा के अनुसार साहित्य का इतिहास सांस्कृतिक इतिहास कहलाता है और संस्कृति, 'अर्थ' की 'अनन्तरूप से एकीकृत' ऐसी व्यवस्था है जिसमें किसी भी तरह की असहमति की अनुमति नहीं दी जाती।

हिन्दी में 'युग', 'युग की माँग', 'युग का दबाव', 'युग की पुकार', 'युग की प्रमुख प्रवृत्तियाँ' आदि 'तकनीकी पद' कुछ इस तरह का अर्थ देते हैं मानो इतिहास में कोई 'एक' युग सिर्फ 'एक युग' होता हो, 'एक' कालखण्ड सिर्फ 'एक कालखण्ड' होता हो, उसमें 'एक सुर' प्रधान होता हो, वही उसकी 'आत्मा' होती हो, वही 'अभिव्यक्ति' होती हो और उसके बाहर कुछ न होता हो। अगर कुछ हो तो अपवाद की तरह हो, 'फुटकल' (प्रवृत्ति के बाहर पड़ने वाले बिखरे हुए तत्त्वों या अपवादों के लिए शुक्ल जी का प्रिय शब्द) कहने लायक हो! युग की माँग या युग की मुख्य प्रवृत्ति हो गयी मुख्यधारा और बाकी हुए 'हाशिए'!

इसी के सहारे कथित मुख्यधारा का इतिहास मुख्यधारा की दादागीरी बन जाता है और जो मुख्यधारा के आगे सरेंडर नहीं करता या कर पाता वह किनारे का 'फुटकल' वाला 'आदि इत्यादि' बना रह जाता है। वह मुख्य प्रवृत्ति का 'झाड़न फटकन' टाइप बना दिया जाता है।

मुख्यधारावाद के कारण हिन्दी साहित्य के इतिहास की वह स्वयं प्रकट 'बहुवचनता' 'बहुलता' और 'विविधता' गायब हो जाती हैं जो हिन्दी साहित्य की जान है।

शुक्ल जी के इतिहास ने वीरगाथाओं को केन्द्र में रखने के कारण बुद्ध और जैन धर्म से प्रभावित प्रेरित साहित्य को हाशिए डाल दिया। अद्वैतवाद मुख्यधारा बन गया और एक धुरी बन गया। हिन्दी साहित्य के इतिहास को हर कृति में यही अद्वैत खोजना था। वही विचारधारात्मक कैनन था। वही राष्ट्रवाद का कैनन था। इसके अनुकूल चला तो श्रेष्ठ साहित्य है, वरना निकृष्ट है। शुक्ल जी के इतिहास में और अधिकतर अन्य इतिहासों में यही राष्ट्रवादी अद्वैतवाद आद्यन्त सक्रिय है।

कुछ परवर्ती इतिहासकारों ने शुक्ल जी के आग्रहों से हटकर अपनी लाइन पकड़नी चाही जैसा कि हज़ारी प्रसाद द्विवेदी जी के इतिहास लेखन से स्पष्ट होता है, लेकिन वे भी किसी 'मूल सांस्कृतिक सातत्य' के सहारे ही कबीर का कुछ उद्धार कर सके। (वही मुख्यधारा खोजने की दूसरी व्याधि!)। उनके लेखन में भी किसी एक अविरल बहती सांस्कृतिक धारा का आग्रह रहा आया। उनके आग्रहों के केन्द्र में भी उसी अद्वैतवादी केन्द्र की

तलाश रही और प्रकारान्तर से वह भी उसी राष्ट्रवादी ध्रुव की स्थापना करता रहा, जिसकी स्थापना शुक्ल जी कर गये थे।

उक्त इतिहास दृष्टि की सबसे बड़ी सीमा और समस्या, 'युग', 'युग की माँग' और 'युग की प्रमुख प्रवृत्ति' जैसे तकनीकी पद हैं जो हर युग का एक मुख्य स्वर, एक आवाज, एक पुकार, एक माँग स्थापित कर बाकी सुरों को, बाकी आवाजों को दबाते चलते हैं।

अब तक का इतिहास खासकर हिन्दी साहित्य का इतिहास इसी तरह के 'दमन' का इतिहास है। दमन यानी बहुवचनतावादी 'अर्थों' के दमन का इतिहास! है। यह लेखन द्वारा लेखन के ही दमन का इतिहास है। हिन्दी साहित्य के इतिहास को इस दमन से मुक्त करना जरूरी है, इसलिए भी हम शुक्ल जी के इतिहास का विखण्डन कर रहे हैं।

उत्तरसंरचनावाद और विखण्डन (डिकंस्ट्रक्शन) इतिहास लेखन पुराने इतिहासवाद की कई कमियों की ओर इशारा करता है और नये तरीके से इतिहास लिखने के लिए कुछ नयी चुनौतियाँ प्रस्तुत करता है जिनमें से कुछ ध्यान देने योग्य हैं :

1. 'इतिहास' शब्द के दो अर्थ माने जाते हैं। (क)अतीत की घटनाएँ (ख)अतीत की घटनाओं की कहानी कहना। उत्तरसंरचनावादी विचार के अनुसार इतिहास हमेशा 'कहा' जाता है, और, इसलिए पहला अर्थ अपने आप में समस्यामूलक है। अतीत शुद्ध रूप में हमें कभी उपलब्ध नहीं हो सकता। वह हमेशा प्रतिनिधानों (रिप्रेजेंटेशन्स) के रूप में उपलब्ध होता है और उत्तरसंरचनावाद के पश्चात इतिहास 'पाठगत' (टेक्सचुअलाइज्ड) हो जाता है।
2. इतिहास के कालखण्ड अपने आप में अस्तित्ववान (ऐंटिटी) नहीं होते। 'इतिहास' एकवचन (सिंगल) नहीं होता। 'इतिहास' सिर्फ अ–सतत और अन्तर्विरोधी होते हैं...एक रूप और सम स्वर (हारमोनियस) संस्कृति की अवधारणा एक मिथ है जिसे अपने हितों की खातिर शासक वर्गों द्वारा इतिहास पर थोपा और प्रचारित किया गया है।
3. कोई इतिहासकार यह दावा नहीं कर सकता कि अतीत का उसका अध्ययन तटस्थ और वस्तुगत (आब्जेक्टिव) है। हम अपनी ऐतिहासिक परिस्थितियों (कंडीशंस) को नहीं लाँघ (ट्रासेंड) सकते। अतीत हमारे सामने इस तरह प्रकट नहीं होता जैसे वह कोई भौतिक

वस्तु (फिजीकल आब्जेक्ट)हो बल्कि वह पूर्वलिखित सभी तरह की टेक्स्टों से हमारे द्वारा बनाया (कंस्ट्रक्ट किया) जाता है और जिसे हम अपनी खास ऐतिहासिक फिक्रों के जरिए गढ़ते हैं।

4. साहित्य और इतिहास के सम्बधों पर पुनर्विचार किया जाना चाहिए। 'इतिहास' स्थिर या फिक्स्ड नहीं होता जिसे साहित्य की 'पृष्ठभूमि' माना जा सके। सभी इतिहास 'पूर्वभूमि' (फोरग्राउण्ड) होते हैं। 'इतिहास' अतीत की कहानी कहने का नाम है जिसे कहने के लिए दूसरी टेक्स्टों को अन्तर्पाठ (इंटर्टेक्स्ट) के रूप में इस्तेमाल करते हैं। वकीलों, पापूलर लेखकों, धर्मशास्त्रियों, वैज्ञानिकों और इतिहासकारों द्वारा लिखी गयीं गैर-साहित्यक टेक्स्टों को किसी अन्य टेक्स्चुअलिटी के लिए बनी नहीं माना जा सकता। साहित्यिक कृतियों को उदात्त और 'मानवात्मा' की अभिव्यक्ति नहीं माना जा सकता बल्कि उनको भी अनेक टेक्स्टों में से एक टेक्स्ट माना जा सकता है। महान लेखकों की 'आन्तरिक' दुनिया को साधारण इतिहास की बाह्य दुनिया की पृष्ठभूमि के सामने रखा जाय, इसे हम स्वीकार नहीं कर सकते। (ए रीडर्स' गाइड टू कन्टेंपररी लिटररी थियरी/191-192)

स्पष्ट है कि उत्तरसरंचनावाद किसी भी साहित्यिक कृति को 'इतिहास का हिस्सा' न मानकर उसे भी इतिहास ही मानकर चलता है।

अमरीकी 'नव्य-इतिहासवाद' और ब्रिटेन का 'कल्चरल मेटीरियल्जिम' इतिहास को इसी नजरिए से देखते हैं। इन दोनों विमर्शों पर 'ज्ञान और सत्तामूलक विमर्शों' के अन्तः सम्बधों को देखने के फूको के तरीके का गहरा असर पड़ा। फूको ने बताया कि किस तरह सामाजिक और राजनीतिक सत्ताएँ विमर्शात्मक शासन (रेजिमे) बनाती हैं जिनके जरिए सामाजिक संस्थान अपने को टिकाऊ बनाते हैं। फूकोवादियों ने सिद्ध किया है कि किस तरह से सत्रहवीं सदी के दौरान 'आत्मा'(सोल) और 'देह के निजीकरण' (प्राइवेटाइजेशन आफ द बॉडी) को बुर्जुआ कल्चर द्वारा 'घटनाओं' की तरह बनाया गया। नव्य इतिहासवाद ने इस तरह की टेक्स्टों को नयी तरह से पढ़ने का तरीका सुझाया। किसी भी को जटिल विमर्शात्मक फ्रेम में रखकर टेक्स्ट को समकालीन राजनीतिक, सांस्कृतिक और पापूलर विमर्शों के बीच 'फिर से रखना' (रिसिचुएट करना) ऐसे नये जटिल विमर्श पैदा करता है जो पुराने इतिहासकारों के 'टेक्स्ट और 'कंटेक्स्ट' को आमने सामने (जक्स्टापोज) रखकर काम करने के खेल को

बेकार कर देता है। इसके अनुसार किसी भी युग में 'एक स्वर' या 'एक आत्मा' (स्पिरिट) नहीं होती।

हिन्दी साहित्य के इतिहास अब तक इसी चक्कर में रहे हैं कि हर युग की एक मुख्य धारा, एक मुख्य आत्मा या मुख्य दिशा होती है, जिस ओर इतिहास धावित हो रहा होता है।

उत्तर सरंचनावाद के अनुसार इतिहास एक ही समय में अनेक दिशाओं की ओर धावित होता है। एक-एक युग में अनेक आवाजें हुआ करती हैं। नव्य इतिहासवाद इन 'अनेक आवाजों' को पकड़ने की कोशिश करता है।

इसीलिए हमने कहा कि शुक्ल जी का 'हिन्दी साहित्य का इतिहास' जिस तरह हर काल की प्रमुख प्रवृत्ति की बात करता है, उस तरह की प्रमुख प्रवृत्ति अपने आप में चारों तरफ से बन्द सत्तात्मक विमर्श है जिसका प्रतिसत्तात्मक विमर्श उसे विखण्डित करके, उसे तोड़ कर ही सम्भव हो सकता है। इसीलिए हम रीतिकाल को फूको विमर्श के जरिए पढ़ने की कोशिश कर रहे हैं, ताकि एक इतिहास की तानाशाही से मुक्ति मिले और रीतिकाल की दमित टेक्स्टें और उनके मानी नये तरीके से पढ़े-खोजे जा सकें और एक नया इतिहास गढ़ा जा सके। अगर पूरा नहीं तो फिलहाल रीतिकाल के दो सौ सालों का इतिहास नये सिरे से सोचा जा सके।

भक्तिकाल और रीतिकाल के बीच स्त्रियाँ :

सेक्सुअलिटी की निर्मितियाँ-1

इस दृष्टि से, रीतिकाल में रची गयी नायिकाओं को हम रीतिकाल की स्त्रियाँ कहना चाहेंगे। रीतिकालीन कवियों ने जितनी तरह की नायिकाएँ कविता में बनायीं और खोजी हैं, वे उस दौर की स्त्रियों की दशा के बारे में भी बहुत सी जरूरी सूचनाएँ देती हैं।

रीतिकालीन समय में स्त्रियों की दशा के बारे में जानने के लिए हमें उस दौर के सामाजिक इतिहास, परिवारों की स्थिति, परिवारों में स्त्रियों की स्थिति के बारे में साहित्य और उसके बाहर बने सामाजिक इतिहास के स्रोतों को भी जानना होगा और चूँकि यह सब एक दिन में न बन गया होगा इसलिए हमें कुछ पीछे से चले आती सामाजिक-सांस्कृतिक प्रक्रियाओं को भी समझना होगा।

इस बाबत हम सूरदास और रहीम की कुछ कविताओं की चर्चा करेंगे और उसके समान्तर हम मुगलकाल में हो रहे आर्थिक बदलावों और जीवन और

साहित्य पर हो रहे उनके असर की चर्चा करेंगे और उनके बीच इस दौर की स्त्रियों को 'स्थित' करके देखना चाहेंगे कि क्या वे शुद्धतः कवि-कल्पना-प्रसूत हैं या कि उनकी निर्मिति के पीछे ज़िन्दा औरतें भी खड़ी हैं?

रीतिकालीन 'नायिकाभेद' के अन्तर्गत निर्मित स्त्रियाँ रीतिकाल में एक दिन अचानक अवतरित नहीं हो गयीं। 'नायिकाभेद' लेखन एक पूरी परम्परा थी जो संस्कृत से चली आती थी जो ब्रज भाषा में सूरदास की 'साहित्य लहरी' और रहीम की कविता में सबसे पहले नज़र आयी।

रीतिकाल की स्त्रियों को जानने के लिए जरूरी है ब्रज भाषा में पूर्व रचित स्त्रियों के बारे में जान लिया जाय। जैसा कि हम देखेंगे कि ऐसी स्त्रियाँ रहीम की कविता में कुछ ज़्यादा दृश्यमान हैं।

इस मामले में रहीम 'नगर शोभा' वर्णन एक महत्वपूर्ण साक्ष्य है। इसमें उस समय के 'मीना बाज़ार' (देखिए/अब्दुर्रहीम खान खाना एंडहिज लिटररी सर्किल/डॉ. छोटूभाई रणछोड़ जी नायक/गुजरात वि.वि. अहमदाबाद/1996 पृ.255) की 'शोभा' का वर्णन है। ये शोभा वे स्त्रियाँ हैं जो इस बाज़ार में अपना किस्म किस्म का माल बेचती हैं। नगर शोभा के 142 दोहों को पढ़ते हुए हम जानने लगते हैं किस तरह से इस नगर के बाज़ार की दुकानों पर 'सेल्स विमन' के रूप में अनेक जातियों की स्त्रियाँ कुछ न कुछ बेचा करती हैं। इस वर्णन से उनके हुनर, उनके शिल्पों और उनके मालों तथा उनकी अपेक्षाकृत सम्पन्न आर्थिकी का पता चलता है।

रहीम ने अपने दोहों के माध्यम से मानों 'आँखों देखा हाल' लिखा है। ऐसा लगता है कि रहीम स्वयं ही 'बाज़ार' में खरीद-फरोख्त करने निकले हैं। शुरू के दो दोहों में वे कह देते हैं कि जिस शोभा का वे वर्णन करने जा रहे हैं वह 'घट घट' में समा रहे 'आदि रूप' का ही अंश है जो 'जाहि ताहि' में देखने को मिल जाता है जिसे देखकर दर्शक के 'नैन तृप्त' होते हैं :

आदि रूप की परम दुति, घटघट रहा समाइ!
लघु मति ते मो मन रसन, अस्तुति कही न जाइ!!

(दोहा संख्या-1)

नैन तृप्ति कछु होतु है, निरखि जगत की भांति!
जाहि ताहि में पाइयै, आदि रूप की कांति!!(2)

रहीम रसिक भाव से नगर की शोभा देखने निकले हैं। शोभा का आलम्बन हैं, दुकानों में अपना अपना सामान बेचने बैठी स्त्रियाँ, जिनको देख रहीम की 'नैन तृप्ति कछु होतु है'।

वे ब्राह्मणी को पहले प्रणाम करते हैं :

> उत्तम जाती ब्राह्मनी, देखत चित्त लुभाय!
> परम पाप पल में हरत, परसत वाके पाय!! (3)

रहीम पालिटीकली कल्चरली करेक्ट रहना चाहते हैं, इसलिए ब्राह्मणी को 'उत्तम जाती' कहते हैं और वह बाज़ार में जो बेच रही हैं, उसके बारे में चुप लगा जाते हैं और फिर आगे बढ़ते हैं और आगे के 139 दोहों में अपने समय की तमाम तरह की स्त्रियों द्वारा बेची जाने वाली 'चीजों' के बारे में बताते चलते हैं, लेकिन जिस तरह से वे बताते हैं उसमें अपने रसिक शैली को नहीं छोड़ते। यही है 'नैन तृप्ति'! वे 'तृप्त नेत्रों' से स्त्रियों को देखते जाते हैं और उनका रूप वर्णन भी करते जाते हैं।

यह 'रूप की हाट' है :

> बनिआइन बनिआइ कै बैठि रूप की हाट!
> पेम पेक तन हेरि कै, गरुए टारत बाट!! (17)
> गरब तराजू करत चख, भौंहि मारि मुसक्यात!
> डाँडी मारत बिरह की, चित चिन्ता घटि जात!! (18)

इस बाज़ार में तमाम तरह की प्रोफेशनल स्त्रियाँ अपने अपने सामान की सेल करती हैं। वे उस समय की 'सेल्स वीमन' हैं जैसे खतरानी, जौहरिन, कैथिन, चितेरिन, बरइन, सुनारिन, बनिआइन, रंगरेजिन, गँवारिन, कौंजरी (कुंजडिन), बनजारी, कुम्हारिन, लुहारिन, कलवारी, गूजरी, काछिनि, कसाइन, तबाखिनी, तेलिन, पटइन, भटियारी, कमाँगरी, तीरगरिन, छीपिन, सिकलीगरिन, सक्किन, गांधिनी, रजपूतनी, तुरकिन, जोगिन, भाटिन, डोमनी, नट–नन्दनी, पातुरी, जुंकिहारी (जौंक लगाकर इलाज करने वाली), खटिकन, कुन्दिन, सबनीगरिन (साबुन से धोने वाली), कुन्दीगरिन, धुनियाइन, कोरिन, दबगरिन, नगारचिन, दलालिनी, ठठेरिनी, कागदिन, मसिकरिन, बाजदारिनी, जिलेदारिनी, बाजीगरिन, चीताबानी, कठिहारी, घासिन, डफालिनी, गडिबारिन, महावतिन, सरवानी, नालबन्दिनी, चिरवादारिन, धोबिन, चमारिनी, चूहरी आदि (विस्तार के लिए देखिए, रहीम ग्रन्थावली/सं. विद्यानिवास मिश्र, गोविन्द रजनीश/वाणी, दिल्ली/2004)

वे 'प्रोफेशनल स्त्रियाँ' है जो बासठ प्रकार के शिल्प या हुनर बेचती हैं जिनकी माँग उस समय में रही होगी और जो इस बाज़ार में बिकते होंगे। इनमें से कुछ शिल्प तो 'प्रोडक्ट' है कुछ कला 'शिल्प' हैं और कुछ हुनर हैं, कुछ सेवाएँ हैं लेकिन लगता है कि ये सब जरूरी रहे होंगे और इनके क्रेता ज़्यादातर पुरुष होते होंगे।

इस बाज़ार की एक विशेषता यह भी है कि एक भी सेल्समेन नहीं है सिर्फ 'सेल्स विमन' काम करती हैं और ग्रहक हैं पुरुष! यानी इस बाज़ार में न स्त्रियाँ खरीदार हैं न पुरुष विक्रेता! यह आगरा का 'मीना बाज़ार' है जहाँ बादशाह, सामन्त जागीरदार आदि खरीदार हैं लेकिन यहाँ भी कुछ 'नियम' काम करते हैं यानी विक्रय के काम में लगी स्त्रियों के साथ पुरुषों द्वारा मनमानी नहीं की जा सकती!

और ये 'सेल्स विमन' हैं 'रूप की स्वामिनी' और 'रूप की मानिनी' भी! नैन नचाना, भौंहें चलाना कामुक तौर तरीकों से ग्राहक को रिझाना और फिर भी उनके कब्जे में न आना इनकी मारकेटिंग की कला है!

(क्या हमें इनके हाव भाव में आज के बहुत से पेशों में काम करने वाली स्त्रियों की झलक नहीं मिलती? आज की 'सेल्स विमन' से भी तो आकर्षक और चुस्त दिखने की उम्मीद की जाती है। उनका हमेशा मुस्कुराते हुए सामने आना, ग्राहक के तोष को अपनी डयूटी समझना आज की सेल्स विमन की विशेषताएँ हैं। यहाँ भी एक प्रकार के 'सेक्सिस्ट' हाव-भाव काम करते हैं। आधुनिक बाज़ार में इस तरह के हाव-भावों को खुलकर सेक्सिस्ट नहीं कहा जाता बल्कि प्रोफेशनल होना कहा जाता है। क्या यही बात हम कुछ संशोधन के साथ, उक्त 'रूप की हाट' में बैठी स्त्रियों के लिए नहीं कह सकते?)

इन स्त्रियों के अलग अलग पेशे बताए गये हैं। उन्हीं से उनके जातिवाची विशेषण दिये गये हैं। उनका परिचय जिस तरह से दिया है उससे लगता है कि ये स्त्रियाँ अपनी यौनता के प्रति बहुत ही 'सजग' और 'एक्टिव' हैं। इनमें से कुछ स्त्रियों का वर्णन दो दो दोहों में किया गया है लेकिन कुछ स्त्रियों का वर्णन दो से अधिक दोहों में किया गया है।

पढ़ते हुए ऐसा लगता है कि यह एक बड़ा स्त्री-चालित बाज़ार है जहाँ अपना सामान बेचने बैठी स्त्रियों के 'कामकौशल' के बारे में रहीम उदारता से बताते चलते हैं मानो कोई 'अलबम' बना रहे हों। रहीम जिस नज़र से इनको देखते बताते हैं, वह शुद्ध 'पुल्लिंगवादी' है लेकिन जिस तरह से स्त्रियों का वर्णन किया गया है, उसमें से कुछ ऐसी स्त्रियाँ भी उभरती हैं जो आसानी से 'उपलब्ध' तो हैं ही नहीं, कुछ दबंग भी हैं जो अपने कामकौशल से पुरुष ग्राहकों को दंग और तंग भी करती चलती हैं। वे ऐसी कमजोर नहीं हैं जिनको जो चाहे अपनी अंकशायिनी बना ले। रहीम की वर्णन शैली में बार बार उनकी 'कामदक्षता' और 'कामकुशलता' का जिक्र किया जाता है लेकिन ऐसा कहीं नहीं लिखा गया है कि वे किसी के लिए भी आसानी से 'उपलब्ध' हैं और

क्रेता के साथ सोने के लिए तुरन्त चल देंगी! वे रूप-गर्विता हैं। कामदक्ष है। रतिक्रीड़ा में कुशल हैं लेकिन वे इस कदर आत्मविश्वासी और अपने सामान की सेल में कुशल हैं कि उनके साथ कोई छूट नहीं ले सकता। वे ललचाती हैं, लुभाती हैं, वे ग्राहक को पटाने में माहिर हैं, लेकिन इतनी कमजोर नहीं हैं कि सामान की जगह वे खुद को आसानी से बेच दें!

एक पुरुष कवि द्वारा स्त्रियों की ऐसी तस्वीरों को देखकर कोई भी कह सकता है कि वे स्त्रियाँ जो बेहद सजी-धजी सेक्सिस्ट वस्तु की तरह पेश आ रही हैं, पुरुषत्व की शिकार हैं और उनका उद्देश्य पुरुषों की कामुकता को 'तृप्त' करना है, उनका काम 'नैन तृप्त' करना है!

वे 'नैन तृप्त' तो करती हैं लेकिन सामान बेचने के लिए क्योंकि उस समय का समाज ऐसे ही रस-लंपटों से बना है।

रीतिकाल का एक अपराध यह माना जाता है कि वह प्रमुखतः पुरुषों द्वारा ही लिखा गया है और इसलिए उसमें रचित स्त्रियाँ पुल्लिंगी सेक्सिस्ट नजरिए से बनायी गयी हैं, इसलिए उनकी अपनी कोई पहचान और हैसियत नहीं है। वे अपने निर्णय की स्वामिनी नहीं हैं।

रहीम का वर्णन बताता है कि यह सच नहीं है। भक्तिकाल में भी अपना सामान बेचने वाली वाली ऐसी स्त्रियाँ है जो अपने शिल्प अपने धन्धे के नाम से पहचानी जाती हैं और उसी से वे जानी जाती हैं। उनमें रचना कौशल हैं, वे प्रोड्यूसर हैं और अपने काम के प्रति आत्मसजग भी हैं। सूर की गोपियों भी तो 'गोरस' विक्रेता स्त्रियाँ हैं। वे भी बेहद आत्म सजग हैं।

भक्तिकाल और रीतिकाल के बीच स्त्रियाँ :

सेक्सुअलिटी की निर्मितियाँ-2

इनकी 'सेक्सुलिटी की सजगता' उनकी सबसे बड़ी आत्म सजगता है! इसलिए इन कविताओं में बनी हुई स्त्रियों को उस तरह से गुलाम, पुरुष निर्भर और सेक्स शोषित नहीं माना जा सकता जिस तरह से अब तक माना जाता रहा है।

अब हम इनका कुछ परिचय प्राप्त करें : जरा एक 'रंगरेजिन' को देखिए :

रंगरेजिन के संग में, उठत अनंग तरंग!
आनन ऊपर पाइयतु, सुरत अन्त के रंग!! (19)

मारति नैन कुरंग तैं, मो मन मार मरोरि!

आपुन अँधर सुरंग तैं, कामिहिं काढ़ति बोरि!! (20)

इन दोहों में रंगरेजिन और ग्राहक के बीच का मूक संवाद देखिए : अर्थ कुछ इस तरह से चलता है कि रंग रेजिन को देखते ही ग्राहक के मन में अनंग (काम) की तरंग उठती है क्योंकि उसे उसके मुख पर सुरत (रति क्रीड़ा) का रंग चढ़ा नज़र आने लगता है। वो अपने चंचल नेत्रों से मेरे मन के 'मार' (काम) को मरोड़ देती है और कामी को अपने अधरों के रंग की नांद में खींचकर डुबो देती है!

अर्थात् यह रंगरेजिन अपनी सेक्सुअलिटी के प्रति इस कदर सजग है कि बाज़ार में निकले किसी कामी पुरुष को वह अपने होठों के रंगे की नांद में डुबो सकती है।

ऐसी स्त्री जो कामी को उसकी 'औकात' दिखा देती है उसे आप क्या कहेंगे? कहने की जरूरत नहीं कि वह काम कटाक्ष करते हुए भी कमजोर नहीं है बल्कि एक दबंग औरत की तरह दिखती है जो पुरुषों की सारी बदमाशियों को समझती है और उनको 'ठिकाने' लगाना भी जानती है!

इस बाज़ार में एक 'तुरकिन' भी है जिसके बारे में रहीम इस तरह कहते हैं :

'चतुर चपल कोमल विमल, पग परसत सतराइ!

रस ही रस बस कीजियै, तुरकिन तरकि न जाइ!! (61)

सीस चून्दरी निरखि मन, परत प्रेम के जार!

प्रान इजारों लेत है,वाको लाल इजार!! (62)

यहाँ तो तुरकिन का लाल रंग का इजारबन्द ही प्राणों को हरता नज़र आता है।

अब 'नटिनी' की बात करें :

'बाँस चढ़ी नट-नन्दनी, मन बाँधत लै बाँस!

नैन बैन की सैन ते कटन कटाछन साँस!! (71)

अलबेली अद्भुत कला, सुध बुध लै बरजोर!

चोरि चोरि मन लेत है, ठौर ठौर तन तोर!! (72)

बोलनि पै पिय मन विमल, चितवनि चित्त समाय!

निसि वासर हिन्दू तुरक कौतुक देखि लुभाय!! (73)

'नटिनी' पूरी कलाकार है! नटिनी का तन, उसकी चितवन, नैन, सैन, कटाक्ष अादि सभी सक्रिय हैं। और वह सभी को लुभाती है।

इन वर्णनों में स्त्रियों की सजग देहभाषा ध्यान खींचती है। कवि इसी देह भाषा के जरिए स्त्री सौन्दर्य और उनकी सेक्सुअलिटी का परिचय देकर ग्राहकों की कामुकता का सन्दर्भ देता है और यह भी बताता चलता है किस तरह यही बाज़ार सौन्दर्य के साथ शिल्प का बाज़ार बन जाता है।

ये औरतें अक्सर 'काम' जगाती हैं और कामी लोगों के चित्त को लुभाती हैं, कुछ उनको छका भी देती हैं। लेकिन ये 'पातुर' नहीं हैं क्योंकि 'पातुर' का अलग से वर्णन किया गया है :

प्रांन पूतरी पातुरी, पातुर कला निधान!
सुरत अंग चित चोरई, काय पाँच रसवान!! (81)
उपजावै रस में बिरस, बिरस माँहि रस देत!
जो कीजै बिपरीत रति, अतिहि बढ़ावत प्रेम!! (82)

इस रूप की हाट में पातुर अलग से है। पातुर एक प्रकार की 'सेक्सवर्कर' है जो 'विपरीत-रति' की एक्सपर्ट है! शायद यही उसका ब्राण्ड है।

जिस तरह आज दुनिया के सेक्स बाज़ारों में, अमरीका से लेकर 'पट्टया बीच' के सेक्स बाज़ार में सेक्स वर्कर्स के पास 'नो एचआइवी' के सर्टिफिकेट के साथ आइकार्ड होता है जिस पर उनका रेट लिखा रहता है। यह पातुर उस तरह की तो नहीं हैं, लेकिन उनसे कम भी नहीं है।

ध्यान देने की बात यह है कि इस तरह की पातुर का काम, समाज में न वर्जित है, न शर्म का विषय है। इस मानी में यह समाज काफी खुला समाज भी है! पातुर का पूरा सम्मान है! उसकी विशेषताएँ सार्वजनिक रूप से कवि द्वारा बतायी जा रही हैं और समाज का कोई नैतिक दारोगा आपत्ति नहीं करता दिखता!

एक 'धुनियाइन' को देखें :

'धुनियाइन धुनि रैन दिन, धरै सुरति की भाँति!
वाको राग न बूझही, कहा बजावै तांति!! (96)
काम पराक्रम जब करै, छुअत नरम हो जाइ!
रोम रोम पिय के बदन, रूई सी लपटाय!! (97)

यानी धुनियाइन जिसे 'पिय' यानी 'प्रिय' समझती है, उसी से लिपटती है।

अब इस 'जिलेदारिनी' को देखिए और उसके वर्णन में कवि की सावधानी देखिए :

'जिलेदारिनी अति जलद, बिरह अगिन कै तेज!
नाक न मोरैं सेज, पर अति हाजर महिमेज!! (114)

औरन को घर सघन मन,चलै जु घूँघट मांहि!
वाके रंग सुरंग पर जिलेदार की छाँह!! (115)

जिलेदार राज्य का अधिकारी है। उसकी अनुपस्थिति में वह बिरह अगिन में जलती है। सेज के लिए वह नाक-भौं नहीं सिकोड़ती। औरों के घर जाते वक्त घूँघट काढ़ती है लेकिन उसके सुरंग रंग पर जिलेदार की छाँह रहती है।

यानी चूँकि वह जिलेदार की पत्नी है, इसलिए उससे हर कोई लिफ्ट नहीं ले सकता। उसे जिलेदार का बिरह सताता रहता है क्योंकि जिलेदार घर में रहता ही नहीं।

हम देख सकते हैं जिलेदारिनी के वर्णन में रहीम सावधान हैं जबकि रंगरेजिन से लेकर बाकी अन्य औरतों के प्रति उनका नज़रिया रसिक वाला ही है। ये स्त्रियाँ अपने प्रोफेशन से जानी जाती हैं और वे तमाम तरह के काम करती हैं। उनके कुछ काम ललित कलाओं की कोटि में आते हैं, जैसे नट या चितेरिन जो चित्रकला प्रवीण है या रंगरेजिन जो रंगने काम करती है, लेकिन सबके पास अपनी कामकला कौशल यानी 'सेक्सुअलिटी' का 'एक्सपर्टाइज' भी है जिसके जरिए वे लोगों का चित्त हर लेती हैं या कामकेलि में तरह-तरह से आनन्द देने वाली नज़र आती हैं।

उनके कामुक आचरण की विशेषताओं को उनके प्रोफेशन से उपमान लेकर ही वर्णित किया गया है। लेकिन पातुर का वर्णन कुछ अलग से है जबकि बाकी औरतों की सेक्सुअल कला का वर्णन कर रहीम उनकी रतिकला की क्षमता के साथ बताते हैं। ऐसा लगता है कि ये स्त्रियाँ शिल्प के साथ कामकला प्रवीण भी हैं।

ज़ाहिर है कि यह एकदम पुल्लिंगी विमर्श है, जिसके जरिए स्त्रियों की सेक्सिस्ट छवियाँ बनायी जा रही हैं। लेकिन इस वर्णन में बार-बार यह भी स्पष्ट होता है कि ये स्त्रियाँ अपने व्यक्तित्व में कुछ जबर्दस्त भी हैं। वे नैनों से बहुत सा काम लेती हैं, बॉडी से काम लेती हैं और काम-व्यवहार से भी काम लेती हैं। रहीम अपने वक्त की स्त्रियों की कामुकता और कामेच्छाओं का वर्णन करते हैं और इस वर्णन में एक पुल्लिंगी चस्का है।

इस तरह ये स्त्रियाँ 'निर्जीव' या 'जड़' वस्तु नहीं हैं। वे नगर की शोभा हैं। उसकी श्री हैं। उसकी ब्यूटी हैं। उनके बिना नगर बेरौनक है। यह उनका काम है। पेशा है। बिजनैस है। वे बेहचिक हैं। अपनी शिल्प कला को जानती हैं और अपनी कामकला के जरिए अपने सामान को बेचना भी जानती हैं।

इस पुल्लिंगी वर्णन में इन औरतों के परिचय में जिस तरह की सेक्सिस्ट भाषा का प्रयोग किया गया है, वह यह भी बताता है कि उस दौर में सौन्दर्य वर्णन और सेक्स एक साथ मिक्स किये जाते थे। यह एक प्रकार का एक्टिव सौन्दर्य था या कहें सक्रिय शृंगार वर्णन था। शृंगार रस के वर्णन में रति स्थायी न जगे तो वह सौन्दर्य वर्णन क्या? उस दौर की रचना प्रक्रिया में शृंगार सिर्फ जड़ या मृत रूपवर्णन नहीं है। रूपमती स्त्री के रति जगाने वाले हाव-भाव का वर्णन भी है। यह वर्णन एक कला शिल्प है। एक 'आर्ट फार्म' है। एक 'काव्य पद्धति' है। बिना रति स्थायी को उद्‌बुद्ध किये शृंगार वर्णन नहीं हो सकता!

अब हम ज़रा इन स्त्रियों के समाजशास्त्र को समझने और इस समाजशास्त्र को तत्कालीन इतिहास के 'अंगभूत' के रूप में पढ़ने की कोशिश करेंगे।

इतिहास बताता है कि ऊपर गिनाई गयी तमाम जातियाँ वे जातियाँ हैं जो मुगलकाल में ताकतवर बनी हैं जिनके पास कुछ पैसा आया जिनके शिल्पों का बाज़ार बढ़ा। ये जातियाँ कारीगर जातियाँ हैं और ऊपर वर्णित की गयी स्त्रियाँ उन जातियों के पुरुषों या परिवारों की स्त्रियाँ हैं!

किसी किसी दोहे में जिस तरह पति या पिय का जिक्र आता है, उससे लगता है कि उनमें से कुछ गृहस्थिनें भी हैं!

यहाँ यह भी समझ लिया जाय कि फारसी भाषा में 'नगर वर्णन' की परम्परा पुरानी है और शायद रहीम फारसी की उसी परम्परा के अन्तर्गत 'नगर शोभा, का वर्णन कविता के जरिए कर रहे हैं।

(नगर वर्णन की परम्परा की यह बात हमें दिल्ली विश्वविद्यालय के फारसी के प्रोफेसर चन्द्रशेखर ने बतायी जो इन दिनों भारत सरकार के संस्कृति मन्त्रालय द्वारा दी गयी 'फारसी में नगर वर्णन' नाम से एक शोध योजना पर काम कर रहे हैं। रहीम के 'नगर शोभा' वर्णन को उसी परम्परा में रखकर देखा जाना चाहिए।)

रहीम के इस 'नगर शोभा' वर्णन के लगभग समान्तर नगर वर्णन सम्बन्धी एक दिलचस्प लेख हमें इतिहासकार इरफान हबीब द्वारा सम्पादित 'मध्यकालीन भारत-4 (राजकमल 1992) में मिलता है। इसका नाम है 'आगरा की गजल' जिसे श्री लक्ष्मीचन्द ने लिखा है। इसका रचनाकाल संवत् 1780 /1722-23 ईसवी है जिसे अगर चन्द नाहटा ने भारतीय साहित्य (जुलाई 1959) में प्रकाशित करवाया था। इरफान हबीब ने अपनी पुस्तक में बी.एल. भादानी द्वारा

किया गया अनुवाद शामिल किया है। अकबर के बसाए अकबराबाद (आज का आगरा) का यह 'नगर वर्णन' पहले 'किले' का वर्णन करता है फिर नगर के बाज़ारों का वर्णन है जो संक्षेप में इस प्रकार चलता है :

> इस नगर में बहुत से दलाल हैं जो 'ऊँची आवाज लगाकर' 'हीरा मूँगा' आदि बेचते हैं। ...कई धोती रूमाल बेचते हैं। कुछ शमशेर (तलवार) बेचते हैं। कोई कहता है रज्जाक(?) पैसे निकालो और ले जाओ। बनिये खाण्ड तोलते हैं। ऐसा गुदरी बाज़ार लगता है। इसके आगे खास तिरपोलिया है। सारी हाटें सिंगीबद्ध हैं। यहाँ लोग आकर वस्तुएँ बेचते हैं। उसके मध्य में बेगम रानी मस्जिद है। उसके आगे सुव्यवस्थित बाज़ार है, जहाँ पर कागज़ का व्यापार होता है...इसके अत्यन्त समीप ही पन्सारी बाज़ार है। दारू खूब मिलता है। मुँह माँगे पैसे लेते हैं। यहाँ सभी प्रकार की वस्तुएँ मिलती हैं...आपके पास इनके खरीदने के लिए ताँबा (पैसा) चाहिए। आगे साड़ी का बहुत बड़ा बाज़ार है। उसके आगे हलवाई बैठते हैं। वे खूब स्वादिष्ट पकवान बेचते हैं। लोग मिठाई खरीदकर ले जाते हैं। हलवाई की गली में काफी आबादी है...हलवाई की गली के आगे चौहट्टा जौहरी बाज़ार है...यहा हीरा मोतियों और अन्य बहुमूल्य पत्थरों का व्यापार होता है...यहाँ बहुत से ग्राहक हैं जो पैसा निकालकर ये बहुमूल्य वस्तुएँ खरीदते हैं...नया खास अम्बार(?) है। जिसके आगे बहुत बड़ा क्षेत्र है जहाँ ढोली खालों को बहते (साफ करते) हैं...चबूतरे के आगे कसेरों की हाट अर्थात् दुकानें हैं...इसके आगे घोड़ा बाज़ार है। उसके आगे मोचियों की दुकानें हैं जो जूतियाँ बेचते हैं। (शहर के दूसरी तरफ)छींपीपारा है...यहाँ छींपा छींपागीरी अर्थात रंगाई का कार्य करते हैं। वहाँ एक नमक की भट्टी (मण्डी) है जहाँ दिन रात नमक का विक्रय होता है। चीड़ीमार टोला बसता है जो लोगों को सुख देने वाला है...सब लोगों के घर में एकसूत्रता है। क्षत्रिय, कायस्थ, गूजर, जाट, खसतर, भील, भँगी, थोरी एवं मेरड़ा आदि सभी जातियों के लोग यहाँ निवास करते हैं। भोजक व भाट लोग बड़ी संख्या में हैं जो सबको शुभाशीष देते हैं। धोबी, ढेढ़ चमार, लोहार और स्वर्णकार सभी सोच विचार कर अपना-अपना व्यापार करते हैं। पन्सारी सम्पूर्ण औषधियों के जानकार हैं और उनकी बिक्री भी करते हैं। (वही 162-166)

कहने की जरूरत नहीं कि नगर वर्णन की परम्परा सिर्फ फारसी में ही नहीं थी, जैन लेखकों में भी थी। यह नगर वर्णन रहीम द्वारा लिखी गयी नगर

शोभा के बारे में उसमें काम करने वाली स्त्रियों के बारे में तो नहीं बताता लेकिन इतना अवश्य बताता है कि आगरा एक बड़ा व्यापार केन्द्र था, जिसमें बड़े बड़े बाज़ार थे और और अनेक जातियों के लोग नगर के मुहल्लों में निवास करते थे।

इस नगर वर्णन की ध्यान देने वाली बात वे सेवाएँ हैं और वे वस्तुएँ हैं जो बेची जाती हैं, जिनको देने या बनाने वाल या बेचने वाली भिन्न जातियों के लोग हैं। इनमें से बहुत-सी जातियाँ पेशों से जानी जाती है। इनमें भी रंगरेज धोबी, मोची, सुनार, लोहार आदि मुख्य हैं। उनके काम-काज के वर्णन से नतीजा निकाला जा सकता है कि अकबर के समय में पिछड़ी जातियों को कामधन्धा मिलने लगा था और उनके पास पैसा आने लगा था। वे नयी ताकत प्राप्त जातियाँ थीं जो मुगल काल में बनीं थी।

रहीम के नगर शोभा वर्णन में जिस 'रूप की हाट' में अनेक स्त्रियाँ बाज़ार में अपना शिल्प बेचने बैठी हैं और कवि जिनकी शिल्पनिपुणता के साथ उनकी कामकला प्रवीणता का हवाला दे रहा है, वे आगरा के 'मीना बाजार' में उस वक्त की 'सेल्स विमन' ही हैं। लक्ष्मीचन्द के नगर वर्णन में वर्णित बाजारों से इस 'बाजार' का कुछ तो सम्बन्ध रहा होगा!

हो सकता है यह उस वक्त का 'वेश्या बाज़ार' हो जहाँ तब की 'सेक्स वर्कर' काम करती हों! लेकिन एक सवाल यहाँ अनुत्तरित रह जाता है कि अगर वे शुद्ध सेक्स वर्कर थीं, तो उनको अपने अपने शिल्प और सामानों के साथ हाट में बैठे क्यों बताया गया? सेक्स वर्कर थीं तो सेक्स बेचतीं, अपने शिल्प को बेचने के लिए क्यों बिठा दी गयीं? ऐसा लगता है कि इस बाज़ार में सिर्फ सेक्स ही नहीं बिकती थी, हाँ हर चीज सेक्सिस्ट भाषा के जरिए जरूर बेची जाती थी।

जिस तरह आज हर तरह की सेवाओं, वस्तुओं या ब्राण्ड्स को विज्ञापनों की सेक्सिस्ट भाषा में मारकेट किया जाता है, बेचा जाता है, कुछ कुछ उसी तरह की मारकेटिंग की भाषा रहीम के 'नगर शोभा' वर्णन में मिलती है!

अगर ऐसा है तो रहीम के नगर वर्णन की भाषा या रीतिकाल में नायिका भेद और श्रृंगार की भाषा 'अश्लील' और वर्जनीय कैसे मानी जा सकती है? अगर विज्ञापनों की भाषा वैध है, तो रीतिकाल की सेक्सुअलिटी के पाठ और भाषा भी वैध हैं।

भक्तिकाल और रीतिकाल के बीच स्त्रियाँ :

सेक्सुअलिटी की निर्मितियाँ-3

एक बार फिर हम रहीम के नगर शोभा वर्णन की ओर लौटें और देखें कि रूप की इस मध्यकालीन हाट में पेशे, जातियाँ, उनके शिल्प और सेक्सुअलिटी व्यक्त करने वाली भाषा एक दूसरे से मिक्स्ड हैं तो क्यों?

इस सम्बन्ध में पहली बात यह है कि सोनारिन, लोहारिन, चितेरिन, रंगरेजिन इत्यादि नाम इन औरतों के शिल्पों और पेशों के नाम हैं। ऐसा लगता है कि इन स्त्रियों के पति सोनार, लोहार, चितेरे रंगरेज रहे होंगे तभी इन स्त्रियों को सोनारिन, लोहारिन, चितेरिन, रंगरेजिन कहा गया है।

लेकिन जिस अदा से जिस ठाठ से ये शिल्पकार स्त्रियाँ हाट में अपने रूप सज्जा के साथ बैठी हुई हैं उससे यह भी लगता है कि ये स्त्रियाँ स्वयं भी शिल्पी हैं। वे अपने समय की ऐसी विक्रेता-औरतें (सेल्स विमन) हैं जो अपना सामान बेचते हुए अपनी देह भाषा (बॉडीलेंग्वेज) से भी काम लेती हैं।

इनमें से कई पेशे ऐसे हैं जो स्त्रियों के ही हैं जैसे बरइन (पान लगाने वाली), जुँकिहारी (जोंक लगाकर खराब रक्त को निकालने वाली), मसिकरन (काजल देने वाली), नालबन्दिनी, जोगिनी, नटिनी आदि।

और ये स्त्रियाँ कुछ दबंग भी हैं। उनसे कोई यों ही छूट नहीं ले सकता। यह दबंगई उनके पेशे ने उनको दी है। उदाहरण के लिए रहीम की इस 'सुकौंजरी' (कुंजड़िन) को देखिए :

भाटा बरन सुकौंजरी, बेचे सोवा साग!
निलजु भई खेलत सदा, गारी दै दै फाग!! (23)
हरी भरी डलिया निरखि, जो कोई नियरात!
झूठे हू गारी सुनत, सांचेहू ललचात!! (24)

यहाँ भाषा की लाक्षणिकता पर ध्यान दें। यहाँ एक ऐसी कुंजड़िन है कि अगर कोई इस कुंजड़िन के जरा भी नजदीक जाता है, गाली खाकर लौटता है! यह है कुंजड़िन की ठसक जो उसके पेशे ने उसको दी है। दोहा यह भी खबर देता है कि जिसे हम 'भक्ति काल' कहते हैं जो समय रहीम का है, उस समय में ऐसे रस लंपट मनचलों की कमी नहीं थी जो स्त्रियों के चक्कर में रहते थे लेकिन उनको दबंग औरतें ठिकाने भी लगाती थीं। यह वर्णन यह खबर भी देता है कि छेड़ा-छेड़ी समाज-स्वीकृत नहीं थी।

जरा 'सुनारिन' की सोना बेचने की कला देखिए :

परम रूप कंचन सोभित नारि सुनारि!
मानों सांचे ढारि के विधिना गढ़ी सुनारि!! (15)
रहसनि बहसनि मन हरै, घेरि घेरि तन लेहि!
और न का चित चोरि कै आपुन चित्त न देहि!! (16)

यानी सेल के सारे आखेट इस सुनारिन को आते हैं। वह मीठी सेक्सी बातों से गाहक का मन हरती है लेकिन अपना मन नहीं देती! क्या आज की चतुरा सेल्स विमन से इसका मिलान नहीं किया जा सकता?

कहने की जरूरत नहीं कि ये स्त्रियाँ अपने पेशे की धनी हैं और इनमें से बहुत कम स्त्रियाँ ऐसी हैं जिनसे कुछ छूट ली जा सकती है।

जरा इस 'काछिन' के देखिए और ये देखिए कि वह अपनी देह को लेकर किस कदर आश्वस्त है :

काछिन कछू न जानई, नैन बीच हित पित्त!
जोबन जल सींचति रहै, काम कियारी नित्त!!(35)
कुच भाटा, गाजर अधर, मूरा से भुज भाइ!
बैठी लौका बेचई, लेटी खीरा खाइ!! (36)

कवि का सांग रूपक सेक्सिस्ट है लेकिन जरा काछिन की स्टाइल देखिए कि भरे बाज़ार में वह लेटकर खीरा खा रही है और लौकी बेच रही है! ऐसी सब्जी बेचने वाली किसने देखी? यह तो रहीम के वक्त में ही सम्भव रही होगी!

कहने की जरूरत नहीं कि ये औरतें उस वक्त की इकानामी में भी बड़ा योगदान करती थीं। ये हुनरमन्द थीं और अपने हुनर को बेचना जानती थीं।

इनके पेशे सूचक नाम इनके पतियों के नामों से भी आये हो सकते हैं, लेकिन कहीं कहीं ऐसा भी लगता है कि इनके ये नाम इनकी हुनरमन्दी ने भी दिलवाए होंगे क्योंकि अपने हुनर के साथ जिस तरह से ये रसिकों को, ग्राहकों का रिझाने की क्षमता रखती हैं, उससे सिद्ध है कि वे खासी हुनरमन्द हैं। हुनर और आत्मविश्वास साथ-साथ ही आते हैं।

नायिकाभेद का समाजशास्त्र-1

इतिहास के संदर्भ में भक्तिकाल और रीतिकाल के कवियों का अध्ययन करने वाली डाक्टर संध्या शर्मा का यह कथन हमारी उक्त धारणा को पुष्ट करता

है कि इन स्त्रियों के कला शिल्प की खासियत ने इन स्त्रियों को उनके जाति वाचक नाम दिलवाए।

डाक्टर संध्या शर्मा कहती हैं कि किसी खास स्त्री का ड्रेस कोड, उसकी शिल्प कला, उसके हाव भाव आदि जिस रूप में रीतिकाल के कवियों ने वर्णित किये, वे दरअसल ग्राहकों को आकर्षित करने के संकेत हैं। उनकी जातिसूचक पहचान उनके पेशे से असंपृक्त नहीं थी और कई बार मर्दों से स्वतन्त्र थी। (लिटरेचर, कल्चर एण्ड हिस्ट्री इन मुगल नार्थ इंडिया 1550-1800'/ डाक्टर संध्या शर्मा/प्राइमस बुक्स/2011/वही /53)

इन स्त्रियों के स्वतन्त्र शिल्पी बनने के क्या कारण रहे होंगे? इस सवाल का एक जवाब डाक्टर संध्या शर्मा ने इस तरह दिया है :

> 'ये स्त्रियों इन पेशों में क्यों थीं? इस बात का उत्तर रीतिकालीन कविता से सीधे स्पष्ट नहीं होता है। लेकिन इन स्त्रियों का कुछ पेशों में होना इसलिए सम्भव कहा जा सकता है क्योंकि मर्द लोग लम्बे समय के लिए घरों से बाहर जाते थे और इस कारण पारिवारिक पेशे स्त्रियों द्वारा ही सँभाले जाते थे'...(वही/53)। इसी क्रम में संध्या जी कहती हैं कि इस बात की सम्भावना अधिक है कि स्त्रियों द्वारा अपनाए गये विभिन्न पेशे सामाजिक और सांस्कृतिक रूप से सम्मानित थे और इन में स्त्रियाँ शायद अपनी चॉयस से काम करती थीं' (वही/ 53)।

रीतिकाल में नायिकाभेद की प्रमुखता का एक कारण पब्लिक स्पेसों यानी बाजारों में स्त्रियों की उपस्थिति भी है!

यह उल्लेखनीय है कि रीतिकाल के ऐन पहले ब्रजभाषा में अलंकार और नायिकाभेद का पहला वर्णन सूरदास ने 'साहित्यलहरी' में किया है और रहीम ने बरवै छन्द में अलग से नायिकाभेद वर्णन किया है, जो बताता है कि रीतिकाल में हर कवि के लिए लगभग अनिवार्य हो चला नायिकाभेद वर्णन पहले से कविकर्म का उसी प्रकार का एक जरूरी हिस्सा था, जिस प्रकार से अलंकार वर्णन था। रहीम के 'नगर शोभा' में वर्णित औरतें भी एक प्रकार की नायिकाएँ ही हैं जो बाज़ार में अपना अपना शिल्प, अपनी कारीगरी, अपने प्रोडक्ट को बेचती हैं। इसका अर्थ यह भी है कि नायिका भेद वर्णन साहित्य परम्परा का अंग था जो भक्तिकाल में भी था और बहुत सी नायिकाएँ मात्र नायिकाएँ नहीं थीं, बल्कि अपने पेशे के शिल्प कौशल के लिए भी जानी जाती थीं!

इस प्रक्रिया में कुछ नये किस्म की औरतें बनती चली गयी हैं, जिनका

व्यवहार नायकिा भेद वाली नायिकाओं से बहुत कुछ मिलता-जुलता है। इसलिए इस वर्णन में बनी नायिकाओं को नायिका भेद की नायिकाओं तरह भी पढ़ा जा सकता है।

संध्या शर्मा के उक्त उदधृतांश में बहुत से मर्दों के घरों से बाहर जाकर काम करने का जिक्र आता है। यह रीतिकालीन 'पब्लिक स्पेस' में स्त्रियों की जबर्दस्त उपस्थिति की व्याख्या के लिए महत्त्वपूर्ण तथ्य है। रीतिकालीन कविता में परकीया, परदेस, परदेसी, बिदेसिया आदि पारिभाषिक शब्दों का चलन इसी प्रक्रिया का परिणाम हैं। और 'परकीया' इसी वातावरण का एक सामाजिक 'प्रोडक्ट' है!

अगर फूको की भाषा में कहें तो उक्त प्रकार के स्त्रियों की देह और उनके कामुक हाव भाव वर्णन एक प्रकार से 'देह इतिहास' (बायो हिस्ट्री) (देखिए हिस्ट्री ऑफ सेक्सुआलिटी भाग 1/143) लिखने जैसा है। यह 'बायो हिस्ट्री' 'बायो पावर' से जुड़ी है। 'देह इतिहास' का मर्म समझे बिना हम उस 'देह सत्ता' का मर्म भी नहीं समझ सकते जो देह के इतिहास को विमर्श तक पहुँचाती है।

'देह इतिहास' यानी देह पर वे 'दबाव' जिनके जरिए जीवन की गतिविधि और इतिहास की प्रक्रियाएँ एक दूसरे में हस्तक्षेप करती हैं और 'देह सत्ता' का मतलब है ऐसी सत्ता जो मानवीय जीवन के रूपान्तरण में भूमिका निभाती है।

रीतिकालीन कविता के संदर्भ में 'देह इतिहास' का मतलब है रीतिकालीन स्त्री-पुरुषों और कवियों के जीवन में पड़ने वाले दबाव यानी राजा या उसके दरबारी व्यक्तियों की अभिरुचियों के दबाव, साहित्यशास्त्रीय परम्परा के दबाव, उस समय के यथार्थ के दबाव, रसिकों के दबाव! ये वे दबाव हैं, जिनकी बदौलत 'नायिकाभेद' वर्णन का 'साहित्यिक मानक' (केनन) बना। इसी उपक्रम में कविता में 'स्त्री-की देह की सत्ता' की स्थापना हुई।

शायद यही कारण है कि रीतिकाल की कविता को पढ़ते हुए हम 'स्त्री-देह की सत्ता' की समक्षता में होते हैं।

उक्त विवरण से चार महत्त्वपूर्ण सवाल पैदा होते हैं :

पहला सवाल यह है कि ऐसा क्यों है कि नायिका वर्णन पर ही जोर रहा? नायक-भेद क्यों नहीं लिखे गये जबकि हर नायिका के साथ नायक भी तो कविताओं में मौजूद नज़र आते हैं!

दूसरा सवाल यह है कि क्या इस तरह की स्त्रियाँ तब की इकोनॉमी और समाज में सचमुच सम्भव रही होंगी या कि यह कवियों की कोरी कल्पना से बनी थीं?

तीसरा सवाल कि इतनी बड़ी संख्या में बनायी गयी तरह तरह की स्त्रियाँ, नायिकाएँ अचानक कहाँ बिला गयीं? (यह सवाल शोमर करीन के उस लेख के शीर्षक से प्रेरित है जो पूछता है : 'व्हेअर हैव आल राधाज गोन? न्यू इमेज आफ विमन इन मॉडर्न हिन्दी पोयट्री' देखिए : 'द डिवाइन कंसर्ट : राधा एण्ड गोडेसेस आफ इंडिया' मोतीलाल बनारसी दास/1983)।

चौथा सवाल यह भी कि क्या उनको आज के वक्त में खोजा जा सकता है और उनसे आज की आधुनिक 'नायिकाओं' से तुलना की जा सकती है?

हम कह सकते हैं कि साहित्य का ज़्यादातर कारोबार पुरुषों के पास ही था और शृंगार रस के केन्द्रण के कारण नायिकाभेद के प्रमुख विषय बनने के पीछे रसिक समाज की माँग भी रही। इसी प्रक्रिया में 'स्त्री देह' एक बड़ा विषय बनी!

कविता का 'एकल विषय' बनने की प्रक्रिया में ही स्त्री की देह, उसकी 'देह-भाषा' और 'देह-इतिहास' का निर्माण हुआ। उसमें निर्मित स्त्री, कवि के लिखने के बाद कवि के कण्ट्रोल से बाहर होती गयी और फिर सम्पूर्ण विमर्श में बदल गयी! नायिका निर्माण में जितनी तरह की स्त्रियाँ बनीं, वे सामाजिक प्रक्रिया और सामाजिक सम्बन्धों में बनीं और नये सामाजिक मूल्य बनाने वाली हुईं। साहित्य में उनकी सत्ता स्थापित हुई। वे एक साहित्य-विषय के रूप में अनिवार्य हो उठीं। इसका भी कारण था।

...

'रीतिकाव्य की भूमिका' में नगेन्द्र ने नायिका भेद के साहित्य रचना का प्रमुख विषय बनने के कारणों पर विचार किया है। नगेन्द्र मानते हैं कि नायिका भेद पर प्रथमतः विचार भरत ने 'नाट्य शास्त्र' में किया। नाट्य के लिए नायक-नायिकाओं की भूमिका-विचार आवश्यक था, इसलिए उसे विस्तार से बताया गया। उसके बाद दशरूपककार ने उनको कुछ विस्तार से बताया। उसके बाद संस्कृत के आचार्यों में से कइयों ने नायिका भेद पर विचार किया और उनके भेदों में परिवर्तन किये। जाहिर है अपने अपने समय के अनुभवों के हिसाब से वे नायिकाओं की संख्याओं में जोड़ घटा करते रहे। (देखिए/ रीतिकाव्य की भूमिका/129-136)

इस संदर्भ में नगेन्द्र की दो तीन स्थापनाएँ ध्यान देने योग्य हैं :

पहली : आरम्भ में केवल नाट्य शास्त्र में ही नायक-नायिकाओं का वर्णन होता था जिससे कि नाटककार अपने पात्रों के शील मर्यादा का आदि से अन्त तक उचित रीति से निर्वाह कर सके। (वही/128)

दूसरी: परन्तु बाद में जब रस की प्रतिष्ठा हो गयी और रसों में भी जब श्रृंगार रस को राजत्व प्राप्त हो गया तो श्रृंगार के आलम्बन स्वरूप नायक नायिका को भी विशेष महत्त्व दिया जाने लगा और उनका विस्तृत वर्णन होने लगा। (वही/128)

तीसरी : (नायिका-भेद के निरूपण) का मूल उददेश्य, जैसा कि रुद्रभट्ट ने स्वयं कहा है, उदीयमान कवियों को श्रृंगार की छन्द रचने की शिक्षा देना और उससे भी अधिक साधाारण रसिकों का मनोरंजन और ज्ञानवर्धन करते हुए गोष्ठी की शोभा बढ़ाना था !

'किं गोष्ठी मंडनंहंत श्रृंगार तिलकं बिना!' (वही 132)

संस्कृत में साहित्य के विधान की पूरी व्यवस्था थी। नायिका के साधारण लक्षण इस प्रकार बताए गये थे :

'नायक की ही भाँति त्याग, कृतित्व, कुलीनता, लक्ष्मी रूप, यौवन, चातुर्य, विदग्धता, तेज और उसके साथ ही शील आदि के गुण से युक्त, अनुराग की पात्र स्त्री काव्य की नायिका होती है।' (वही/132-133)

नगेन्द्र आगे समझाते हैं कि इसका कारण रस के साधारणीकरण का सिन्द्धात था। साधारणीकरण मुख्यत: आलम्बन का ही होता है। अतएव श्रृंगार की आलम्बन नायिका का स्वरूप ऐसा होना चाहिए कि वह सभी के रति भाव का आलम्बन हो सके। इसी दृष्टि से उसमें उपर्युक्त गुणों को अनिवार्य मानकर उसको आकर्षक रूप दिया गया।' (वही/133)।

नायक नायिका को श्रृंगार का आलम्बन बनाने के पीछे रस-सिद्धान्त के अन्तर्गत आने वाली 'साधारणीकरण प्रक्रिया' का जोर रहा। साधारणीकरण की प्रक्रिया आधुनिक पदावली में कहें तो वह एक सम्प्रेषण-सिद्धान्त था जिसके जरिए रस का सम्प्रेषण होता था और रति स्थायी की रसनिष्पत्ति होती थी। श्रृंगार इसीलिए तत्कालीन श्रोता और रसिक समाज में लोकप्रिय था। उस काल में दर्शक या पाठक वर्ग में पुरुष ही अधिक होते थे! सिर्फ इतना ही सच नहीं था। दरबार में मौजूद स्त्रियाँ नर्तकियाँ, गायिकाएँ, गणिकाएँ, रानियाँ भी इस काव्य की श्रोता हुआ करती थीं। ये सब मिलकर एक अच्छे खासे 'रसिक समाज' का निर्माण करते थे। रसास्वाद क्षमता रहित कोई कविता

मुश्किल से ही लोकप्रिय हो सकती थी। इस रसिक समाज में स्त्रियाँ भी हुआ करती थीं। उदाहरण के लिए केशव ने अपना ग्रन्थ 'कविप्रिया' अपनी साहित्य शिष्या प्रवीणराय पातुर के लिए ही रची थी। देखिए/हिंसाइ/विप्रमि/79)

स्पष्ट है कि स्त्री को नायिका बनाने, नायिका को सार्वभौमिक बनाने के पीछे मूल उद्देश्य रस की निष्पत्ति ही रहा। यही थी उस समय की पापूलर कल्चर! जिसका काम था सबको 'रसानुभूति' कराना।

आज की पापूलर कल्चर की भी खूबी यही है कि वह 'सार्वजनिक रस संचार' के लिए अनुभवों और भावनाओं के 'निम्नतम समावर्त्य' (लोएस्ट कामन डिनोमिनेटर) से काम लेती है तभी वह सबके आनन्द का कारण बन पाती है, तभी वह 'बाक्स आफिस' पर हिट हो पाती है, तभी वह सबके भावों के बीच एक समान सेतु बना पाती है, तभी वह सबसे वाह-वाह करवाती है और सबसे ताली पड़वा पाती है!

रीतिकालीन कविता भी उन तमाम तरह के टूल्स का इस्तेमाल करती थी जिनके जरिए वह सफलतापूर्वक अधिकतम श्रोताओं तक सम्प्रेषित हो सके! शृंगार रस का स्थायी 'रति' (काम भाव) और उसके आलम्बन के रूप में प्रयुक्त नायक, नायिकाएँ, उनके अनुभाव और संचारी आदि ही 'ब्रह्मानन्द सहोदर' की सृष्टि करने में सक्षम हो सकते थे।

कहने की जरूरत नहीं कि रीतिकालीन कविता संस्कृत के क्लासीकल साहित्य की परम्परा में ही चली। उसने वही 'टूल' अपनाए और इसीलिए नायिका भेद वर्णन इस युग की कविता का मुख्य विषय बना! इसी ने रीतिकालीन 'स्त्री देह' के इतिहास को सम्भव किया।

फूको का सेक्सुअलिटी विमर्श रीतिकालीन स्त्री की 'देह' और उसकी 'सेक्सुअलिटी' को परवर्ती विक्टोरियाई राष्ट्रवादी दमनकारी विमर्श से मुक्त करने में हमारी मदद करता है और रीतिकालीन स्त्री की देह इतिहास को लिखने में सहायता करता है।

इसीलिए हमने अपने अध्ययन को शुरू-शुरू में 'रीतिकाल में फूको विचरण' कहा। फूको विचरण का उद्देश्य यही है कि फूको के सेक्सुअलिटी विमर्श के जरिए हम रीतिकाल के सेक्सुअलिटी विमर्श को पढ़ने की कोशिश करें और उन नायिकाओं को परवर्ती नैतिक पूर्वाग्रहों से मुक्त कर, उनको फिजीकल व्यक्तित्वों के साथ पढ़ सकें।

नायिकाभेद का समाजशास्त्र-2

अब हम नायिका भेद के कुछ समाजशास्त्रीय चिन्हों को चिन्हित करने की कोशिश करेंगे :

हम देखें कि रीतिकाल में निर्मित नायिकाओं का मनोविज्ञान, उनकी देह, उनकी देह सजगता, उनकी देह भाषा, उनका देह शास्त्र और देह इतिहास कैसा है?

इसके लिए हम नायिकाभेद की कुछ चर्चा करेंगे।

यह एक मान्य तथ्य है कि संस्कृत काव्य शास्त्र में जितनी तरह की नायिकाएँ बनीं, उससे कहीं ज़्यादा किस्म की नायिकाएँ रीतिकाल में बनीं। उनकी संख्या बढ़ती गयी। उनके भेदों के आधार बढ़ते बदलते गये।

यह बदलाव स्वयं प्रमाण है कि जैसे जैसे समाज में स्त्रियों की भूमिका उनके काम, उनकी हैसियत और उनकी सामाजिक उपस्थिति पब्लिक स्पेस में, उनकी दृश्यमानता में बदलाव आया, त्यों-त्यों उनके भेद बदलते गये और उनकी संख्या घटती-बढ़ती गयी। ऐसा प्रतीत होता है कि नाना ऐतिहासिक कारणों से इस काल में 'जनक्षेत्र' (पब्लिक स्फीयर) में स्त्रियों की दृश्यमानता बढ़ी। यह नायिकाभेद स्त्रियों की जन क्षेत्र में जबर्दस्त उपस्थिति का प्रमाण है।

और, ऐसा भी नहीं है कि रीतिकाल में सिर्फ नायिका भेद की ही रचना हुई। नायकभेद वर्णन भी हुआ है! जहाँ भी किसी नायिका का वर्णन है, उस में एक न एक 'नायक' प्रत्यक्षतः या परोक्षतः मौजूद रहता है। नायिकाभेद वर्णन नायक के नजरिए से ही किया जाता है। नायिका के जितने प्रकार के भेद बतलाए जाते हैं, वे नायक नायिका के विविध स्तरीय सम्बन्धों के ही परिचायक हैं!

कई कवियों ने तो नायकों के 'प्रकार' भी बताए हैं। उदाहरण के लिए, संस्कृत आचार्य धनंजय ने चार प्रकार के नायक बताए हैं-धीरोदात्त, धीरप्रशान्त, धीरललित और धीरोद्धत। (देखिए, हिन्दी साहित्य कोश पृ. 333)। कालान्तर में अन्य आचार्यों ने उनके अन्य भेद भी बताए जो नायिकाओं के प्रति उनके नजरिए और व्यवहार-भेद के आधार पर बने। इनकी संख्या भी अच्छी खासी है, लेकिन उतनी नहीं है जितनी नायिकाओं की है।

एक आचार्य नायकों को, नायक, प्रतिनायक, उपनायक और अनुनायक के रूप में देखते हैं तो दूसरे पति, उपपति तथा वैशिक के नाम से अभिहित करते हैं। आचार्य देव इनको अनुकूल, दक्षिण, शठ और धृष्ट की तरह देखते

हैं तो एक आचार्य उनको मानी, चतुर, अनभिज्ञ और प्रोषित चार प्रकार का मानते हैं.(देखिए वही/333)।

'शठ' और 'धृष्ट' नायक के परिचय इस प्रकार बताये गये हैं :

'शठ' नायक 'कामिनी विषयक कपटपटु' होता है। यानी जो नायक स्त्रियों के प्रति कपट पूर्ण व्यवहार करने में दक्ष हो उसे 'शठ' कहा जाता है! इसी तरह 'धृष्ट' वह होता है जो बार बार दोष करने पर भी निश्शंक रहे- तथा जो मना करने पर भी अनुनय करने में चतुर हो। इसी तरह 'उपपति' वह है जो दूसरी स्त्रियों से प्रेम करता है। मतिराम ने इसे 'पर नारि को रसिक' कहा है। 'वैशिक' वह नायक होता है जो अनेक वेश्याओं का उपभोग करने वाला होता है। मतिराम कहते हैं : 'बार बार भ्रमि बारवधू बारभौंरन में मान की मुक्तमाल गंग में मगन भौ' इनके अतिरिक्त 'मानी' 'वचनचतुर' 'क्रिया चतुर' और 'प्रोषित' नायक भी माने गये हैं। (वही/339)

यहाँ 'शठ', 'धृष्ट' और 'वैशिक' ध्यान देने योग्य है। इनका उल्लेख बताता है कि ये उस समाज में होते थे।

नायकों के कुल प्रकार नायिकाओं के कुल प्रकार से बहुत कम नज़र आते हैं। यह तथ्य यह भी बताता है कि उनमें न बहुत 'मोबिलिटी' है, न विविधता है। वे गिने गिनाए तौर तरीके अपनाते हैं यानी नायिकाओं के संदर्भ में नायकों के काम काज सीमित और फिक्स्ड हैं।

इसके बरक्स नायिकाओं की भूमिका लगातार गतिशील और विकासशील नज़र आती है। इसीलिए उनके 'प्रकार' लगातार बदलते जाते हैं। उनके रोल पुरुषों से अधिक जटिल और वैविध्यपूर्ण हैं। उनकी भूमिकाओं में जटिलता और विविधता है। वे फाइटर और सर्वाइवर हैं।

आज के स्त्रीत्ववादी विमर्शों में जिस तरह से 'सर्वाइवर' कहा जाता है रीतिकाल की उक्त नायिकाएँ भी लगभग इसी तरह की 'सर्वाइवर' प्रतीत होती हैं।

हमने सवाल किया था कि इतनी नायिकाएँ कहाँ गयीं?

हमारा उत्तर है कि नायिकाएँ कहीं गायब नहीं हुईं बल्कि उन्होंने अपना व्यक्तित्व, समय और स्थान बदल लिया है :

बहुत-सी फिल्म उद्योग में काम करती हैं। वहाँ वे नायिकाएँ खलनायिकाएँ एक्स्ट्राज बनती हैं, बहुत-सी मिस-यूनिवर्स या मिस-वर्ल्ड के कम्पटीशनों में भाग लेती हैं और विश्व सुन्दरी बनती हैं। बहुत-सी मॉडल इण्डस्ट्री में काम करती हैं। बहुत-सी सीरियलों की नायिकाएँ हैं। वे विज्ञापनों में दिखलाई पड़ती

हैं। बहुत–सी आइटम नम्बर करती दिखती हैं। बहुत सी क्लासिकल डांसर बनती हैं। बहुत–सी पापूलर कल्चर के क्षेत्र में चली जाती हैं। बहुत–सी ब्यूटी इण्डस्ट्री चलाती हैं। बहुत–सी विमान परिचारिकाएँ, बहुत–सी कलेंडर गर्ल्स, बहुत–सी पोस्टर गर्ल्स, बहुत–सी बार–डांसर, बहुत–सी सेक्सवर्कर, बहुत–सी नये प्रोडक्ट्स की 'सेल्स विमन' बनती रहती हैं। आज वे नये से नये प्रोफेशनों में काम करती हैं। वे दुनिया की दूसरे नम्बर की सबसे बड़ी 'पॉपूलर कल्चरल इण्डस्ट्री' की इकोनॉमी की संचालिका हैं। वे उसकी प्रोडक्ट हैं और उसे प्रोड्यूस भी करती हैं। इनके साथ ही बहुत–सी मीडियाकर्मी हैं, बहुत मैनेजर, टीचर, नर्स, पीए, डाक्टर और वकील हैं और राजनीति में, मैनजमेंट में, बैंकिंग में, टीचिंग में, वकालत में, मेडिकल इण्डस्ट्री में, मारकेटिंग में, सेल में, काम करती हैं। वे मजदूरिनें हैं, किसान औरतें है और न जाने कितने अन्य सम्मान्य पेशों में काम करती हैं। यह एक नितान्त नया आधुनिक सशक्त प्रोफेशनल स्त्री–स्पेस है जो पुराने प्रोफेशनल स्त्री–स्पेस से एकदम अलग और क्रान्तिकारी है।

हम जानते हैं कि दोनों, में कोई किसी प्रकार की तुलना सम्भव नहीं है और ये हैं भी अपने तरीके की हीराइनें नायिकाएँ, नये वक्त में व्यक्तित्व की धनी नायिकाएँ। सबल, सशक्त और स्वाधीन स्त्रियाँ! आज इनमें से अनेक को 'मूवर एण्ड शेकर' बताया जाता है। कुछ तो विश्व की कुछ ताकतवर स्त्रियों की लिस्ट तक में शुमार की जाती हैं।

पुरानी नायिकाएँ सीमित व्यक्तित्व की धनी थीं। उनको सेक्सिस्ट नजरिए से देखा बताया जाता था। आज की स्त्रियों को इस नज़र से बताना कानूनन अपराध माना जाता है। तब पुरुष कवि उनका वर्णन अपने रसिक तरीके से किया करते थे। आज की स्त्री किसी अन्य के वर्णन की मुहताज नहीं है। वह अपना वर्णन अपना दावा खुद कर सकती है। उसके पास अपनी भाषा है।

रीतिकालीन स्त्रियाँ अपने ढंग से अपने समय की प्रोफेशनल थीं। वे बहुत हद तक पुरुषों के ऊपर निर्भर और अधीन स्त्रियाँ थीं। उनके हित उन्हीं को साधने पड़ते थे। वे भी अपने तरीके से ताकतवर नायिकाएँ थीं भले ही आज की स्त्रियों की तुलना में उनके पास चुनाव की स्वतन्त्रता नहीं थी। न स्त्री के प्रापर्टी राइट्स थे, न आधुनिक काल में स्त्री–हित में काम करने वाले कानूनों का सहारा था, न स्त्रीमुक्ति के आन्दोलन थे।

'नायिका' की विकास यात्रा को देखना उपयोगी है। इसी क्रम में हम समाज में सेक्सुअलिटी के इतिहास को चिह्नों को देख सकते हैं। इसीलिए हमने वह सवाल पूछा कि इतनी सारी नायिकाएँ कहाँ गयी और हमने यह

जवाब दिया कि वे गयी कहीं नहीं, समाज के बदलने के साथ आधुनिक रूपों में रूपान्तरित हो गयीं और उनको आधुनिक नजरिए से ही देखा जा सकता है! लिंगभेद के खिलाफ चलते स्त्रीमुक्तिवादी विचारों, संगठनों, आन्दोलनों और एलजीबीटी-आन्दोलनों के इन दिनों में इनको उस भाषा में वर्णित नहीं किया जा सकता, जिस भाषा में रहीम वर्णित करते हैं या रीतिकालीन कवि वर्णित करते हैं। स्त्रीत्ववादी विमर्श ने स्त्रियों की स्थिति, और उनको देखने पढ़ने का तरीका बदल दिया है। रही कसर फूको के विमर्श ने पूरी कर दी है। यही हम भी कर रहे हैं।

नायिकाभेद का समाजशास्त्र-3

रीतिकालीन नायिकाभेद का समाजशास्त्र तत्कालीन समाज की निर्मितियों में व्यक्त होता है। उनका निर्माण मनो-सामाजिक और दैहिक कारणों से प्रेरित है। वे विविध स्तर की हैं। नायिका भेद के आधारों के बारे में नगेन्द्र, अपनी सूत्र शैली में, कुछ इस तरह से बताते हैं :

> 'नायिका के इन भेद प्रभेदों का आधार मनोवैज्ञानिक दृष्टि से अधिक पुष्ट नहीं है, परन्तु उसे सर्वथा अनर्गल फिर भी नहीं कहा जा सकता। तात्पर्य यह है कि यह विभाजन नारी की आन्तरिक मनोवृत्तियों से सम्बद्ध किसी एक निश्चित और सर्वव्याप्त आधार को लेकर नहीं किया गया, परन्तु उसके पीछे कोई आधार या संगति ही न हो यह बात नहीं है। वास्तव में यहाँ हमें विभिन्न आधारों की संसृष्टि मिलती है, जो अधिकांश में जीवन के बाह्य-रूपों पर आश्रित है। प्राचीन आचार्यों ने नायिका भेद के विभिन्न आधार माने हैं :
>
> जाति : पद्मिनी, शंखिनी इत्यादि
> कर्म : स्वकीया, परकीया, सामान्या
> पति का प्रेम : ज्येष्ठा, कनिष्ठा
> वय : मुग्धा, मध्या, प्रौढ़ा
> मान : धीरा, अधीरा, धीराधीरा
> दशा : अन्य सुरत दुखिता, मानवती और गर्विता
> काल (अवस्था) : प्रोषित-पतिका, कलहान्तरिता, खण्डिता, अभिसारिका
> प्रकृति या गुण : उत्तमा, मध्यमा, अधमा
>
> (रीतिकाव्य की भूमिका/वही/135)

'हिन्दी साहित्य कोश' भी नायिकाभेद-वर्णन के 'कारकों' पर कुछ प्रकाश डालता है। 'कोश' कहता है कि :

> 'नायिका नायक भेद सम्बन्धी समस्त अध्ययन और काव्य रचना में नायक की अपेक्षा नायिका का महत्त्व प्रारम्भ से रहा है। स्पष्टतः उसका कारण पुरुष की अपेक्षा नारी का रतिभावना के क्षेत्र में अधिक महत्त्वपूर्ण होना है। इस सम्बन्ध में आधुनिक मनोविज्ञान तथा शरीरविज्ञान-(कामशास्त्र के सम्बन्ध में)-का साक्ष्य दिया जा सकता है कि काम भावना के क्षेत्र में नारी की स्थितियाँ और प्रतिक्रियाएँ अधिक विविध जटिल तथा विषम होती हैं। यही कारण है कि इस विषय के अन्तर्गत नायिकाभेद का विस्तार अत्यधिक है और उसमें ही आचार्यों और कवियों ने अपनी विवेचनात्मक शक्ति और काव्यात्मक प्रतिभा का परिचय दिया है' (वही/339)।

इन नायिकाओं के इतने भेदोपभेद किये गये हैं कि उनको एक साथ गिनना कठिन है। हर आचार्य अपने पर्यवेक्षण, अपने नजरिए के हिसाब से नायिकाओं के भेदोपभेद बताता है। इसमें बालिका से लेकर वयस्काएँ तक गिनाई जाती हैं। नायिका नायक के मेल मिलाप को सम्भव कराने वाली दूतियाँ कुट्टनियाँ सखियों का वर्णन भी कम नहीं हुआ है।

कवियों ने सबसे ज़्यादा ध्यान स्त्री की 'वय' पर दिया। फलस्वरूप सात साल की कन्या से लेकर तीस चालीस साल तक की स्त्री की परिभाषा उम्र के छोटे छोटे ग्रुपों के हिसाब से की जाने लगी। इस सिलसिले में कवि देव के भेद देखने योग्य हैं। वय के हिसाब से देव ने सबसे ज़्यादा पाँच वर्ग भेद बताये हैं : देवी (7वर्ष), देवगन्धर्वी (7से 14वर्ष) गन्धर्वी (14 से 21वर्ष) गन्धर्व मानुषी (21 से 28वर्ष) मानुषी (28 से 25वर्ष)। (हिन्दी साहित्य कोश/141) यह प्री-प्यूबर्टी से लेकर युवती तक की यात्रा है।

स्त्री देह को सबसे बड़ा काव्य विषय बनाने का यह कवि कर्म आज बेहद 'सेक्सिस्ट' प्रतीत होता है। आज का पाठक यह देख आश्चर्यचकित हो सकता है कि साहित्य के इतिहास में इस दौर में कवियों का एक बड़ा काम स्त्री की देह को लगातार अपने आब्जर्वेशन में, अपने ध्यान में, अपने फोकस में रखना था और उनको चित्रित भी करते रहना होता था। लेकिन यह एक सांस्कृतिक विमर्श था जो 'चलन' में था, समाज स्वीकृत था और जिसे कोई धर्म संहिता 'अपराध' की तरह नहीं मानती थी। (उसे तो हिन्दी के कथित आधुनिक कालीन विक्टोरियाई राष्ट्रवादी विमर्शों ने 'अपराध' का दर्जा दिया जिसके बारे में हम पहले लिख चुके हैं।)

बहरहाल, नायिकाभेद के सिलसिले में कुछ आचार्य बालवधू और विधवाबधू तक का जिक्र करते हैं जो बताता है कि उस दौर में बाल-विवाह तथा विधवा-विवाह का चलन भी था और वृद्ध-वधू और नपुंसक-वधू का जिक्र भी मिलता है। (वही/141) और उसी अनुपात में पुसंत्ववर्धक नुस्खों का चलन था और इन सबके बारे में स्त्रियाँ जानती थीं। ये बातें प्रकारान्तर से बताती हैं कि तब नपुंसकता एक बीमारी की तरह भी थी। नायकों की अति कामुकता नपुंसकता को पैदा करती ही! इस काल की कविता में नपुंसक नायकों का नायिकाएँ मजाक उड़ाती हैं।

विप्रलब्ध, खण्डिता, प्रोषितपतिका आदि कई भेद कामसुख देकर अपने पतियों/प्रेमियों को नियन्त्रण में रखने के उपायों के कारण बने हैं। ऐसी तमाम नायिकाएँ अपने भरण पोषण के लिए पुरुषों पर निर्भर हैं लेकिन, कई ऐसी नायिकाएँ भी नज़र आती हैं, जो अपनी कामकला से पुरुषों को कण्ट्रोल करने की कोशिश भी करती हैं।

यही नहीं, अगर बिहारी सतसई के दोहों में व्यक्त नायिकाओं की सेक्सअुलिटी को पढ़ें तो वहाँ विभिन्न उपायों और कूट-भाषा और कूट-संदेशों का इस्तेमाल करके नायक नायिकाओं को मनाने और आपस में मिलाने वाली और नायक नायिकाओं की सेक्स एवं ब्यूटी इन्डेक्स की दैनन्दिनी रखने वाली दूतियाँ और सखियाँ भी लगभग हर दोहे में मिलती हैं। कई बार ऐसा भी होता है कि दोहे को कहने वाला कवि ही सखी रूप धारण कर लिया है, यानी वह दूती का भी काम करने लगता है। दोहों की लाक्षणिकता और व्यंजनात्मकता यह भी बताती है कि ये दूतियाँ ये सखियाँ नायक नायिकाओं की विश्वासपात्र होती थीं और नायक, नायिका का सहवास कोई अति गोपनीय कर्म नहीं था। वे सब जानती थीं कि वे क्या कर रही हैं और क्या होने वाला है! यही नहीं बिहारी की नायिकाएँ 'वाग्विदधा' हैं ही, दूतियाँ सखियाँ भी गोपनीय संदेश-संप्रेषण की व्यंजना कला में प्रवीण हैं।

इसका मतलब यही है कि प्रेम, रति, शृंगार, कामकेलि का 'चौबीस बाई सात' का एक बहुत बड़ा उद्यम है।

अब जरा उस 'नायक' का हाल भी जान लिया जाय जिसके बारे में नायिकाभेद की केन्द्रिकता के चलते कभी सोचा नहीं गया। हमारा विश्वास है कि नायक के विखण्डन में रीतिकालीन कविता में व्यक्त नायिकाओं की सेक्सुअलिटी का मर्म छिपा है।

हम बिहारी के कुछ नायकों को पढ़ें। वे नायिकाओं के चक्कर में दिन

रात इस कदर कामुक नज़र आते हैं और नायिकाएँ भी उनके अनुकूल नज़र आती हैं कि वे किसी और काम को करते ही नज़र नहीं आते।

इसके साथ ही कुछ ऐसे दोहे और अन्य कवियों के छन्द नज़र आते हैं जिनमें पुंसत्व बढ़ाने के नुस्खे दिये-लिए जाते रहते हैं। इसका एक अर्थ यह भी है कि कि अति-रति के कारण कुछ नायक नपुंसकता के शिकार भी हो जाते होंगे। बिहारी के अलावा कुछ अन्य कवियों में भी ऐसे नायक मिलते रहते हैं।

अगर कोई इस दौर की वैद्यकी के इतिहास को छाने तो उसे पुंसकता और नपुंसकता का इतिहास भी सम्भवत: मिल सकता है और पिछली सदी और इस सदी तक में नपुंसकता का इलाज करने वाले 'कविराजों' और रीतिकाल के कवियों के बीच कोई न कोई सूत्र सक्रिय देखा जा सकता है।

रीतिकाल : प्रोफेशनल स्त्रियाँ

ये नायिकाएँ नायक के 'अधीन' हैं, यह स्वत:सिद्ध है क्योंकि उस दौर में अपने जीवन-यापन के लिए वे प्राय: पुरुषों पर निर्भर थीं। लेकिन इन विविध नायिकाओं का होना बताता है कि सब स्त्रियाँ एक ही तरीके से पुरुष-निर्भर नहीं थीं। उनकी निर्भरता के स्तर में फर्क था। रहीम के 'नगर शोभा' वर्णन में दिखने वाली विभिन्न पेशों में लगी विक्रेता-स्त्रियाँ भी हैं, वे सेल्स विमन भी हैं। वे पुरुष पर पूरी तरह से निर्भर नहीं दिखतीं। वे काम करके कमाने वाली भी हैं। एक अर्थ में वे स्वायत्त भी कही जा सकती हैं।

रीतिकाल को लेकर किये गये स्त्रीत्ववादी अध्ययन भी रीतिकाल में चित्रित स्त्री के प्रति पूरा न्याय करते नहीं दिखते शायद इसी कारण अपने अध्ययन में एक जगह संध्या शर्मा कहती हैं :

> पितृ-सत्ता किस तरह परिवर्तन के विरुद्ध काम करती थी, यह देखना भी दिलचस्प है। यह भी कहा जा सकता है कि ये विचारधाराएँ (पितृसत्तात्मक) ऐसी थीं जो परिवर्तन के प्रति असंवेदनशील थीं... (स्त्री पुरुष के) लिंग-सम्बन्धों को इतिहास के वातावरण के बीच रखकर ही देखा जा सकता है।
>
> स्त्रीत्ववादियों के आरोपों के विपरीत, लिंग-समानता का प्रस्ताव वस्तुत: मध्यकालीन कवियों द्वारा पेश किया गया। स्त्रियों के प्रति कवियों के नजरिए को, कि वे विनम्र थीं, उस समय के विचारों के संदर्भ में रखकर ही समझा जा सकता है। इस काल की कविताओं को पढ़ने से ऐसा

लगता है कि स्त्रियों के प्रति कवियों का नजरिया प्राय: रूढ़िवादी था। वे स्त्रियों को पुरुषों के अधीन दिखाया करते थे लेकिन उनकी कविताएँ स्त्रियों के प्रति दमन और उनको एक वस्तु मानने का आदर्शीकरण नहीं करतीं...नखशिख वर्णन में स्त्रीत्व की रचना स्वत: प्रकट है, जिसमें स्त्रियाँ शक्ति का प्रतिनिधान करती थीं... (वही/28)

रहीम की रची स्त्रियाँ इसी तरह की प्रोफेशनल स्त्रियाँ हैं जो अपनी सत्ता और शक्ति का प्रतिनिधित्व करती हैं। ऐसी ही कई सबल स्त्रियाँ कई रीतिकालीन कवियों के काव्य में दिखती हैं लेकिन देव के 'रसविलास' और 'जातिविलास' में वे जिस तरह की प्रोफेशनल नज़र आती हैं उनकी तुलना रहीम की 'नगर शोभा' में दिखने वाली स्त्रियों से ही की जा सकती है। यही नहीं रस विलास में जहाँ देव अपने समय की स्त्रियों की स्थानगत भौगोलिक विशेषताओं का वर्णन करते हैं वहीं, 'जातिविलास' में वे जातिगत पेशों में काम करने वाली स्त्रियों का वर्णन करते हैं। इनमें से बहुत सी स्त्रियों के पेशे उसी तरह के हैं जिस तरह के रहीम की 'नगर शोभा' की स्त्रियों के हैं। इससे यह भी सिद्ध होता है कि भक्तिकाल से लेकर रीतिकाल तक बहुत से पेशे जस के तस चले आते थे। उनमें कोई परिवर्तन नहीं हुआ था। इसका मतलब यह भी है कि उत्पादन के, सेवा के तरीकों में कोई बड़ा बदलाव नहीं आया था।

'रसविलास' में देव रीतिकालीन कविता में 'काम' और स्त्री वर्णन की प्रमुखता के कारणों के बारे में कुछ इस तरह से बताते हैं :

युक्ति सराही मुक्ति हित, मुक्ति भुक्ति को धाम!
युक्ति मुक्ति और भुक्ति को, मूल सु कहिए काम!!

यानी युक्ति, मुक्ति और भुक्ति, तीनों का मूल 'काम' है। इसी क्रम में आगे वे स्त्री की केन्द्रीयता का कारण इस तरह बताते हैं :

रमनी राका कामिनी पूरै काम समुद्र!
बिना बाम पूरन भए, लगै परमपद क्षुद्र!!
ताते त्रिभुवन सुर असुर, नर पशु कीट पतंग!
राक्षस जक्ष पिशाच अहि, सुखी सबै तिय संग!!
कोटि कोटि विधि कामिनी, तिनके कोटिन भेव!
तिनमें माया मानुषी, बरनत हैं कवि देव!!

(देव ग्रन्थावली-1/ लक्ष्मीधर मालवीय/नेशनल पब्लिशिंग हाउस, दिल्ली/प्रथम संस्करण/1967/पृ.171)

इसके आगे के 'कामिनी भेद' के अन्तर्गत वे नागरी, देवी, वन्या,

पूजकिन, द्वारपालिका, रावल नागरी, राजकुमारी, धाय भेद यानी धाय, सखी, दासी, नटी, ग्वालिन, सिल्पिनी, मालिन, नाइन, बालिका, विधवा वधू रखते हैं। इसके आगे वे इनके 'दस कर्म' बताते हैं। इनका काम दम्पति-सेवा है। ये वर्णन अपने आश्रयदाता राजनगर के राजा भोगीलाल के लिए करते हैं।

इसके आगे देव राजनगर की हाट में बैठने वाली प्रोफेशनल स्त्रियों के बारे में कुछ दोहों में सूत्र शैली में बताते हैं। उसके आगे विस्तार से उनका रसिक भाव से वर्णन करते हैं। इस वर्णन में राजनगर की तमाम नागरियों का परिचय दे दिया जाता है जैसे :

'राजनगर नागरि दुविध, बरनत सुकवि सम्हारि!
एक हटबई की बहू, दूजी गनिका नारि!! (दोहा-1)
राजनगर की नागरी पन अनेक बहु भाँति!
तिनमें मुख्य मनुष्य तिय, बरनि कही दस जाति!!'

(दोहा-4/वही 180)

राजनगर की इस हाट में जौहरिनी, छीपिन, पटबनि, सुनारिन, गन्धिन, तेलिन, तमोरिन, कन्दुनि, बनिनि, कुम्हारिन, दरजिन, चूहरी, गनिका काम करती हैं।

लेकिन इसी राजनगर में विभिन्न जाति-धर्म की स्त्रियाँ भी हैं जैसे :

ब्राह्मणी, क्षत्रियभेद, राजपूतानी, खतरानी, वैस्यानी, काइथिन, किरारिन, नाइन, मालिन, धोबिन आदि ये सब नागरी नायिकाएँ हैं, फिर कुछ ग्रामीण नायिकाएँ हैं जैसे : अहीरिन, काछिन, कलारिन, कहारिन, नुनेरिन (नमक की ड़ली बेचने वाली), बन्या यानी बनवासिनी, मुनि-त्रिया, व्याध-वधू, भीलनी, सेन्या और वृषली और मुकेरिन (सेना के खेमों के साथ चलने वाली तीन प्रकार की वेश्याएँ),पथिक वधू, बन जारिन, जोगिन, नटी, कंगहेरनि (रस्सी बेचने वाली)। (विस्तार से देखिए/वही/170-192)

रहीम की 'नगर शोभा' के वर्णन से देव के इस वर्णन की समानता आश्चर्यजनक है। फर्क है तो इतना कि रहीम के यहाँ प्रोफेशनल और शिल्पी स्त्रियों की संख्या कहीं ज़्यादा है। इससे यह भी सिद्ध होता है कि उस दौर में नगरों में ऐसी पेशेवर स्त्रियाँ अवश्य होती थीं जो कवियों का ध्यान खींचती थीं। वे उनको अपनी कविता का विषय बनाते थे।

देव के बारे में प्रसिद्ध है कि वे अनेक दरबारों में भटके थे। उन्होंने देश देशान्तर का भ्रमण किया था। इसी अनुभव के आधार पर देव, परम्परा से हटकर, भौगोलिक आधार पर, नये प्रकार से नायिकाओं का एक तरह से डाक्यूमेंटेशन करते हैं। उनके 'रसविलास' में पूरे भारत की स्त्रियों का एक

नये प्रकार का 'इण्डेक्स' आ गया है। यहाँ हर इलाके की वधुओं का वर्णन किया है जैसे मध्यदेश-वधू, मगध-वधू, कौशल-वधू, पाटल-वधू, उत्कल-वधू, कलिंग-वधू, कामरु-वधू, बंग-वधू, विंध-वधू, मालव-वधू, आभीर-वधू, विराट-वधू, कोंकण-वधू, केरल-वधू, द्राविड़-वधू, तिलंग-वधू, करनाट-वधू, सिन्धु-वधू, गुजरात-वधू, मारवाड़-वधू, कुरुदेश-वधू, करवीर-वधू, पर्वत-वधू, भुटंत-वधू, काश्मीर-वधू, सौवीर-वधू। (विस्तार से देखिए, वही 203-208)

देव के इस वर्णन को विश्वनाथ प्रसाद मिश्र ने 'यथार्थवादी' कह कर अवांछित करार दिया है और इनमें से कई नायिकाओं को सुनने के आधार पर चित्रित किया बताया है। देव द्वारा की गयी स्त्री जाति की अखिल भारतीय नक्शानवीसी (मैपिंग) यह बताती है कि उस समय में स्त्रियों की दशा सर्वत्र लगभग एक जैसी थी और उनका रूप-सौन्दर्य सेक्सिस्ट भाषा में ही वर्णित किया जाता था। वही इस युग का मुख्य मुहावरा था। देव के वर्णन का तरीका वही रहीम वाला यानी रसिक शैली का है। कवि की नज़र स्त्री के प्रोफेशन से ज़्यादा उसके सौन्दर्य, उसके रंग, उसकी रूप सज्जा, रतिकला प्रवीणता के बखान पर रहती है।

जैसा कि हमने देखा, देव ने देश प्रदेश के आधार पर भी वधू-भेद करके अपने वक्त का पूरे भारत का नक्शा सा खींच दिया है। यह सूचना की दृष्टि से महत्त्वपूर्ण है। कवि सभी क्षेत्रों में रहने और काम करने वाली स्त्रियों के सौन्दर्य का वर्णन करता चलता है। उनके रति मूलक हाव भावों का वर्णन भी करता चलता है। इससे यह भी सिद्ध होता है कि उस काल में 'वधू' के रूप में विभिन्न क्षेत्रों की स्त्रियों के बारे में आश्रयदाता जानकारी रखना चाहते होते थे।

देव स्त्रियों के बारे में कम से कम तीन प्रकार से बताते हैं। एक जाति आधार पर जो कमोबेश पेशों के आधार पर है, दूसरा क्षेत्र विशेष के लक्षणों यानी विशेषताओं के आधार पर और तीसरा परम्परागत नायिका भेद! समाजशास्त्रीय दृष्टि से पहले दो भेद महत्त्वपूर्ण हैं।

वे अपने समय में राजनगर में स्त्रियों की उपस्थिति को दर्ज करते हैं। जब राजनगर जैसी छोटी रियासत में स्त्रियों की 'हाट' में उपस्थिति ऐसी थी तो बड़े राजाओं के बड़े नगरों में तो और भी ज़्यादा होती होगी।

स्त्री की दृश्यमानता की एजेंसी : सखी दूती

रीतिकालीन कविता में सखी-दूती बहुत बड़ा मीडियम हैं। इसे सबसे बेहतरीन

तरीके से हम केशवदास की 'रसिकप्रिया' के उस प्रकरण में देख सकते हैं जिसमें वे 'सखीवर्णन' करते हैं। इसको पढ़ने से ज्ञात होता है कि उस काल में सखी कर्म के अन्तर्गत बहुत से प्रोफेशन आते थे। धाइ, जनी, नाइन, नटी, परोसिन, मालिन, बरइन, शिल्पिनी, चुरिहारिन, सुनारिन, रामजनी, संन्यासिनी, पटइन का काम करने वाली स्त्रियाँ सखी-कर्म करने वाली मानी जाती थीं। (केशव ग्रन्थावली खण्ड-1/सम्पादक विश्वनाथ प्रसाद मिश्र/हिन्दुस्तानी एकेडेमी, इलाहाबाद/दूसरा संस्करण 1977/पृ.68-75)

सखी को क्या क्या काम करने होते थे? इसका ब्योरा देते हुए केशव एक दोहे कहते हैं :

सिक्षा बिनय मनाइबो, मिलिबो करि सिंगार!
झुकि अरु देह उराहनो, यह तिनके ब्योहार!! (वही/पृ.75)

यहाँ सखी और दूती एक दूसरे के पर्याय से हैं। इन सखियों का काम है कृष्ण (नायक) राधिका (नायिका) के बीच संदेश लाना ले जाना। कृष्ण को बताना कि राधिका किस तरह उसके प्रेम में डूबी है, उधर राधिका को बताना कि कृष्ण का हाल भी यही है। उनका खास काम दोनों के बीच की गलतफहमियों को दूर करना, एक दूसरे के प्रति अनुकूल बनाना, प्रेरित आकर्षित करना और मिलाना इत्यादि होता है।

ध्यान दें : जिस तरह की बहुत सी प्रोफेशनल स्त्रियाँ देव ने गिनाई हैं या रहीम ने गिनाई हैं, उनमें से कई तो सखी कर्म करने वाली प्रोफेशनल हैं। वे नायक नायिका के बीच सर्विस देती हैं, जिनमें उनके प्रोफेशन बड़े उपयोगी नज़र आते हैं। मालिन, सुनारिन, नाइन आदि नायक, नायिका के पास जाकर उनका श्रृंगार करती हैं। उनको संदेश देती है और नायक, नायिका उन पर पूरा भरोसा करते हैं, यद्यपि बिहारी के एक दो दोहों में ऐसी दूतियाँ-सखियाँ भी मिलती हैं जो नायक से स्वयं ही रति करने में दिलचस्पी रखती हैं और नायिकाएँ इसे पहचान भी जाती हैं :

नटि न, सीस साबित भई, लुटी सुखनु की मोट!
चुप करि ए चारी करति, सारी परी सलोट!!

(बिहारी सतसई/जगननाथदास रत्नाकर/लोकभारती,
इलाहाबाद/द्वितीय संस्करण/2000/दोहा 607)

अर्थ यह कि अन्य संभोग-दु:खिता नायिका दूती की साड़ी में सिलवटें पड़ी हुई देखकर कहती है कि बस अब तू मुकर मत, तेरे सिर पर मेरे सुखों की लुटी हुई 'मोट' (गठरी) साबित हो गयी अर्थात मेरे सुख की गठरी जो

लुट गयी है, वह तूने लूटी है, यह बात प्रमाणित हो गयी है। ये साड़ी में पड़ी हुई सिलवटें बिना बोले ही तेरी चुगली करती हैं!

इसीलिए एक और दोहे में बिहारी की नायिका दूती को अपना काम निकाल के टरका देने में ही भला समझती है :

कालबूत दूती बिना, जुरैं न और उपाइ!
फिर ताकैं टारैं बनैं, पाकैं प्रेम लदाइ!! (दोहा 399)

यहाँ 'कालबूत' (फारसी) वह खाँचा कहा जाता है जिसके ऊपर दूसरी वस्तु चढ़ाकर बनायी जाती है जैसे जूते का खाँचा या मकान की छत डालने के लिए नीचे का कच्चा ढाँचा या 'स्कफोल्डिंग'। इस तरह दोहे का अर्थ हुआ कि पहले तो नायिका ने दूती के द्वारा नायक से प्रेम दृढ़ कर लिया फिर उसको छाँटा बतलाकर अलग कर दिया! नायिका के इस व्यवहार पर दूती ताना मारती हैं कि दूती रूपी कालबूत के बिना और किसी उपाय से प्रेम रूपी लदाव नहीं जुड़ता। फिर प्रेम रूपी उस लदाव के पक्के हो जाने पर उस दूती के टारे ही बन आता है। (वही पृ.186-187)

कह सकते हैं कि नायक नायिका के अलावा सखी, दूती, कुटनी आदि स्त्रियाँ भी हैं जो रीतिकालीन कविता में छाई हुई हैं। वे नायक नायिका के बीच एक बड़ा 'मीडियम' हैं। वे नायक नायिका के बीच पुल का काम करती हैं। उनके बीच संवाद का आदान प्रदान करती हैं। जाहिर है, जो इसके लिए उनको कुछ न कुछ मिलता होगा। यह रीतिकाल की अतिरिक्त 'लव इण्डस्ट्री' है।

कवियों का एक बुनियादी काम नायिकाभेद वर्णन है। और यह वर्णन सिर्फ 'वर्णन' मात्र नहीं है, यह स्त्री देह का, रूप का अध्ययन भी है। यह इस कदर है कि कवियों के नज़र से स्त्री की देह और उसके अनुभाव तब भी दूर नहीं होते जब वे प्रकृति का वर्णन करते हैं।

कहने का अर्थ यह कि रीतिकाल की एकल और शायद सबसे बड़ी विशेषता यह है कि हर समय कवि (पुरुष) की नज़र स्त्री पर लगी है। इसे न अंग्रेजी की 'गेज' कह सकते हैं, न यह 'घूरना' है बल्कि 'आब्जर्वेशन' है, स्टडी है और कलात्मक तरीके की 'स्टडी' है जिसे कहा 'वर्णन' ही जाता है। 'वर्णन' रीतिकालीन कविता का एक महत्त्वपूर्ण 'कूटपद' है! नायिका भेद एक तरह का 'डाक्यूमेंटेशन' है जो उस काल की स्त्रियों की पुरुष के प्रति उनकी अधीनता और निर्भरता, उनके शोषण आदि को दरशाता है लेकिन इसी प्रक्रिया में इस काल की स्त्री की 'सामाजिक दृश्यमानता' (सोशल विजीबिलिटी) प्रकट होती है। वे जिस तरह बनी हैं, बनायी गयी हैं, उसी तरह कही भी गयी हैं।

जिस तरह के स्त्री पुरुष सम्बन्ध नायिका भेद में बनते हैं, उससे लगता है कि स्त्री ही पुरुष के पीछे पड़ी हुई है, जबकि ऐसा नहीं है। हमारे पाठ के अनुसार तो पुरुष ही स्त्री के पीछे पड़ा रहता है इसीलिए वह तरह तरह के उपाय करता है। इस प्रक्रिया में स्त्रियाँ कुछ सशक्त भी हो उठती हैं।

सेक्सुअलिटी का विमर्श

जैसा कि हम बता चुके हैं, 'रीतिकाव्य की भूमिका' में नगेन्द्र एक जगह कहते हैं :

> 'जहाँदारशाह बादशाह...की रखैल लालकुंवर स्वयं सम्राट और बड़े बड़े अमीरों का जनता में अपमान कर देती थी। यही व्यवहार राजपूताना में मारवाड़-नरेश विजय सिंह की पासबनी वेश्या उसके और उसके सामन्तों के साथ कर रही थी। शाहजादों, राजपुत्रों एवं अमीरजादों की शिक्षा का उचित प्रबन्ध नहीं था...उन पर हिजड़ों और दासियों का प्रभुत्व था' (पृ.15)

ये उदाहरण तो बड़े बादशाहों के रहे लेकिन इस कविता में जो नायक आये हैं वे इतने बड़े न होकर छोटे छोटे नायक हैं, वे उस समय के छोटे रईस अमीर हैं, युवक हैं, जो छेड़छाड़ करते रहते हैं, ताकाझाँकी करते रहते हैं।

बिहारी सतसई में झलकने वाला समाज एकदम यौन-व्यस्त समाज है। यहाँ दोहों में 'परिवार' भी नज़र आते हैं। कई बार नायक-नायिका का प्रेम-संवाद गुरुजनों यानी परिवार के बड़े बूढ़ों की उपस्थिति के बीच भी होता है। यह अक्सर लक्षणात्मक और व्यंजनात्मक संकेतों से होता है, जिसमें नेत्र-भाषा और अनुभावों की अभिव्यक्ति से काम लिया जाता है। यहाँ मिलने वाली अधिकतर नायिकाएँ प्रेम चतुरा हैं जो आँखों के इशारों से ज्यादा काम लेती हैं, नायक भी वैसे ही हैं। बिहारी के कई दोहों में पति-पत्नी भी मिलते हैं जिनमें प्रेम सम्बन्ध भी हैं। लेकिन ज़्यादातर दोहों में नायक या नायिका के एक दूसरे से मिलने आने-जाने, नायक के परकीया के पास जाने, प्रोषित पतिकाओं के विरह में तड़पने या प्रिय मिलन को आतुर रहने और नायिकाओं का अभिसारिका बनकर मिलने आने जाने के सीन बिखरे पड़े हैं। सखियों की समझौवल, बुझौवल, विपरीत रति करने वाली नायिकाएँ, दूसरी के यहाँ रात बिताकर आने वाले नायक और मानवती नायिकाएँ दोहों में बिखरी पड़ी हैं। नायक नायिका के अनुभावों के जरिए उनकी रतिभावावस्था का संज्ञान कराया

जाता है, ताकि पाठक को नायिका के अनुभाव संप्रेषित हो सकें।

यहाँ उस समाज के कुछ पोल खोलू दोहे भी हैं। ऐसे दोहे उस समय के उच्च-समाज के अन्दरूनी पाखण्ड को उजागर करते हैं। एक दोहा एक ज्योतिषी जी (उच्च-वर्ण) के यहाँ एक जारज पुत्र के पैदा होने को लेकर इस तरह की 'व्यंजनोक्ति' करता है :

'चित पितमारक-जोग गनि,भयौ भयैं सुत सोगु!
फिरि हुलस्यौ जिय जोइसी,समुझैं जारज-जोगु!!

(वही/दोहा /575/पृष्ठ 263)

इसका अर्थ यह है कि जब एक ज्योतिषी जी के लड़का हुआ और उन्होंने उसकी जन्म कुण्डली बनाकर ग्रह-संस्था पर विचार किया तो पहले तो उस कुण्डली में पितृमारक (पिता को मार डालने वाले) योग की गणना करके उनके चित्त में सुत के होने पर प्रसन्नता के स्थान पर सोगु (शोक) हुआ। परन्तु फिर उस लड़के के जन्म में जारज-योग(पिता के अतिरिक्त किसी अन्य पुरुष से पैदा होने का योग) समझकर ज्योतिषी जी अपने जी-ही-जी में संकुचित तथा अप्रसन्न होने के बदले हुलसे यानी हर्षित हुए! (वही/पृ.263)

इसकी एक व्यंजना यह है कि उच्च वर्ण वाले परिवारों में जारज सन्तानें हुआ करती थीं। ऐसे परिवारों में पति या तो नपुंसक थे या पत्नी का किसी अन्य से चक्कर चला करता था और इस तरह जारज पुत्र हो जाया करते थे : जिससे पुत्र हुआ उसे पितृमारक योग लगे यह सोचकर उन्होंने ज्योतिष का सहारा लिया और प्रवाद फैला दिया कि पिता मर जायेगा। ऐसे में कौन पर-पिता कहता कि मेरा बेटा है। दोहा व्यंजनार्थ देता है कि ज्योतिषी जी जानते हैं कि वे नपुसंक हैं फिर भी बेटा हो जाता है। लेकिन इसे लेकर कोई प्रवाद न फैले, इसलिए ज्योतिषी जी ने स्वयं 'पित-मारक' योग की व्यवस्था कर दी : पर-पिता उसे पितृमारक जानकर अपना बेटा कहने से डरेगा और कि 'ज्योतिषी जी नपुसंक हैं, किसी की जारज सन्तान पाल रहे हैं', इस बात पर परदा ही पड़ा रहेगा! है ना यह एक बेहद चतुर और कुटिल समाज!

बिहारी ज़्यादातर समय जयपुर में ही रहे। उनकी सतसई उस वक्त के जयपुर और आसपास के इलाकों की कल्चर के बारे में बहुत कुछ बताती है। सारे दोहों को पढ़ें तो लगता है कि यहाँ एक खातापीता सम्पन्न समाज था, जिसके नायक काम की तलाश में अक्सर 'परदेश' जाते रहते थे और नायक नायिका घर, मन्दिर-मार्ग, सहेट स्थलों और मेलों में मिलते जुलते रहते थे। नायक रमणियों से रमण करते रहते थे। नायिकाएँ नायक से मिलने को आतुर

रहती थीं। पुरुष का एकाधिक स्त्री से सम्बन्ध रखना आम चलन था और ऐसी बातें सब जानते होते थे। मेले ठेले की भीड़ में सांकेतिक प्रेम संवाद चलते थे और छेड़छाड़ भी प्रेम संवाद स्थापित करने का एक तरीका थी। यह समाज का स्वीकृत चलन था। पत्र लेना देना, सखियों के जरिए प्रेमी प्रेमिका को पत्रादि भेजना भिजवाना, दूतियों से नायिकाओं की अवस्था और मूड की जानकारी लेना देना होता था। नायक को बुलाना या नायिका का उसके पास जाना और दोनों का आपस में रमण करना उनकी प्राथमिकता थी। अरहर के खेत तक सहेट और सहवास स्थल हो सकते थे। नदी या ताल में नहाती नायिका को नायक का देखना 'नायिका का उस पर नाराज होकर अनुरक्त हो उठना' सखी का समझाना कि अधिक मान न कर, नायक, नायिका का आपस में पान खाना, नायक का वेणी गूँथकर नायिका को प्रसन्न करना, नायक-नायिका का आपस में एक ही बीड़ी पीना-पिलाना, वारुणी पीना-पिलाना, सामान्य सांस्कृतिक आचरण था। बिहारी की सतसई पढ़ते हुए ऐसा लगता है मानो ये नायक-नायिकाएँ सहवास के होलटाइमर हों!

हम शुरू में ही कह आये हैं कि फूको जिस 'सत्ता विमर्श' के बारे में बात करते हैं, उसे वे नकारात्मक न मानकर 'उत्पादक' यानी 'रचनात्मक' मानते हैं। इस तर्क से रीतिकालीन कविता में स्त्रियाँ जिस तरह की भूमिकाओं में सामने आती हैं, उनको देख लगता है कि प्रकटत: तो वे पुरुष की कामुकता और उसकी सत्ता से नियन्त्रित हैं, लेकिन उनकी 'निर्भरता' उन्हें ऐसी अनिवार्य 'दृश्यमानता' देती है कि वे अपनी सेक्सुअलिटी के प्रति आत्म सजगता प्राप्त कर लेती हैं और 'सत्तामूलक नायक' को कई बार लज्जित करती हैं। कविता में स्त्रियों की दृश्यमानता उनको 'ऐंपावर' करने का एक बड़ा सांस्कृतिक उद्यम है।

नायक-नायिका के बीच सम्बन्धों को सम्भव करने वाली सखियाँ, दूतियाँ एक प्रकार की 'को-वर्कर' ही हैं। उनके हाथ में बहुत कुछ है। वे ही उस कामलीला की माध्यम हैं जो नायक नायिका के बीच होती दिखती है।

कविता में इन स्त्रियों की ऐसी 'दृश्यमानता'(विजीबिलिटी) उनको प्रतिसत्तात्मक बनाती है। उनकी 'प्रतिसत्ता' बनने लगती है जो 'प्रतिविमर्श' बनाने लगती हैं। ये स्त्रियाँ नायक के द्वारा 'उपभोग्या' होते हुए भी अपनी सक्रियता दिखाती हैं और इसी प्रक्रिया में वे कुछ अधिक दबंग हो जाती हैं और यही आत्मविश्वास उनका विमर्श बन जाता है। वे अपनी देह पर अपने रूप पर गर्विता भी होती हैं जो स्वयं विमर्शात्मक नज़र आता है।

इस संदर्भ में बिहारी की सतसई का यह दोहा पठनीय हैं :

चलत देत आभारु सुनि, उही परोसिंह नाह!
लसी तमासे की दृगनु हाँसी आँसुनु माह!! (दोहा 551!!)

अपनी टीका में रत्नाकर जी कहते हैं कि इस दोहे की नायिका किसी पड़ोसी पर अनुरक्त है। इस समय उसका पति विदेश जा रहा है, जिससे वह अपनी आँखों में आँसू भरे हुए है। इतने में ही उसने सुना कि उसका पति उसी पड़ोसी को घर सँभालने का भार दे रहा है। यह सुनते ही, हर्ष के कारण, उसकी आँसू भरी आँखों में हँसी आ गयी। यह वृत्तान्त कोई सखी दूसरी सखी से कहती है!' (बिहारी सतसई/जगन्नाथ दास 'रत्नाकर'/लोकभारती/इलाहाबाद/द्वितीय लोकभारती संस्करण/वही/पृ.252)

इस दोहे में आप सखियों की भूमिका को देखिए : दोहे में आई औरत पड़ोसी से इश्क फरमाती है। और कुछ इस कुशलता से इश्क फरमाती है कि उसके पति को भनक तक नहीं लगती। यह इश्क उसकी अनुपस्थिति में ही परवान चढता है। पति विदेश यानी परदेस जाता रहता है। घर की देख रेख का जिम्मा वह अपने पड़ोसी को सौंप कर जाता है! पति के अभाव में रोने वाली पड़ोसी से इश्क की परिस्थिति को अनुकूल बनते देख मन ही मन हँसने लगती है!

यानी पति के बिछोह से उत्पन्न होने वाला उसका विरह या वियोग भी सच्चा विरह या वियोग नहीं है। अगर सच्चा होता तो, 'वह पड़ोसी घर को देखेगा' इस खबर को सुनकर मन ही मन हँसने नहीं लगती!

आप इस स्त्री को किस कोटि में रखना चाहेंगे? 'विक्टिम' की कोटि में या उस स्त्री की कोटि में जो इश्क करने के लिए 'आजाद' है, जो पति से ज़्यादा पड़ोसी पर अनुरक्त है और ये बात पति को नहीं सिर्फ सखियों को मालूम है! सतसई के अनेक दोहों के नायक इसी तरह के मूर्ख नजर आते हैं। उनकी ऐसी मूर्खता को उजागर करने वाली नायिकाएँ हैं!

हो सकता है यह बात पति को भी मालूम हो लेकिन वह उससे अनजान बने रहने में ही अपनी भलाई समझता हो! दोहा 'अर्थमुक्त' है, 'मुक्तान्त' है, 'ओपिन एण्डेड' है। आप अर्थ लगाते जाइए और उस चतुर स्त्री की चतुरता के कायल होते जाइए! है न ये एक नये प्रकार की ऐंपावर्ड औरत! ये नायिकाएँ व्यंजनाओं से मार करती हैं। ऐसी विदग्धा नायिकाएँ ही 'ऐंपावर्ड' कहलाती हैं।

जो सखियाँ इस घटना की परस्पर चरचा कर रही हैं, वे न नैतिक विमर्श चला रही हैं न इसे अनैतिक मान रही हैं। उनके लिए तो यह एक अवसर है नायक और नायिका को मिलाने का और अपना 'कट' बनाने का! यहाँ एक

इकोनॉमी भी काम कर रही है। दोनों के इश्क को गोपन रखने की कीमत भी तो होती है! यही सखियों का 'सर्विस सेक्टर' है।

रीतिकाल में ऐसी बहुत सी कविताएँ लिखी गयी हैं जिनमें 'विवाहेतर सम्बन्धों' का नाना प्रकार से वर्णन है। इसका अर्थ यह भी है कि उस दौर में विवाहेतर सम्बन्ध समाज-स्वीकृत थे।

संध्या शर्मा ने सोमनाथ के 'रसपीयूषनिधि' और पद्माकर के 'जगद्विनोद' के हवाले से अपने अध्ययन में कहा है : 'सिद्धान्ततः बेवफाई अनैतिक, पतनशील और घृणास्पद मानी जाती थी। पति सिर्फ अपनी पत्नी से ही प्रेम कर सकता था, दूसरी स्त्री को अपने ध्यान तक में नहीं लाना था।

लेकिन अगले ही पैरा में डाक्टर संध्या शर्मा कहती हैं कि :

पुरुषों को अनेक पत्नियाँ रखने का हक था लेकिन किसी भी पत्नी के प्रति उपेक्षा छलपूर्ण व्यवहार माना जाता था। तथापि बहुत से मामलों में विवाहेतर सम्बन्धों को पत्नी या परिवार से नहीं छिपाया जाता था :

छला परोसिनी हाथ तैं, छलु करि लिया पिछानि!
पियहि दिखायौ लखि बिलखि, रिस सूचक मुसकानि!!

अर्थात् जब उसने पड़ोसिन के हाथ में अपने पति का छल्ला देखा और बिलखकर नाराजी भरी मुसकान के जरिए यह बात अपने पति को जताई! (लिटरेचर, कल्चर, एण्ड हिस्ट्री इन मुगल नार्थ इंडिया 1550-1800/ डा. संध्या शर्मा प्राइमस बुक्स, दिल्ली/2011/ उद्धृत/पृ.56)

ये विवाहेतर सम्बन्ध इकतरफा नहीं थे। सिर्फ पति ही विवाहेतर सम्बन्धों में नहीं रहते थे। पत्नियाँ भी कुछ कम नहीं थीं। लेकिन 'ये सम्बन्ध ऐसा तनाव या झगड़ा नहीं पैदा करते थे कि पति पत्नी के बीच अलगाव (सेपरेशन या तलाक) हो जाता! बेवफाई करने वाले पुरुष को व्यंग्य-वचन से या चेतावनी देकर काबू में लाने की कोशिश की जाती थी'।

लेकिन 'रीति कविता की एक खास विशेषता यह है कि वह पुरुषों के आमतौर पर स्वीकृत और अनियन्त्रित लंपटत्व के विरोध में स्त्री की बेवफाई का चित्रण करती है।' (वही/57)

डाक्टर शर्मा कहती हैं कि :

स्त्री पुरुषों के बीच लिंग भेद काम करता था। बेवफाई पर सिर्फ परिवार में ही निन्दनीय नहीं होती थी आस पड़ोस में भी घृणास्पद मानी जाती थी। शुचिता, वफादारी, एकनिष्ठता, व्यभिचार और परिवार की मर्यादा भिन्न लिंग-सन्दर्भों में भिन्न अर्थ रखते थे। सत्ता सम्बन्ध पुरुष के पक्ष

में झुके थे। इस तरह स्त्री के व्यभिचार (एडल्टरी) का 'अश्लील' और 'बेहिचक' चित्रण नया अर्थ प्राप्त कर लेता है। कुछ कविताएँ बताती हैं कि जो स्त्रियाँ मर्यादा को तोड़ती थीं, उनकी आलोचना तो की जाती थी लेकिन दण्डित नहीं की जाती थीं...

बेवफा होने के सामाजिक कारण उपस्थित थे। अपने उक्त अध्ययन में डाक्टर शर्मा बताती हैं कि बेवफाई की वजह पतियों से लम्बा बिछोह था। इसकी वजह से 'एकनिष्ठता' (फाइडलिटी) और 'मनोभावों' के बीच के अन्तर्द्वंद्व को भिखारीदास पहचान सके :

'निज पिय-चित्र वियोग हू, लखति न यह उर आनि!
दूजे सौं मन रमतु है होति पतिव्रत हानि!!' (वही/57)

अर्थात् अपने प्रिय के चित्र को वियोग में देखना नहीं चाहती। मन तो दूसरे से लगा है और इससे पतिव्रत धर्म की हानि होती है! (वही /57)

कहने की जरूरत नहीं कि रीतिकालीन कवियों के काव्यग्रन्थों में ऐसे उदाहरण भरे पड़े हैं जो बताते हैं कि इस काल में चित्रित स्त्रियाँ बेहद यौन साहसी हैं। वे कई बार कुल की मर्यादा को छोड़ अपने मन की करती हैं :

जेठ दुपहरी में वधू तजि गुरुजन की लाज!
सीधे तहखाने गयी सुनि सोए जदुराज!!

(वही/ कृपाराम की 'हिततरंगिणी' से उद्धृत/59)

रीतिकालीन कविता में लाज लिहाज आदि उद्दाम काम भाव के आगे हाशिए पर चले जाते हैं। नायिकाएँ अपने लिबिडो के प्रति सजग हैं और इसे कम ही छिपाती हैं।

निज उरजनि मीड़ति रहै अलिन गहै लपटाइ!
स्याम लहे बिनु बावरी काम दहाने जाइ!!

(वही/भिखारीदास के 'रससारांश' से उद्धृत/80)

अर्थात् वह अपने उरोजों को मींड़ती है, भौंरों को पकड़कर लिपटा लेती है लेकिन जब तक श्याम नहीं मिलते, तब तक उस पगली का 'काम' शान्त नहीं होने वाला!

इस अर्थ को जरा ठीक कर लें : कामांध नायिका अपने उरोजों को मींड़ती है। भौंरों को पकड़कर लपेट लेती है, श्याम के बिना पगली, अपने काम को इसी तरह दहाने यानी जलाने यानी ख़त्म करने जा रही है!

यह है सेक्सुअलिटी का सेलीब्रेशन!

परकीया : एक सामाजिक उत्पाद

इस संदर्भ में हम फिर संध्या शर्मा के अध्ययन के एक प्रसंग की ओर लौटेंगे जिसमें 'अकेली' औरतों के 'अकेले' होने के कारणों के बारे में एक महत्त्वपूर्ण 'स्थिति' (कंडीशन) का उल्लेख किया गया है। इसी 'स्थिति' में 'परकीया' का निर्माण होता था। अकेली रहती औरत पति के अलावा अन्य से प्रेम करती थीं :

> यद्यपि यह समाज जाति, वर्ण ,कुल और कुटुम्ब की मर्यादाओं में काम करता था, पितृसत्ता हावी थी लेकिन पिता की सत्ता एक आदर्श की तरह थी और लाज लिहाज और मर्यादा के मूल्य सब पर लागू होते थे। (वही/पृ.36–50)।
>
> उप-जातियों का उभार वर्णव्यवस्था की हाइरार्की को तोड़ता था। 'बिदेसिया' (यानी वह प्रिय व्यक्ति जो परदेश गया है) और बिरह के वर्णनों में प्रदर्शित तेज सामाजिक गतिशीलता (मोबिलिटी) को नयी जातियों के बनने के कारकों के रूप मे देखा जा सकता है। चूँकि नयी जगहों में जाने का प्राथमिक उद्देश्य धन कमाना था, इसलिए ऐसे प्रवासी दूर दराज की जगहों में काम करने जाते थे और इस तरह नयी पहचान प्राप्त करते थे। इसके अलावा उनको क्षेत्रीयता के संदर्भ में पहचाना जाने लगता था, जैसे गुज्जर, बड़ गूज्जर, अहीर, सिकरवार, जादौ, गौरा, जादव, तोमर, हाड़ा, खरे या खीची, में पठान, अफगान, मुगल, कन्धारी, घोर, बल्किया, खुरासानी लोग (तब) ओरछा में रहते थे। शासकों की सेनाएँ इन्हीं क्षेत्रीय समूहों, वे चाहे जो हों, से बना करती थीं। वे किस जाति से और किस क्षेत्र से हैं, इस पर ध्यान देने की जगह, रण-कौशल के आधार पर उनको सेनाओं में भरती किया जाता था। जंगनामा के कवि श्रीधर ने, फर्रुखसियर के खेमे के इम्तियाज खान के बारे में लिखा है कि वो भाड़े के सिपाहियों को खरीदने का काम करता था :
>
> 'फौजनि को गाहक जस को चाहक दुर्जन दाहक तेज खरो'
>
> (यानी उसका तेज सच्चा है वह सेनाएँ खरीदता है कीर्ति का चाहने वाला है और दुष्टों को नाश करता है)
>
> ये शब्द इस बात का संकेत करते हैं कि खुले बाजार में सैनिकों को उनकी रण कुशलता के आधार पर भाड़े पर रख जाता था। श्रीधर की एक कविता ऐसी भी बताई जा सकती है जो जाति को इस संदर्भ में असंगत बताती है :

'गनी जाति ना बीर भीर अति'

अर्थात् वीर की जाति नहीं गिनी जाती। सेना में भरती के लिए भीड़ लगी है। इसका मतलब यह भी है कि जाति विभाजनकारी थी। समाज पर जाति का नियन्त्रण कमजोर हो रहा था। अपने घरों से दूर सिपाही केंपों में रहा करते थे और युद्ध के लिए विभिन्न इलाकों में जाते थे। इस प्रक्रिया में उन्होंने नये तरीके सीखे होंगे और अपने चाल चलन को त्यागा होगा। इससे यह अनुमान लगाया जा सकता है कि ऐसे 'अन्तर्जातीय विवाह करने वाले'(एक्सोगेमस) समूहों ने नैतिक सामाजिक स्तरों में कुछ बदलाव पैदा किये होंगे। (वही/ 50)।

कहने का मतलब ये कि लड़ाइयों और उनसे सम्बधित तेज मोबिलिटी ने जाति की कट्टरता को ढीला किया होगा और कुछ नये पेशों में काम करने वालों ने नयी जातियों को जन्म दिया होगा।

संध्या शर्मा आगे कहती हैं कि 'जाति-बाहर-विवाह तथा एक को छोड़ दूसरा काम अपनाने ने न केवल जाति की अपरिवर्तनीयता को चैलेंज किया बल्कि जाति के स्त्रीकरण (फेमिनाइजेशन) ने भी जाति की अपरिवर्तनशीलता को ढीला किया...इस काल में विभिन्न पेशों में काम करने वाली औरतों का काम भी पहचाना जाने लगा। यह उन कविताओं से स्पष्ट होता है जिनमें सोनारिन दरजिन, कुम्हारिन, या नटी का जिक्र आता है। (वही/53)

इसी तरह की अकेली पेशेवर औरतें रहीम के 'नगर शोभा' (वर्णन) में दिखती हैं। ऐसी ही औरतें रीतिकालीन कवियों खासकर देव की कविता में दिखती हैं। शायद इसे ही देख संध्या शर्मा एक महत्त्वपूर्ण निष्कर्ष निकालती हैं कि :

देव के 'सुख सागर तरंग' की औरतें अपवाद स्वरूप पतियों के पेशों से जानी जाती हैं लेकिन रीतिकाल के अन्य कवियों की कविताएँ जाति और लिंग के बदलते सम्बन्धों को व्यक्त करती हैं। रीतिकालीन कविता में, किसी खास शिल्पकार औरत का ड्रेस कोड, उसका पेशेगत हुनर, उसके हाव भाव आदि ग्राहकों को पटाने के लिए किये जाते संकेतों के रूप में दिखाए गये हैं। ऐसा लगता है कि कहीं कहीं औरत की पहचान उसके पुरुष से अलग और स्वतन्त्र होती थी।

ये औरतें इन पेशों में क्यों लगी हैं, इसका कारण कविताओं से सीधे साफ नहीं होता। चूँकि अनेक औरतों के पति लम्बे समय तक घर से बाहर रहते थे, सम्भवतः इसलिए उनको अपने पारिवारिक पेशों को चलाना होता था। नये रोजगारों का खुलना और बढ़ती सामाजिक गतिशीलता

इस बात की तसदीक कर सकती है। लेकिन वे सभी पेशे जो कवियों ने गिनाए हैं लैंगिक रूप से लचीले (जेंडर फ्लेक्सीबिल) नहीं थे जैसे कि 'नट' और 'नटी' एक दूसरे के विकल्प नहीं थे बल्कि एक दूसरे के पूरक थे। सुनार या वैद्य का काम बिना ट्रेनिंग के सम्भव नहीं था। इनमें से बहुत से पेशे सामाजिक रूप से हीनतर नहीं थे कि उनको पुरुष औरतों के लिए छोड़ देते। सम्भव यही दिखता है कि बहुत से क्षेत्रों में औरतों के काम सामाजिक और सांस्कृतिक रूप से स्वीकृत थे और कि वे इन पेशों में अपनी चॉयस से काम करती थीं।

यही नहीं, रीति कवि इनमें से हर काम को विशेष मानते थे। प्रस्तुत अध्ययन में सहायक स्रोत के अनुसार वर्णानुक्रम महत्त्वपूर्ण नहीं था :

एक 'कंजरिनी' गली में अपना सामान बेचने की कला (मारकेटिंग स्किल्स) के लिए प्रशंसित की जाती थी। इसी तरह 'जौहरिनी' की भी तारीफ होती थी जो महँगे पत्थर बेचता था। उनकी हैसियत उतनी तय नहीं करती थी जितनी कि उनकी देह भाषा के शिल्प तय करते थे। धर्मशास्त्र में इसे लेकर भेदभाव की व्यवस्था थी लेकिन रीति कवि विभिन्न शिल्पकार स्त्रियों को उनकी जाति या पेशे 'भेद के अनुसार न देखकर एक समान भाव से देखते थे। (वही/53)

इस कविता में हमें 'जातियों के यौन व्यवहार सम्बन्धी और विवाह विषयक नियमों' के प्रमाण मिलते हैं। इस काल में स्वच्छन्द-संभोग (प्रोमिस्क्युटी) तथा विवाहेतर सम्बन्ध असामान्य नहीं माने जाते थे। कुछ औरतें अन्तर्जातीय विवाह, विवाहपूर्व यौन सम्बन्ध बनाने या विवाहेतर सम्बन्ध बनाने पर भी दण्ड से बच जाती थीं। ये उदाहरण एक ओर औरतों की स्वायत्तता को बताते हैं, दूसरी ओर जाति-बाहर-विवाह से नयें सामाजिक समूहों को बनते हुए बताते हैं। (वही/53)

उक्त विश्लेषण यह बताने के लिए काफी है कि रीतिकाल में बहुत सी स्त्रियाँ पतियों के बाहर जाने की अवधि में 'अकेली' रहती होंगी और उनमें से सब नहीं तो कुछ आजीविका कमाने के लिए अपने शिल्पों का उपयोग भी करती होंगी। ऐसा करने का एक बड़ा कारण यह था कि घर के पुरुषों को सेना में भरती होकर या व्यापार करके पैसा कमाने के लिए काफी दिनों तक बाहर रहना होता था। सेना में भरती हो कर लड़ाइयों के लिए भी जाना होता था। सेना में गये लोगों में से सब तो वापस नहीं लौटते होंगे। इसलिए बहुत सी स्त्रियाँ अकेली रह जाती होंगी और कालान्तर में वे नाना कारणों से परपुरुष निर्भर होने या परपुरुष से यौन सम्बन्ध बनाने को मजबूर होती होंगी!

जैसा हमने पहले कहा, रीतिकालीन कविताओं में नायक के अक्सर 'बाहर' जाने, 'परदेस' गमन करने या 'विदेस' गमन करने का जिक्र आता है.ऐसे नायक या तो बाहर वणिज करने जाते थे या सेना में काम करने के लिए जाते थे इसीलिए रीतिकाल में बार बार जिस प्रकार की 'प्रोषितपतिका' या 'प्रवत्स्यतपतिका' का वर्णन किया जाता है वे पति के परदेस चले जाने के फलस्वरूप अकेली रह जाने वाली स्त्रियाँ हैं। वे पति के विदेशगमन में विरहित होती होंगी। जब अरसे तक पति न लौट पाता होगा तो वे परपुरुष निर्भर बन जाती होंगी।

स्पष्ट ही प्रोषितपतिका कोरी कल्पना नहीं है बल्कि वह एक 'सामाजिक निर्मित' है। कालान्तर में उसका 'परकीया' रोल में आ जाना असम्भव न रहा होगा। इसलिए हमारा प्रस्ताव है कि प्रोषितपतिका और परकीया एक दूसरे की पूरक निर्मितियाँ हैं।

यहीं परकीया की अवधारणा की चर्चा कर लें।

हिन्दी साहित्यकोश में 'परकीया' के बारे में कुछ इस तरह कहा गया है :

परकीया : सामाजिक सम्बन्धों के आधार पर नायिका का दूसरा भेद : किसी अन्य पुरुष से प्रेम सम्बन्ध स्थापित करे। भरत ने इसके स्थान पर कन्यका शब्द दिया है...आचार्यों ने 'प्रेम करै परपुरुष सों' (मतिराम), परपुरुषरत (पद्माकर) माना है। कुछ लेखकों ने पर पुरुष से प्रेम के उल्लेख के साथ अपने पति की अवहेलना की बात भी कही है : 'जाकी गति उपपति सदापति सों रति गति नाहिं' (देव/भा.वि.परकीया)...वस्तुतः संस्कृत के सम्पूर्ण साहित्य में परकीया का चित्रण प्रधानरूप से अथवा महत्त्वूपर्ण ढंग से नहीं हुआ है...हिन्दी साहित्य का रीतिकाल परकीया प्रेम से भरा हुआ है। (हिं.सा.को/ 369-370)

संस्कृत साहित्य में परकीया का प्रवेश क्यों अधिक नहीं हुआ जबकि रीतिकाल में यह भरा हुआ है यह तथ्य अपने आप में प्रमाण है कि 'परकीया' रीतिकाल का खास 'सोशल प्रोडक्ट' है,'सामाजिक उत्पाद' है और उनके कई भेदोपभेद भी हैं। (विस्तार के लिए देखिए : हिं.सा.को.)

रीतिकाल में बहुविवाह अमान्य नहीं था और न सौत का होना पति-पत्नी के सम्बन्धों के असहज होने का कारण बनता था। रीतिकालीन कवियों की कविताएँ बताती हैं कि नायक अक्सर दूसरी स्त्री (परकीया) के साथ रात गुजारने के बाद सुबह को घर आता था, तो पत्नी उसके चेहरे पर लगे तिलक या काजल को देख पहचान लेती थी कि रात कहाँ बिताई गयी है और इसे

लेकर ताना भी देती थी, लेकिन बात मानिनी अभिमानिनी के रूठने और मनाने तक में ख़त्म हो जाती थी।

कहने का अर्थ यह कि स्वकीया की तरह परकीया भी एक सामाजिक निर्मित थी। जिनके पति बिदेस जाकर वापस नहीं आ सके उनकी स्त्रियाँ कहाँ जातीं? ऐसे वातावरण में परकीया निर्माण की सम्भावना स्वाभाविक ही कही जा सकती है।

पुरुष और स्त्री के बीच विभिन्न यौन-व्यवहारों और यौन-सम्बन्धों के आधार पर ही नायिका भेद विकसित हुए। चूँकि ये व्यवहार और सम्बन्ध समाज में प्रचलित थे और समाज के अन्दर इनके अनेक उपभेद नज़र आते थे इसलिए अनेक भेदोपभेद सम्भव होते गये।

नायिका भेद और कुछ नहीं, ऐसी ही स्त्रियों का यौन-समाजशास्त्र है! इस कविता में अक्सर नज़र आने वाली सखी या दूती शायद पहली ऐसी आब्जर्वर हैं जो नायक नायिकाओं के आचरण को ध्यान से आब्जर्व करती रहती हैं उसका बारीकी से अध्ययन भी करती रहती हैं। कई बार ऐसा भी प्रतीत होता है कि या तो इस तरह का सखी-कर्म कवि करते होंगे, यदि नहीं तो उनको सखी दूती आदि के कर्मकौशल की सूचना रहती होगी! एक अनुमान यह भी किया जा सकता है कि रीतिकालीन कवि स्वयं नायक, नायिकाओं के आपसी सम्बन्ध और व्यवहार को आब्जर्व करते रहते होंगे। वे नायक, नायिकाओं की ऐसी कहानियों के गवाह होते होंगे। उन स्त्रियों की कहानियों को सुनते समझते देखते होंगे जो इस दौर के पुरुषों के विविध यौन व्यवहारों के कारण बनती होंगी। इसीलिए इस काल में रची गयी एक एक नायिका, एक एक कहानी की तरह दिखती है। इस कहानी में पुरुष की भोगलीला है तो छलकपट लीला भी है, लेकिन कहीं स्त्री की बेवफाई भी है, कहीं उसका सेक्सानंद है तो कहीं उसकी तड़पन भी है और कहीं अकेले जीने की मजबूरी भी है। ये कवि नायिका भेद के बहाने विभिन्न यौन सम्बन्धों में रहने और उनमें जीने वाली स्त्रियों की कहानियाँ ही कहते हैं!

नगेन्द्र नायिका भेद को 'नायिका भेद' की तरह ही कहते हैं। उनके लिए वे उस काल की औरतों की कहानियाँ नहीं हैं बल्कि शास्त्रीय उपाधियाँ हैं, लेकिन हम जिस तरह से रीतिकाल को पढ़ रहे हैं उसमें हर नायिका यौन सम्बन्धों की एक अलग कहानी कहती नज़र आती है।

नगेन्द्र इसे कुछ इस तरह देखते हैं :

वास्तव में ये भेद नायक के दृष्टिकोण, व्यवहार अथवा स्थिति पर निर्भर

नायिका की तत्कालीन मनोदशा के आश्रित हैं। यदि नायक पूर्णतः अपने अधीन है तो सर्वथा सुखी और सन्तुष्टमना नायिका 'स्वाधीन-पतिका' कहाती है। अन्य स्त्री के संसर्ग चिन्हों से युक्त नायक जिसके पास जाय वह ईर्ष्या से कलुषित चित्त वाली नायिका 'खण्डिता' हाती है। जो नायक से मिलने के लिए संकेत-स्थान पर जाय ऐसी कामातुरा नायिका को अभिसारिका कहते हैं। जो क्रोध के मारे पहले तो प्रार्थना करते हुए नायक को निरस्त कर दे फिर पीछे से पछताए उसे 'कलहान्तरिता', और संकेत करके भी प्रिय जिसके पास न जाय उस नितान्त अपमानिता को 'विप्रलब्धा' कहते हैं। अनेक कार्यों में फँसकर जिसका पति परदेश चला जाता है, उस कामपीड़िता नायिका को 'प्रोषितपतिका' कहते हैं। 'प्रियसमागम' का निश्चय होने पर जो वस्त्रालंकारों से सुसज्जित हो रही हो, उसे 'वासकसज्जा' और आने का निश्चय करके भी दैववश जिसका प्रिय न आ सके, वह खिन्नमना नायिका 'विरहोत्कण्ठिता' कहती है। (रीतिकाव्य की भूमिका/वही/135)

परकीया पर विचार करते हुए नगेन्द्र ने यह भी कहा है कि 'ये भेद शास्त्रीय दृष्टि से विशेष स्वतन्त्र महत्त्व न रखते हुए भी कम से कम उस युग के सामाजिक जीवन पर अच्छा प्रकाश डालते हैं।' (वही/157)

हमारे मत में जितने कवियों ने जितनी खण्डिताएँ या प्रोषित पतिकाएँ या विप्रलब्धा-विरहोत्कण्ठिता नायिकाएँ गिनाई हैं, उनके पीछे उनके अनुभव की एक एक कहानी छिपी है। ये कहानियाँ ही उनको नायिका बनाती हैं लेकिन उनकी ये कहानियाँ 'कही नहीं जाती'। 'परकीया' की कहानियाँ भी इसी प्रक्रिया में बनती होंगी।

हम देखते हैं कि रीतिकालीन कविता के केन्द्र में स्त्री है लेकिन वह एक जैसी भूमिका में नहीं है। उसकी भूमिकाएँ कई तरह की हैं, कई स्तर की हैं। वही कवियों का मुख्य विषय है। वही सबसे ज़्यादा फोकस में है, बचपन से लेकर युवती तक वह पुरुष की नज़र में है, उसकी उम्र, उसके सम्बन्ध, उसकी काम कला, उसकी शिल्पकला सब में एक यौन मूलक भाषा काम करती है। स्त्री का यौन विमर्श ही उनकी कविता का विमर्श है।

लेकिन इसका एक प्रतिविमर्श भी इसके समान्तर चलता है जिसके सामने स्त्री की यौनता के मुकाबले पुल्लिंगी यौनता अधिक स्वार्थी और रक्षात्मक लगती है। इसीलिए अनेक कविताओं में ऐसा जबर्दस्त यौन-विमर्श चलाने वाली स्त्रियाँ भी नज़र आ जाती हैं जो अनेक पुरुषों (नायकों) पर भारी पड़ती हैं।

स्त्रियों की यौनता का ऐसा बखान भक्तिकालीन कविता के भक्ति-विमर्श के विरोध में भी खड़ा नज़र आता है, जिसमें स्त्री को 'माया' या 'नरक की खान' बताया जाता था। भक्त कवियों में भोग, उपभोग को लेकर एक प्रकार का अपराधबोध है। पुष्टिमार्ग में दीक्षित होने से पहले तक तो सूरदास तक में 'सुत और दारा के सुख' से उपजा अपराधबोध मिलता है। वे विनय के पदों में 'इन्द्रियसुख' को अपराध मानकर चलते हैं। भक्तिकाल के साहित्य की स्त्री एक 'दमित स्त्री' है। मीरां को छोड़ दें तो, कविता में उसकी कोई स्वतन्त्र 'दृश्य मानता' नहीं है। रीतिकाल ने स्त्री और उसकी यौनता के प्रति इस अपराध बोध को ख़त्म कर दिया। स्त्री को नरक की खान बताने की जगह 'सुख की खान' बताया।

स्त्री-बोध को लेकर यह एक बड़ी 'पलट' थी, बड़ा 'रोल रिवर्सल' था। स्त्री का दर्शन तक जिस भक्ति काल में शाप की तरह दिखता हो, जहाँ बड़े-बड़े तपस्वियों का स्त्री को दर्शन [illegible] मात्र से तप भंग होता नज़र आता हो और हर औरत शाप देकर 'अहल्या' बना दी जाती हो, वहाँ उसे मुक्त कर, घर, आँगन में, गली मुहल्लों में, बाग बगीचों में, सहेट स्थलों में, उन्मुक्त भाव से सक्रिय कर देना रीतिकाल की कविता की शायद सबसे बड़ी उपलब्धि है।

वह स्त्री कवि की कल्पना मात्र नहीं है बल्कि वह तत्कालीन घरों-परिवारों में, पड़ोस में, मुहल्लों में, वनों और सहेटस्थलों में ज़िन्दा (लाइव) है। यहाँ प्रेमालाप और सेक्सालाप में भेद नहीं है। [illegible] '[illegible]' परिवार गुरुजनों, यानी घर के सीनियर लोगों से अपनी चतुराई से बचकर वे प्रेमालाप-सेक्सालाप करती हैं। इस उन्मुक्त प्रेम संवाद को लेकर, इस यौन व्यवहार को लेकर न पुरुषों में अपराध बोध है, न स्त्रियों में!

भक्तिकाल की कविता में तन और मन दोनों को ही पाप का घर माना गया। स्त्री देह को 'माया' और 'पाप का आगर' मान लिया गया। 'नारी की झाईं परत, अंधो होत भुजंग' कहावत बन गयी। रीतिकाल की कविता ने इस धर्म-अभिशापित स्त्री को शाप मुक्त कर दिया। स्त्री-पुरुष की देह को ध र्म के दमन से आजाद कर दिया और 'सेकूलर' कर दिया। उसे भौतिक रूप में स्थापित किया। और सिर्फ देह ही नहीं सुसज्जित देह, शृंगारित देह और सेक्स सजग देह को सांस्कृतिक मूल्य की तरह स्थापित किया। स्त्री देह का ऐसा सेलीब्रेशन दुनिया के शायद ही किसी साहित्य में हो!

'नायिका भेद' न होता तो स्त्री की इतनी जबर्दस्त और विमर्शात्मक उपस्थित नहीं होती। रीतिकाल का एक बड़ा सांस्कृतिक योगदान स्त्री की

देह और उसकी यौनता को 'डिक्रिमिनलाइज' करना था। इसीलिए हमारा कहना है कि रीतिकाल को 'सेक्सुअलिटी का काल' या 'यौनता का काल' कहा जाना चाहिए!

यद्यपि इसे शुक्ल जी ने 'कोई रस के विचार से इसे श्रृंगारकाल कहे तो कह सकता है, (वही/133) भी कहा है। ऐसा ही रामशंकर शुक्ल रसाल ने भी माना है लेकिन सिर्फ 'श्रृंगारकाल' कहने में वो बात नहीं आती जो 'यौनता काल' (एज आफ सेक्सुअलिटी) कहने में आती है। श्रृंगार काल कहने से इस काल में उपलब्ध सक्रिय सेक्सुअलिटी पूरी तरह व्यक्त नहीं होती। श्रृंगार ऊपरी आवरण बना रह जाता है। श्रृंगार कहने से वह रससिद्धान्त का एक हिस्सा भर बना रह जाता है। श्रृंगार काल कहने से यह एक वैसा 'समग्र विमर्शात्मक काल' नहीं बनता जो 'यौनता का काल' कहने से बनता है। 'यौनता का काल' कहते ही रीतिकाल अपने आप में पुरुष-यौनता के बरक्स 'विमर्शात्मक' हो उठता है।

कामसूत्र की केन्द्रीयता

कामसूत्रता की केंद्रीयता रीतिकाल की यौन-विमर्शात्मकता को समझने के लिए जरूरी है कि 'कामसूत्र' और 'नाट्यशास्त्र' जैसी दो बुनियादी टेक्स्टों को देखा जाय : रीतिकालीन नायिका भेद शून्य से पैदा नहीं हुआ, बल्कि उसके पीछे कामसूत्र और नाट्यशास्त्र की शिक्षाएँ काम कर रही थीं और जिस समाज में ये काम कर रही थीं वह समाज एक खुला समाज था और इसलामी शासकों को बावजूद एक खुला समाज था और कविता में भक्ति और श्रृंगार और कामुकता का एक साथ रहना भी एक महती सांस्कृतिक बहुलतावादी परम्परा थी।

जब भर्तृहरि 'नीति शतक', 'वैराग्य शतक' के साथ 'श्रृंगार शतक' अपराधरहित भाव से लिख सकते हैं, जब सूरदास सूरसागर और साहित्यलहरी एक साथ लिख सकते हैं, जब रहीम एक ही वक्त में नायिका भेद और नीतिकाव्य लिख सकते हैं तब रीतिकालीन कवि नीतिकाव्य और श्रृंगारकाव्य क्यों नहीं लिख सकते थे?

रीतिकालीन कविता को आज के उत्तर-आधुनिक संदर्भों में समझने के लिए हमें संस्कृत के 'काम' और पश्चिम की सेक्सअुलिटी की अवधारणाओं को पास पास रखकर समझने की कोशिश करनी चाहिए।

कहने की जरूरत नहीं है कि काम, रति, श्रृंगार आदि की अवधारणाएँ

सेक्सुअलिटी की पश्चिमी अवधारणाओं की तुलना में प्राचीन और सामाजिक व्यवस्था का सहज अंग रही हैं। सेक्स या यौन को लेकर जिस तरह का अपराधबोध ईसाइयत में मिलता है, वैसा वैदिक या उत्तर वैदिक से लेकर मध्यकाल तक नहीं मिलता।

और रीतिकाल में श्रृंगार की केंद्रिकता भक्ति के विरोध में पैदा न होकर भक्ति के एक संस्करण के रूप में ही हुई लगती है। जैसा कि हमने देखा कृष्णभक्ति आगे श्रृंगार और रति की दिशा में अगर विकसित होते हुए फिर एकदम स्वतन्त्र हो गयी तो उसके बीज पुष्टिमार्ग की 'कांतारति' में रहे। और इसका कारण सिर्फ दरबारीपन नहीं था, बल्कि इसका कारण थी इस तरह की सांस्कृतिक निर्मितियों की सहज स्वीकार्यता।

पश्चिम में सेक्सुअलिटी को एक विमर्श की तरह अब आकर फूको को खोजना पड़ा, जबकि रति, काम या यौनता भारतीय परम्परा में स्वाभाविक और प्राचीन विमर्श की तरह मौजूद हैं। ये सिर्फ 'शुद्ध सांस्कृतिक निर्मितियाँ' नहीं हैं बल्कि समग्र-सामाजिक-सांस्कृतिक-निर्मितियाँ हैं। इसीलिए उनको अपराध या अपवाद की तरह नहीं पढ़ा गया, न बनाया गया। वे जीवन की जरूरी निर्मितियों की तरह ही विकसित हुईं। रीतिकालीन कविताएँ सिर्फ कविताएँ नहीं हैं। वे 'काम' की भाषागत सांस्कृतिक निर्मितियाँ हैं। वे कविताओं से ज़्यादा एक 'वक्त' की 'अभिव्यक्ति' भी हैं। उनमें उनका 'वक्त' बोलता है। वे बताती हैं कि परवर्ती नैतिक दारोगाओं द्वारा हेय और त्याज्य माने गये रति, श्रृंगार और काम भाव समूची सांस्कृतिक निर्मित थे और उनकी रचना समाज-स्वीकृत थी और एक सामाजिक मूल्य की तरह थी।

श्रृंगार की सामाजिकता को समझने के लिए हमें श्रृंगार को एक मूल्य के रूप में 'प्लेस' करने की कोशिश करनी चाहिए। इस क्रम में पहले 'हिन्दी साहित्य कोश' को देखा जा सकता है जिसमें श्रृंगार की परिभाषा और उसकी अवधारणा का विकास किंचित विस्तार से दिया गया है।

भगीरथ मिश्र की लिखी श्रृंगार सम्बन्धी ऐंट्री में श्रृंगार की परिभाषा कुछ इस तरह से दी गयी है :

> 'शब्दार्थ की दृष्टि से श्रृंगार 'कामोद्रेक' अथवा 'कामवृद्धि की प्राप्ति' का द्योतक है। श्रृंगार में दो शब्द मिले हैं–'श्रृंग' तथा 'आर'। श्रृंग का अर्थ है कामोद्रेक अथवा काम की वृद्धि। 'आर' का अर्थ यहाँ है प्राप्ति! अतएव श्रृंगार का अर्थ हुआ 'कामवृद्धि की प्राप्ति' (र.मं.,पृ.179)। अतएव जो रचना मानवहृदय की मधुरतम भूख, काम को उज्जीवित एवं

परितृप्त करेगी, वह श्रृंगारस की रचना कही जायेगी।'(वही, पृ.678)

यहीं भरत मुनि के नाट्यशास्त्र में दी गयी श्रृंगार की परिभाषा का उल्लेख किया गया है। कोश कहता है कि भरत मुनि ने नाट्यशास्त्र के छठे अध्याय में कहा है :

> श्रृंगार रस रति भाव से उद्भूत होता है। उसका वेश उज्ज्वल है। संसार में जो कुछ पवित्र, उज्ज्वल और दर्शनीय है वह श्रृंगार से उपमित होता है...यह स्त्री पुरुष के माध्यम से उत्पन्न होता है तथा उत्तम यौवन की प्रकृति के अनुकूल है...भारतीय साहित्याचार्यों ने काव्यगत रसों में श्रृंगार को मूर्धन्य स्थान पर प्रतिष्ठित कर यथार्थवादी भूमिका ग्रहण करने का अमोघ साहस प्रदर्शित किया है...विश्वनाथ ने 'उत्तम प्रकृति' से संयुक्त बताकर श्रृंगार अथवा कामचित्रण को विलासगर्भित कामुकता से बचा लिया है। प्रकृतिवादी श्रृंगार को आद्यरस मानते हैं और भोजराज ने श्रृंगार प्रकाश में श्रृंगार को आस्वादनीयता की दृष्टि से एकमात्र रस स्वीकार किया है : 'श्रृंगारमेव रसनाद्रसमामनाम:' (वही, पृ.678)

श्रृंगार के मूल में काम है। वही रीतिकालीन कविता में सक्रिय है। काम के विमर्श को समझने के हमें वात्स्यायन के कामसूत्र में काम संबंधी विमर्श को भी देखना जरूरी है।

'प्रतिमान-1' में प्रकाशित राधावल्लभ त्रिपाठी ने 'ऐसी कुगत भई वात्स्यायन की' लेख में वात्स्यायन के कामसूत्र पर विचार करते हुए कुछ उपयोगी सूत्र दिये हैं, उनमें से हम कुछ को आगे उद्धृत करना चाहेंगे जो हमारे इस अध्ययन के लिए उपयोगी हैं :

1. वात्स्यायन का काम से आशय जीवन को सर्वांगीण रूप से सुन्दर बनाने वाली जीवन पद्धति से है। (वही/247)
2. धर्म (कानून मर्यादाएँ तथा नीति), अर्थ (प्रबन्धन व भौतिक साधन) और काम एक दूसरे के पूरक हैं। (वही/248)
3. वात्स्यायन बार बार चेतावनी देते हैं कि काम को धर्म और अर्थ के मार्ग में विघ्न नहीं बनने देना चाहिए। (वही/249)
4. वे तो विवाहिता स्त्री तक को सलाह देते हैं कि पति से प्रेम न मिले तो जिससे मिल सके उसके पास चली जाये (वही/253)
5. वात्स्यायन न होते तो कालिदास शिव और पार्वती के समागम का और दोनों के इन्द्रिय सुख का इतना सूक्ष्म वर्णन नहीं कर पाते। (वही/254)
6. गुप्तकाल से मुगलकाल तक वात्स्यायन की रचना अपने संक्षिप्त

संस्करणों में चित्रावली के रूप में सामन्तों व राजाओं के शयनागारों में कैद होती गयी। (वही/254)

कहने की जरूरत नहीं कि कामसूत्र में काम एक व्यापक सामाजिक और रचनात्मक अवधारणा है। उसे सिर्फ 'सेक्स' का पर्याय नहीं माना गया। अगर हम उपरोक्त में पाँचवे उद्धरण को देखें तो हमारी उस स्थापना की पुष्टि होती है, जिसमें अपने इस अध्ययन में हमने कहा है कि रीतिकाल की यौनमूलकता के पीछे कामसूत्र का प्रभाव था।

'शृंगार' भी एक व्यापक अवधारणा है। वह लिबिडो का पर्याय नहीं है। 'लिबिडो' कामेच्छा है जबकि शृंगार कामोद्रेक की इच्छा है, डिजायर है जो उत्तर-फ्रायडवादी जॉक लकां की 'कामना' (डिजायर) के 'प्ले' के नजदीक बैठती है। रीतिकालीन काव्य इसी कामना की लीला है, काम की लीला है।

यहाँ हम एक विचित्र संयोग और उससे जुड़े दुर्योग की बात करेंगे। 'हिस्ट्री ऑफ सेक्सुआलटी' के पहले भाग में फूको सत्रहवीं सदी के यूरोप में सेक्सुअलिटी की स्थिति का इस तरह जिक्र करते हैं :

'सत्रहवीं सदी में तब दमन के युग की शुरूआत हो रही थी जो (जिसे हम बुर्जुआ समाज कहते हैं उसकी) 'प्रतीकात्मक' थी। यह एक ऐसा युग रहा जिसे हम अब भी नहीं छोड़ पाये हैं।' (वही/17)

जिस काल में यूरोप में सेक्सुअलिटी का दमन शुरू हो रहा था, उसी काल में भारत में खासकर उत्तर भारत में सेक्सुअलिटी उन्मुक्त सर्कूलेशन में थी और कविता का विषय बन रही थी। यूरोप में सेक्स शब्द का कथन करना तक मना था। उसे दबाया जाता था। उसकी मनाही थी। लेकिन इधर उसकी लीला का गायन था जो पूरे दो सौ साल तक छाया रहा। उधर चुप्पी की सेंसरशिप थी, इधर वह मुखर थी और सम्मानित थी उसके कवि सम्मानित थे। उधर इसके औचित्य-अनौचित्य के नये नियम बन रहे थे और सब शब्दों की 'पुलिसिंग' होती थी, इधर ऐसी रचनाओं की माँग होती थी जिनमें काम रति और शृंगार का वर्णन हो।

फूको कहते हैं कि 'सैकड़ों साल सैक्स के उन्मुक्त स्पेस और अभिव्यक्ति के बाद सत्रहवीं सदी में शुरू हुआ दमन पूँजीवाद की बढ़त के साथ शुरू हुआ'। (वही/5)।

पश्चिम में सेक्सुअलिटी का विमर्श, सेक्सुअलिटी के दमन और दमन को दबी या खुली चुनौती देने के बीच बना जबकि भारतीय परम्परा में वह 'कामसूत्र' के 'चलन' से बना।

सेक्सुअलिटी और काम के बीच का फर्क दो भूगोलों और सांस्कृतिक जीवन पद्धति का फर्क है। रीतिकाल के इस पुनःपाठ में दोनों का महत्त्व है। इसके लिए हम सेक्सुअलिटी और काम की अवधारणा और उनके विकास एवं उनको सक्रिय बनाए रहने वाले सत्तात्मक विमर्शों की चर्चा करेंगे।

इस क्रम में हम पहले सेक्सुअलिटी के मतलब को समझने की कोशिश करेंगे। यह इसलिए भी जरूरी है क्योंकि रीतिकाल के इस पुनःपाठ में सेक्सुअलिटी की अवधारणा और उसकी विविधस्तरीय संरचनाओं ने एक बड़ी भूमिका निभायी है। सो पहले 'सेक्सुअलिटी' की अवधारणा देखी जाये। फ्रायड सेक्सुअलिटी को जैविकता से बाहर नहीं समझते जबकि फूको मानते हैं कि 'सब्जेक्टिविटी, सेक्सुअलिटी से अन्योन्याश्रित हैं, क्योंकि 'कर्ता' या (सब्जेक्ट्स) सेक्स के उत्पाद (प्रोडक्शन) और देह पर नियन्त्रण के जरिए बनते हैं।' (वही/कल्चरल थियोरी एण्ड पापुलर कल्चर..., /290)

> फूको मानते हैं कि : 'हम सेक्स के समाजों में रहते हैं या कि हम एक 'सेक्सुअलिटी वाले' समाजों में रहते हैं। सत्ता की तकनीकें देह को, जीवन को और प्रसार के तरीकों को, प्रजाति (स्पेसीज) के पुनर्बलीकरण (रीइनफोर्स) को, हावी होने की उनकी क्षमता और इस्तेमाल होने की क्षमता को सम्बोधित करती हैं। स्वास्थ्य, प्रजनन, नस्ल, स्पेसीज का भविष्य,समाज की प्राणशक्ति (वाइटलिटी) की थीम्स के जरिए सत्ता सेक्सुअलिटी की और सेक्सुअलिटी से बात करती है। सेक्सुअलिटी कोई प्रतीक नहीं थी, वह स्वयं एक वस्तु थी, निशाना थी।' (फूको, 1979, 147/वही/290 पर उद्धृत)।

रीतिकालीन सेक्सुअलिटी को समझने में फूको की कर्ता के 'बनने' वाली बात महत्त्वपूर्ण है। फूको कहते हैं कि 'कर्ता सेक्स के उत्पाद और देह के नियन्त्रण के जरिए बनते हैं'!

नायिकाएँ इसी प्रक्रिया में बनी हैं और उनको किसी 'जिन्दा कर्ता' की तरह से पढ़ा जाना चाहिए। रीतिकाल की कविता एक ही वक्त में स्त्री-देह को सेक्स का उत्पाद बनाती है और स्त्री-देह का नियन्त्रण करती है और इस प्रक्रिया में ही स्त्रियाँ अपनी आप 'कर्ता' भी बनती हैं। इसीलिए वे निष्क्रिय निष्प्राण भोग्या मात्र नहीं है बल्कि सक्रिय और आत्मसजग नायिकाएँ हैं। इसी कारण बाद में आने वाले विक्टोरियाई और ब्राह्मनीकल विमर्श उनके रति और काम केन्द्रित होने से भयभीत होते दिखायी देते हैं और शृंगार को, रति को, काम को, कामुकता को कण्ट्रोल करने की कोशिश में लगे नज़र आते हैं।

द्विवेदीकालीन नैतिक विमर्शों में साहित्य में 'अश्लील' नामक विशेषण ने अपनी जगह बनायी। इससे पहले यह पद काव्य के गुण-दोष के अन्तर्गत आने वाले 'अश्लीलत्व दोष' के अर्थ में ही चलता था। यह काव्य के 'दोष' बताने के अन्तर्गत प्रयुक्त होता था। लेकिन आधुनिक आलोचना में 'अश्लील', अश्लीलत्व' या 'अश्लीलता' जैसे विशेषणों और भाववाचक संज्ञाओं को महत्त्व दिया जाने लगा। श्लील यानी शिष्ट या मर्यादा पूर्ण साहित्य को ऊँचा दरजा दिया जाने लगा और अश्लील को वर्जना और ताड़ना के योग्य माना जाने लगा।

चारु गुप्ता ने अपने अध्ययन में इस हिन्दूवादी नैतिक विमर्श की ओर बड़ा ही सटीक इशारा किया है जो प्रस्तुत प्रसंग के लिए एकदम उपयोगी है। चारु गुप्ता कहती हैं :

> 'भाषा के मानकीकरण के साथ-साथ साहित्य में अश्लीलता के लेशमात्र संकेत पर भी हमला बोला गया। ऐसे तत्वों को एक पतनशील और [illegible] संस्कृति की निशानी माना जाने लगा। यौन एवं शारीरिक आनन्द के प्रति भय बढने लगा। उन्हें राष्ट्र के आदर्शों की परिधि का उल्लंघन माना जाने लगा। एक राष्ट्रवादी हिन्दू की पहचान का उभार नैतिकता और प्रतिष्ठा के साझा विचार के साथ गूँथा गया। इस प्रक्रिया में एक नयी आधुनिकता गढ़ने के लिए परम्परा को पुनर्परिभाषित किया गया। अतीत की 'असुविधाजनक' परम्पराओं से एक सोची समझी दूरी रखी जाने लगी और एकाँगी, उच्च, लिखित सांस्कृतिक नियमावली स्थापित करने का प्रयास किया जाने लगा। सौन्दर्य के नये प्रतिमानों से युक्त एक नवीन और 'उचित' हिन्दी साहित्य की चाह में, विशेषरूप से उत्तर मध्यकालीन साहित्य में चित्रित स्त्री की छवि को सार्वजनिक उपभोग के लिए वर्जित घोषित कर दिया गया। अधिकांश उच्च हिन्दी साहित्य में मध्यकालीन कविता की कामुक और यौन रूप से सक्रिय नायिका और राधा की जगह एक शुचि और सच्चरित्र हिन्दू पत्नी और माँ की छवि पर जोर बढ़ने लगा। कामुक के स्थान पर सच्चरित्रता की दिशा में हुए इस बदलाव ने लैंगिक छवियों को आमूल चूल बदल डाला और अधिकांश 'उच्च' साहित्य में स्त्री की कामुकता और यौनिकता और मौज-मस्ती वाली छवि के स्थान पर एक शास्त्रीय और सौम्य छवि दिखायी देने लगी। साहित्य में नैतिक संहिता की वकालत एक राष्ट्रीय प्रतिमान बन गया।' (स्त्रीत्व से हिन्दुत्व तक/चारु गुप्ता/राजकमल प्रकाशन दिल्ली/2012/42)

इस योजना के तहत इतिहास लेखन की जो परम्परा विकसित हुई उसमें रीतिकालीन नायिकाभेद वर्णन रीतिकालीन कवियों का बड़ा अपराध बन गया। जिसे हिन्दी साहित्य के परवर्ती इतिहासकार और प्रगतिशील आलोचक 'सुधारवादी युग' और 'पुनर्जागरणकाल' या 'नवजागरणकाल' कहते नहीं अघाते, उसी पुनर्जागरण की योजना में स्त्री की 'छवि' को नियन्त्रित किया जाने लगा। यह काम हिन्दी साहित्य के लिखित इतिहासों ने और पुनर्जागरणकाल सम्बन्धी विमर्शों ने किया। अश्लीलता, कामुक, विलासपूर्ण विशेषण एक 'संहिता' की तरह काम करने लगे।

सेक्सुअलिटी और जनरुचि

हिन्दी साहित्य की प्रचलित आलोचना को मानें तो रीतिकाल का पूरे दो सौ साल का साहित्य एक प्रकार का 'वर्जित प्रदेश' है जिसे द्विवेदी शुक्ल और पन्त ने और बाद के विचारकों ने जमकर लताड़ा है। शुक्ल जी ने लिखा :

> 'श्रृंगार के वर्णन को बहुतेरे कवियों ने अश्लीलता की सीमा तक पहुँचा दिया था। इसका कारण जनता का रुचि थी जिनके लिए कर्मण्यता और वीरता का जीवन बहुत कम रह गया था' (वही/133)।

रीतिकालीन कविता यहाँ न दरबार के दबाव में बताई जा रही है न कवियों की अभिरुचि के दबाव में बतायी जा रही है उसे, 'जनता की रुचि' की माँग बताया जा रहा है! यही जनता थी जो भक्तिकाल में भक्ति की ओर मुड़ गयी। मुगल शासन रीतिकाल में भी बरकरार रहा। तब जनरुचि अश्लीलता की ओर कैसे मुड़ गयी? आचार्य इसका जबाव नहीं देते। वे यह भी नहीं देख पाते कि यह परम्परा उसी रससिद्धान्त से अपनी प्राणवायु लेती थी जिससे उनकी रससिद्धान्त की थियरी विकसित हुई! कहने की जरूरत नहीं कि शुक्ल जी की स्थापनाओं का जरा सा भी डिकन्स्ट्रक्शन करें तो वे भरभराकर गिर पड़ती हैं! बाद के आलोचकों का भी कमोबेश यही हाल है।

बहरहाल हम फिर चारु गुप्ता के विमर्श की ओर लौटें। इसी क्रम में वे इस दौर में सक्रिय एक विशेष विचार और मूल्यबोध की ओर संकेत करती हुई कहती हैं :

> 'श्रृंगार रस की कविता पर सबसे गम्भीर हमला हिन्दी लेखकों के एक प्रभावशाली तबके की तरफ से बोला गया। उन्होंने इस कविता को

स्त्री के शरीर पर केन्द्रित अश्लीलता का दोषी करार दिया। इस प्रक्रिया की शुरुआत उन्नीसवीं शताब्दी के अन्त में स्वयं भारतेन्दु हरिश्चन्द्र ने ही की, हालाँकि वे खुद को इस किस्म की पद्य रचना से मुक्त नहीं कर पाए जिससे इस साहित्यिक परम्परा के शक्तिशाली प्रभाव का पता चलता है। परन्तु धीरे धीरे न केवल इस कविता को बल्कि यहाँ तक कि इस कविता की भाषा ब्रज को भी ख़त्म किया जाने लगा। बीसवीं शताब्दी के प्रारम्भ में, द्विवेदी युग के आगमन के साथ, रीतिकाल के खिलाफ विद्रोह बेहद तीखा और सुनियोजित रूप लेने लगा और एक शुद्धतावादी नैतिक हठयोग के रूप में सामने आया। महावीर प्रसाद द्विवेदी ने रीतिकाल के देव, बिहारी और मतिराम जैसे कवियों को न केवल तुलसी और सूर से, बल्कि भारतेंदु से भी निचली श्रेणी में रख दिया। नायिका भेद के बारे में उन्होंने लिखा : 'हिन्दी के समान बंगाली, मराठी, और गुजराती भाषाएँ भी संस्कृत से निकली हैं, परन्तु इन भाषाओं में नायिका का इतना साम्राज्य नहीं जितना हिन्दी में है...अब देखिए इस प्रकार की पुस्तकों में लिखा क्या रहता है। लिखा रहता है परकीया (पर स्त्री) और वेश्याओं की चेष्टा और उनके कलुषित कृत्यों के लक्षण और उदाहरण! परकीया के अन्तर्गत अविवाहित कन्याओं के पापाचरण की कथा!! पुरुषमात्र में पितिबुद्धि रखने वाली कुलटा स्त्रियों के निर्लज्ज और अनर्गल प्रलाप!!! सदाचरण का सत्यानाश करने के लिए क्या इससे भी बढ़कर कोई शक्ति हो सकती है...हमारी स्वल्प बुद्धि के अनुसार इस प्रकार की पुस्तकों का बनना शीघ्र ही बन्द हो जाना चाहिए, और यही नहीं, किन्तु आज तक ऐसी-ऐसी जितनी इस विषय की दूषित पुस्तकें बनी हैं, उनका वितरण होना भी बन्द हो जाना चाहिए।' (वही/43-44)

देखा आचार्यश्री का 'फतवा', जिस ओर न कभी नवजागरणकाल के पुरोधा के व्याख्याकार रामविलास शर्मा ने देखा, न कथित 'दूसरी परम्परा, की खोज करने वाले नामवर जी ने देखा! यहाँ समूची रीतिकालीन कविता और उसका पुनरुत्पादन और वितरण तक प्रतिबंधित किया जा रहा है और कथित मार्क्सवादी आलोचकों के कान पर जूँ तक नहीं रेंगती! यह था तब के विक्टोरियन राष्ट्रवाद का असर कि सबसे पहले स्त्री छवि को कण्ट्रोल करने के लिए एक 'फतवा' जारी किया गया जो आज तक 'चुनौती विहीन' ही है!

पाठ्यक्रमों के अुनसार रीतिकाल को पढ़ते और उसके बारे में लिखते

वक्त आज भी कइयों को 'अश्लीलत्व दोष' का, 'अनजाने' अपराध कर बैठने का भय सताता रहता है!

(बेंगलूरू में बारों में लड़कियों के जाने पर, 'श्री रामसेने' के नैतिकतावादी लठैतों द्वारा ठुकाई और बार-डांसरों पर बार-बार के फतवे और कानून, यत्र-तत्र लड़कियों के ड्रेसकोड को तय करने की प्रवृत्तियाँ आदि बताते हैं कि जब इक्कीसवीं सदी में स्त्री की देह को कण्ट्रोल करने के लिए गुण्डे समूह सक्रिय हो सकते हैं तो उनके पीछे उत्तर-रीतिकालीन नैतिक विमर्शों का कुछ तो हाथ है।)

चारु गुप्ता आगे लिखती हैं : 'स्त्री को नये मूल्यों से लैस कर दिया गया। ये नये मूल्य राष्ट्रवादी थे और हिन्दू भी। यह पुनर्रचित महिला पवित्रता और परिष्कृत लैंगिकता का प्रतीक थी। उसके व्यवहार पर लगे निषेधों का उद्देश्य स्त्री देह को आवरण में बन्द और अनुशासित करना, सत्ता की एक नयी सामाजिक और नैतिक तारतम्यता स्थापित करना और शुचिता को मध्यवर्ग की पहचान के साथ एकीकृत करना था। इस प्रकार यौन आनन्द को अत्यन्त सन्देह की दृष्टि से देखा जाने लगा। आधुनिक हिन्दू सांस्कृतिक विमर्श यौनिकता के सवाल पर एक होता दिखा, जिसमें सौन्दर्यबोध और अश्लीलता, अभिजात और कुजात के बीच स्पष्ट सीमा रेखाएँ खिंची हुई थीं। मगर बात सिर्फ इतनी ही नहीं थी कि स्त्री चित्रण में आनन्द पर अंकुश लगाना था बल्कि साहित्यिक विमर्श में सम्मानित स्त्रीत्व को आनन्द के एक ऐसे विचार के साथ परिभाषित किया जाने लगा जिसमें आत्मोत्सर्ग, 'सकारात्मक' मिशन और वृहत्तर हित के विचार समाहित थे। सौन्दर्यबोध नीतिशास्त्र का अंग बन गया।' (वही/47)

चारु गुप्ता हरिऔध के प्रियप्रवास की राधा को ऐसी एक 'नैतिक निर्मिति' मानती हैं जो 'अतुलनीय आनन्द के स्थान पर अतुलनीय बोरियत का बायस बन जाती है'। (वही/46)

कहने की जरूरत नहीं कि यही हाल 'कामायनी' में 'काम' का है। वह एक खल तत्व की तरह 'अवतरित' होता है और चारु गुप्ता के शब्दों को उधार लेकर कहें तो उसका 'आनन्द सर्ग' उसी तरह की 'अतुलनीय बोरियत' का सर्ग है।

यह स्पष्ट है कि दो सौ साल में फैले रीतिकाव्य के किसी भी पुनर्मूल्यांकन के मार्ग में रीतिकाल को नियन्त्रित करने और साहित्यिक गुणवत्ता के लिहाज से हीन बनाने और पतनकाल सिद्ध करने में पूरे दो सौ साल की आलोचना आड़े आती है, इसीलिए इस टिप्पणी में बार-बार उसकी खबर ली गयी है।

रीतिकाव्य को लेकर गढ़े गये इतिहास लेखन के नेरेटिव के 'मिथ्या